INFORMATIQUE

PYTHON POUR LA PHYSIQUE

Calcul, graphisme, simulation

RICHARD TAILLET

de boeck SUPÉRIEUR

Pour toute information sur notre fonds et les nouveautés dans votre domaine de spécialisation, consultez notre site web : **www.deboecksuperieur.com**

Dépôt légal :
Bibliothèque nationale, Paris : septembre 2020
Bibliothèque royale de Belgique, Bruxelles : 2020/13647/135

ISBN : 978-2-8073-2890-7

Table des matières

Liste des programmes

1 Introduction

Cet ouvrage a pour objectif d'accompagner l'apprentissage de Python pour écrire des programmes informatiques présentant un intérêt pour des physiciennes, qu'elles soient étudiantes, enseignantes, chercheuses ou simplement curieuses.[1] Il aborde trois grands champs d'application : le calcul, le graphisme et la simulation. Aucun prétexte pour revenir sur des points de physique ne sera négligé.

1 Python

Python est un langage de programmation possédant plusieurs qualités qui en font un excellent outil pour aborder la physique :

- Il s'installe facilement sur les systèmes d'exploitation les plus courants (Linux, MacOS, Windows) ;
- Sa syntaxe est assez naturelle ;
- Il donne accès à des bibliothèques permettant de tracer des courbes, calculer des intégrales, résoudre des équations différentielles, faire du calcul formel, etc. ;
- La communauté de développeurs est immense et on trouve beaucoup de réponses sur internet à des problèmes de programmation que l'on peut rencontrer.

L'ambition de cet ouvrage est de rendre cet outil accessible à des débutants en programmation. Ce n'est pas un cours d'informatique, et lorsque des compromis devront être trouvés entre la simplicité de lecture et la propreté du code, c'est le premier critère qui sera favorisé : dans l'idéal, le lecteur sera capable, au bout de quelques chapitres, de s'approprier le langage Python et de le considérer comme un outil puissant, qu'il pourra mettre en œuvre pour explorer des points de physique, que ce soit pour mieux les comprendre soi-même, pour les montrer à des élèves ou à des étudiants, pour réaliser des figures précises ou simplement pour le plaisir de programmer (car oui, ce plaisir existe !).

2 Aborder la physique autrement

Un cours de physique est généralement construit et présenté comme l'enchaînement d'énoncés de lois avec des applications de ces lois, pour comprendre des phénomènes observés ou prédire le résultat d'expériences. Imaginons par exemple qu'on se demande combien de temps met une bille lâchée d'une hauteur initiale donnée pour atteindre le sol. La démarche générale peut se résumer comme suit.

1. Dans la suite, j'alternerai entre le féminin et le masculin pour désigner la lectrice ou le lecteur, sans utiliser l'écriture inclusive, dont l'usage peut vite alourdir un texte utilisant déjà plusieurs typographies. L'ouvrage vise bien évidemment tous les publics de la même façon.

- On formalise le problème, en définissant le référentiel d'étude, le repère utilisé, le système physique étudié et les forces auxquelles celui-ci est soumis ;
- On écrit les lois qui gouvernent l'évolution du système, ici la relation fondamentale de la dynamique ;
- On résout les équations qui en résultent et qui donneraient ici l'altitude en fonction du temps ;
- On répond à la question que l'on se posait, ici on cherche la valeur du temps pour laquelle l'altitude est nulle.

On commence souvent par se concentrer sur des cas où les équations peuvent être résolues analytiquement, exactement. Ceci se fait au prix d'une simplification du problème initial, par exemple :

- On néglige les frottements, ou on considère que le système est parfaitement sphérique pour pouvoir appliquer une expression connue pour les forces de frottements ;
- On considère que l'accélération de la pesanteur est constante ;
- On considère que la Terre est un référentiel galiléen.

Ce faisant, dans certains cas (celui de la chute dans l'air est typique), on en vient à résoudre de manière exacte un problème qui ne correspond qu'approximativement au réel. Le paragraphe précédent s'appliquerait à des exemples issus d'autres branches de la physique que la mécanique. On réserve les cas moins idéalisés à « plus tard » et il n'est pas rare que ce « plus tard » ne vienne jamais, par manque de temps en cours et l'étudiante peut avoir l'impression que la physique se limite à l'étude de situations tellement idéalisées qu'elles perdent leur intérêt pour décrire le monde qui nous entoure.

Or, l'informatique permet aujourd'hui d'envisager une approche complémentaire, en étudiant des problèmes plus réalistes, en remplaçant l'étape de résolution analytique par une résolution numérique ou une modélisation numérique. Cette approche ne doit pas se substituer à la précédente mais la compléter. Suivant la sensibilité de l'enseignant et du public étudiant, on peut envisager de commencer par l'approche numérique.

La mécanique et l'optique géométrique se prêtent remarquablement bien à une approche numérique, pour des raisons différentes. Dans le cas de l'optique géométrique, la tâche purement graphique consistant à tracer des rayons lumineux est prise en charge de façon beaucoup plus efficace par un ordinateur que par une personne munie d'une règle et d'un rapporteur. L'informatique permet également une interactivité qui peut être précieuse d'un point de vue pédagogique : modifier de façon continue l'indice de réfraction d'un milieu, avec un curseur, pour voir l'effet sur les rayons réfractés, est beaucoup plus parlant que de faire à la main plusieurs dessins de suite. Dans le cas de la mécanique, l'informatique permet de mieux ancrer, dans l'esprit des étudiants, la distinction entre l'étape de formalisation et celle de résolution. Ce n'est pas parce qu'on ne sait pas résoudre mathématiquement une équation décrivant un système physique que l'on ne peut pas faire de physique du tout.

Il ne s'agit pas de remplacer toute réflexion analytique par de la programmation : nous verrons tout au long de cet ouvrage qu'au contraire, des raisonnements mathématiques solides permettent de programmer de façon plus efficace et précise (voir la **règle 2** à la fin de cette introduction).

3 Plan de l'ouvrage

L'ouvrage est découpé en trois parties. La première est dédiée à la présentation générale de Python et à quelques premières applications : utilisation de Python comme calculette, gestion des unités, tracé de points de données sur un graphe, tracé de courbes. La seconde est consacrée à l'optique géométrique, en donnant des outils pour tracer des rayons de façon rapide et obtenir des graphes interactifs qui peuvent être utilisés aussi bien pour enseigner que pour apprendre la matière. La troisième est consacrée à la mécanique du point, en s'intéressant à des problèmes rarement abordés dans des introductions parce qu'ils conduisent à des équations non solubles analytiquement. La plupart des chapitres proposent des activités finales sous la forme de mini-projets. Il s'agit la plupart de temps d'adapter les programmes présentés dans le chapitre. Des « solutions » sont proposées, qu'il faut prendre comme des propositions pour répondre à la consigne, mais il existe souvent d'autres manières de le faire.

Des notions de Python sont introduites au fur et à mesure, pour les appliquer à des problématiques liées à la physique :

- La création et la gestion de styles `matplotlib` prédéfinis, au chapitre 5 ;
- La gestion des événements (clics de la souris, déplacement d'un objet à la souris), au chapitre 7 ;
- La gestion des widgets (éléments interactifs tels que les curseurs et les boutons cliquables), au chapitre 9 ;
- Les calculs numériques de dérivées, au chapitre 10 ;
- Le tracé de cartes de densité, au chapitre 11 ;
- La création de nouvelles classes, au chapitre 12 ;
- La résolution numérique des équations différentielle, introduite au chapitre 13 et réutilisée ensuite ;
- La gestion des animations, introduite au chapitre 14 et réutilisée ensuite ;
- La gestion des entrées/sorties (sauvegarde de données dans des fichiers, utilisation de `json` et `pickle`), au chapitre 14 ;
- Le calcul symbolique avec SymPy au chapitre 17 ;
- Le tracé de surfaces bidimensionnelles, au chapitre 18 ;
- La résolution numérique d'équations algébriques, au chapitre 18 ;
- La génération de nombres pseudo-aléatoires, au chapitre 19 ;
- La mesure du temps d'exécution des programmes, au chapitre 19.

4 Règles d'or

Règle 1 **Écrivez les programmes de façon séquentielle**, en commençant par écrire un squelette qui fait le minimum, puis en l'améliorant progressivement, en vous assurant à chaque étape que la version améliorée continue à faire correctement ce que faisaient les versions précédentes. Pour cela, faites de nombreux tests et surtout, pensez à sauvegarder les versions successives. Rien n'est plus frustrant que de chercher à améliorer un programme qui fonctionne, pour s'apercevoir que ça ne fonctionne plus et ne pas arriver à revenir à la version antérieure.

Règle 2 **Modéliser et résoudre un problème de physique par des méthodes numériques ne dispense pas de l'aborder du point de vue analytique**, bien au contraire : plus on est capable de mettre à jour des propriétés analytiques, plus la programmation sera simple et efficace. Dans l'idéal, on sait résoudre le problème de façon analytique dans certaines conditions, ce qui permet de vérifier que l'approche numérique redonne la bonne solution dans ces conditions.

Règle 3 **Testez les programmes, en profondeur**, en modifiant les paramètres qui interviennent dans le problème étudié. N'hésitez pas à écrire, avec des commandes `print()`, le contenu des variables au cours de l'exécution du programme, dans les phases de développement, quitte à les supprimer ou les commenter quand le programme est au point. Assurez-vous également que vous connaissez le type de toutes les variables que vous utilisez (la commande `type()` que nous introduirons plus loin peut vous aider).

Règle 4 **Appuyez sur tous les boutons !** N'hésitez pas à changer des commandes, des paramètres, dans les programmes présentés dans cet ouvrage, pour comprendre ce qu'ils font.

5 Remerciements

Pour terminer cette introduction, je voudrais rendre hommage aux personnes qui ont accepté de passer du temps et de l'énergie à relire cet ouvrage et à en tester les programmes. En particulier, un grand merci à Bertrand Aigouy, Pierre Noël, Éric Pagot et Laurence Perotto. Bien entendu, je porte l'entière responsabilité de toute erreur ou confusion qui pourrait subsister.

6 Télécharger les programmes

L'intégralité des programmes proposés dans cet ouvrage, ainsi que des propositions de solutions pour les mini-projets de fin de chapitre, sont téléchargeable à l'adresse `www.deboecksuperieur.com/site/328907` sous la forme d'un fichier `.zip`.

Première partie

Python

La première partie de cet ouvrage présente les bases de Python, sa syntaxe, quelques-uns des types de variables qu'il propose (chapitres 2 et 4). Le chapitre 3 se présente comme un intermède, appliquant des notions vues au chapitre 2 pour gérer les unités et les dimensions physiques. Les chapitres 5 et 6 proposent une initiation détaillée à la production de graphes et de dessins, dont on aura besoin dans toute la suite.

2 Fonctions de base

1 Démarrer et quitter

Cet ouvrage s'appuie sur la version 3.7 de Python et englobe toutes les versions 3.X. Certaines syntaxes et certains comportements peuvent différer si vous utilisez une version 2.X. Nous vous laissons le soin d'installer le programme, par exemple sa distribution Anaconda,[1] complète et facile à installer. Nous avons choisi comme départ de cet ouvrage le point où Python est installé et où vous pouvez l'exécuter, depuis une fenêtre de type terminal accessible de la façon suivante :

- Sous Windows, le lancement du programme Anaconda propose un menu graphique, dans lequel `Command.exe` donne accès à ce terminal. On peut aussi y accéder en cherchant « invite de commande » dans le menu « Démarrer » ;
- Sous MacOS, le terminal est accessible dans « Applications/Utilitaires/ ».

Dans ce terminal, la commande `python` donne le résultat suivant sur l'ordinateur de l'auteur :

Console

```
$ python
Python 3.7.6 (default, Jan  8 2020, 13:42:34)
[Clang 4.0.1 (tags/RELEASE_401/final)] :: Anaconda, Inc. on darwin
Type "help", "copyright", "credits" or "license" for more information
>>>
```

avec un curseur qui suit les caractères >>> , le programme attend une instruction à exécuter, après avoir donné quelques informations sur la version de Python utilisée (le message peut être différent, suivant la version de Python installée et le système d'exploitation que vous utilisez). Le caractère « $ » qui précède `python` est le « prompt », le symbole du système d'exploitation qui invite à entrer une commande (il peut être différent sur le vôtre, en particulier « > » sous Windows), les caractères « >>> » constituent le prompt de Python.

La première commande qu'on peut avoir envie de lancer, pour se rassurer, est celle qui permet de quitter le programme :

Console

```
>>> exit()
```

à l'issue de laquelle l'utilisateur a quitté Python et retrouve le prompt de sa console. Notons que la commande `quit()` conduit au même résultat. On peut aussi utiliser « Control-D », c'est à dire appuyer sur la touche D pendant que la touche « control » (ou Ctrl) est enfoncée.

1. Disponible à l'adresse `https://www.anaconda.com/distribution/`.

Environnements plus élaborés

Il est aussi possible d'installer `IPython`, une version plus interactive de Python que nous présenterons à la fin de ce chapitre. Par ailleurs, plusieurs environnements de développement en Python, comme `IDLE` ou `Spyder`, intègrent un éditeur, une fenêtre de terminal et d'autres outils de développement. Enfin, l'environnement `Jupyter` permet d'intégrer des programmes en Python, sur un navigateur internet, dans des bloc-notes qui mêlent texte et blocs de programmes pouvant être exécutés indépendamment. Nous allons rester, dans cet ouvrage, sur du Python pur lancé depuis la fenêtre de terminal. Nous vous invitons à créer un répertoire dédié à Python, dans lequel vous placerez les programmes proposés et ceux que vous écrirez. Ils devront être exécutés depuis ce répertoire.

2 Calculette en mode interactif

Relançons Python pour lancer une commande (marginalement) plus intéressante, qui calcule le produit de deux nombres

Console

```
>>> 8*9
72
>>>
```

Python effectue le calcul demandé, puis redonne la main à l'utilisateur en attendant une nouvelle commande. À ce stade, vous voici en possession d'une calculette élémentaire, qui peut réaliser quelques opérations de base (addition +, soustraction −, multiplication * et division /, ainsi que la puissance **), avec les parenthèses pour indiquer les priorités usuelles, par exemple

Console

```
>>> 3*(5+2)-(0.5/2)**3
20.984375
>>>
```

où `3*(5+2)` commence par calculer 5+2 puis le multiplie par 3, et où `(0.5/2)**3` calcule la quantité `(0.5/2)` puis l'élève à la puissance 3. La puissance peut aussi être écrite avec la fonction `pow()` qui prend deux arguments séparés par une virgule, le premier indiquant le nombre à élever à la puissance voulue, le second la valeur de cette puissance (voir le paragraphe 3)

Console

```
>>> 3*(5+2)-pow(0.5/2, 3)
20.984375
>>>
```

Conformément aux conventions anglo-saxonnes, c'est un point décimal qui est utilisé dans les nombres dits « à virgule ». On peut utiliser la notation scientifique, par exemple le nombre $6{,}67 \times 10^{-10}$ peut être écrit sous les formes suivantes

Console

```
>>> 6.67*pow(10,-10)
6.67e-10
>>> 6.67E-10
6.67e-10
>>> 0.000000000667
6.67e-10
>>> 6.67e-10
6.67e-10
```

Python propose aussi deux opérations moins courantes sur des calculettes : la division entière « `//` » et le reste par la division entière « `%` ». Ainsi,

Console

```
>>> 36//16
2
>>> 36%16
4
```

En effet, $36 = 2 \times 16 + 4$. Ces deux opérations se généralisent à des valeurs non entières,

Console

```
>>> 7//1.5
4.0
>>> 7%1.5
1.0
```

car $7 = 4 \times 1{,}5 + 1$.

3 Fonctions et paramètres

Le language Python comporte de nombreuses **fonctions** : des objets qui effectuent une action ou qui renvoient une valeur. L'action ou la valeur renvoyée peut dépendre de paramètres que l'on spécifie dans la parenthèse (on les appelle les **arguments** de la fonction). Par exemple, la fonction `pow()` demande deux arguments et renvoie une valeur obtenue en mettant le premier à la puissance donnée par le second. Ainsi, la commande `pow(2, 3)` renvoie la valeur 8, égale à 2^3. Nous verrons plus loin comment programmer de nouvelles fonctions.

4 Bibliothèques

Pour accéder à des fonctions mathématiques plus évoluées, il faut inclure une bibliothèque[2] mathématique, par exemple `math.py` (il y en a d'autres, nous y reviendrons), de la façon suivante

2. On utilise aussi parfois le terme de « librairie », mauvaise traduction de library, « package » ou « module ».

```
import math
```

ce qui donne accès à de nombreuses fonctions mathématiques,[3] par exemple, en notant x la variable passée en argument[4] :

- `sqrt(x)` : la racine carrée ;
- `exp(x)` : la fonction exponentielle ;
- `log(x)` et `log10(x)` : le logarithme népérien et le logarithme décimal. Noter que la fonction `log()` avec deux arguments permet d'accéder au logarithme dans n'importe quelle base : `log(7, 3)` renvoie le logarithme en base 3 de 7, c'est-à-dire ln(7) / ln(3) ;
- `erf(x)` : la fonction erreur, définie comme l'intégrale d'une gaussienne ;
- `cos(x)`, `sin(x)`, `tan(x)` : les fonctions trigonométriques usuelles, dont l'argument x doit être exprimé en radians ;
- `acos(x)`, `asin(x)`, `atan(x)` : leurs fonctions réciproques, renvoyant des angles en radians (attention, ces fonctions portent des noms différents dans la bibliothèque `numpy` introduite plus loin) ;
- `cosh(x)`, `sinh(x)`, `tanh(x)` : les fonctions hyperboliques ;
- `acosh(x)`, `asinh(x)`, `atanh()` : leurs fonctions réciproques (attention, ces fonctions portent des noms différents dans la bibliothèque `numpy`) ;
- `degrees(x)` : convertit un angle des radians vers les degrés.

Elles s'utilisent de la façon suivante

Console

```
>>> import math
>>> math.sqrt(7)
2.6457513110645907
>>> 4*math.atan(1)
3.141592653589793
>>>
```

où la syntaxe `math.sqrt(7)` indique que Python doit aller chercher la fonction `sqrt` fournie par la bibliothèque `math`, celle-ci devant avoir été préalablement importée par `import math`. Cette syntaxe peut sembler lourde, on peut l'alléger légèrement par la commande

```
import math as m
```

qui définit un raccourci que l'on utilise ainsi :

3. La liste complète peut être consultée ici : https ://docs.python.org/3/library/math.html

4. Dans toute la suite, nous dédierons une couleur aux fonctions fournies par des bibliothèques externes, `math`, `numpy`, `scipy` ou `matplotlib`.

Console

```
>>> import math as m
>>> m.sqrt(7)
2.6457513110645907
>>> 4*m.atan(1)
3.141592653589793
>>>
```

On peut alléger encore la notation en important explicitement les fonctions souhaitées par

```
from math import sqrt, atan
```

ce qui permet à l'interpréteur de prendre connaissance des fonctions `sqrt` et `atan` (et uniquement celles-ci),

Console

```
>>> from math import sqrt, atan
>>> sqrt(7)
2.6457513110645907
>>> 4*atan(1)
3.141592653589793
>>>
```

On peut importer d'un coup toutes les fonctions définies par le package `math` par

```
from math import *
```

ce qui permet de les utiliser comme suit

Console

```
>>> from math import *
>>> sqrt(7)
2.6457513110645907
>>> 4*atan(1)
3.141592653589793
>>>
```

La bibliothèque `math` fournit également les constantes mathématiques π et e :

Console

```
>>> import math
>>> math.pi
3.141592653589793
>>> math.e
2.718281828459045
>>>
```

Attention, si vous importez la bibliothèque mathématique avec `from math import *`, il n'est plus possible de choisir `pi` ni `e` comme noms de variables, ce sont alors des noms réservés.

Lorsque vous quittez Python avec `exit()`, celui-ci ne retient rien des opérations que vous avez effectuées et si vous le relancez, vous devrez réimporter la librairie `math` pour avoir de nouveau accès à ces fonctions mathématiques.

5 Écriture de programmes

Cette utilisation interactive de Python s'avère assez rapidement limitée et dans cet ouvrage nous préférerons écrire les commandes à exécuter dans un fichier (on les appelle des **programmes** ou des **scripts** et on leur donne l'extension `.py` pour se rappeler qu'il s'agit de Python), grâce à un éditeur de texte. Attention, il est déconseillé d'utiliser un logiciel de traitement de texte, tel que Word, Libre Office ou Google Doc, car ceux-ci rajoutent des caractères de mise en page [5] qui ne seront pas compris par Python : les fichiers de programme ne devront contenir que du texte pur. La plupart des éditeurs de texte [6] permettent de coloriser automatiquement le code Python pour mieux faire apparaître leur structure, en affectant des couleurs aux mots-clés.

Commençons par un programme simple, un fichier `mon_programme.py` contenant une seule ligne de texte. Ce fichier doit se trouver dans le même répertoire que celui d'où est lancée la commande. L'idéal est de créer des sous-répertoires distincts pour chacun des projets que vous développerez.

Prog. 2.1 — Fichier : `mon_programme1.py`

```
3*7
```

On lance l'exécution du programme par la commande

Console

```
$ python mon_programme1.py
$
```

ce qui ne fait... rien, à part rendre la main à l'utilisateur ! Il faut en effet demander explicitement à Python d'écrire le résultat du calcul qui nous intéresse, en utilisant la commande `print()` qui s'utilise comme suit

Prog. 2.2 — Fichier : `mon_programme2.py`

```
print(3*7)
```

ce qui donne bien le résultat escompté

Console

```
$ python mon_programme2.py
21
$
```

5. sauf si on prend soin d'enregistrer en format texte.
6. J'utilise Emacs, Nedit, Atom et Xcode, il en existe beaucoup d'autres.

L'utilisateur n'a pas la main pendant l'exécution, il écrit à l'avance les commandes à exécuter par Python, qui le fait puis rend la main à l'utilisateur (pas besoin d'écrire `exit()` à la fin). Il faut explicitement utiliser la commande `print()` pour faire écrire le résultat d'un calcul (ou plus souvent, le contenu d'une variable, nous y reviendrons en détail plus loin). Ce comportement peut sembler lourd au premier abord, mais vous verrez que lorsqu'on commence à écrire des programmes enchaînant plusieurs opérations, on souhaite précisément ne pas être submergé par les indications de ce que donnent les calculs intermédiaires !

Dans la suite de l'ouvrage, nous n'utiliserons que rarement les commandes en ligne, les réservant à de très courts enchaînements de commandes.

6 Variables

On est souvent amené à vouloir garder en mémoire le résultat de certaines opérations pour les réutiliser dans un autre calcul. C'est ce que permettent de faire les **variables**, des objets ayant des noms librement choisis par l'utilisateur (tant qu'il ne s'agit pas du nom d'une commande de Python), auxquels on affecte une valeur de la façon suivante :

Console

```
>>> toto=0.1
```

La commande = réalise ici une **affectation**, c'est-à-dire qu'elle attribue la valeur 0,1 à la variable `toto`. Dans les lignes qui suivent l'affectation, à chaque fois que `toto` est utilisé dans le programme, c'est sa valeur courante qui est utilisée, par exemple

Console

```
>>> toto=0.1
>>> print(toto)
0.1
>>> print(toto+1)
1.1
```

Le premier `print` écrit la valeur de la variable `toto`, le second écrit celle de `toto+1`. La valeur de la variable peut être changée en cours de programme. Par exemple

Console

```
>>> toto=0.1
>>> print(toto)
0.1
>>> toto = 1+toto
>>> print(toto)
1.1
```

À chaque fois que la variable `toto` est utilisée dans le programme, c'est sa valeur courante qui est utilisée. Au moment du premier `print(toto)`, `toto` vaut 0.1, puis au second il vaut 1.1.

Attention, l'affectation d'une valeur à une variable peut être perturbante, en particulier la ligne `toto = 1+toto` serait une aberration si le signe = était interprété comme une égalité mathématique. Or, ce signe = a un signification très différente en programmation, il provoque une action, en affectant une valeur à une variable (voir le paragraphe 7 pour une discussion plus poussée sur ce point) : ce qui se trouve après le signe = est calculé, puis affecté à la variable qui le précède. On obtiendrait une erreur en écrivant `1+toto = toto`, l'ordinateur ne sait pas affecter la valeur contenue dans `toto` à `1+toto` car `1+toto` n'est pas une variable.

Les noms de variables obéissent aux deux règles suivantes :

- ils ne peuvent contenir que les caractères suivants : lettres non accentuées, minuscules ou majuscules, et chiffres de 0 à 9, ainsi que le caractère _ (« underscore » ou « tiret du 8 »). Les minuscules et les majuscules sont considérées comme des caractères différents : la variable `delta` est distincte de la variable `Delta`.
- ils ne peuvent pas commencer par un chiffre.

Par exemple, Les noms `distance_AB` et `compteur1` sont valides, mais `distance-AB` ne l'est pas (le caractère - est réservé pour l'opérateur de soustraction), `distance AB` non plus (l'espace n'est pas un caractère autorisé), `1compteur` non plus (le nom ne doit pas commencer par un chiffre).

Toto et tatayoyo

Le choix du nom de variable dans l'exemple précédent illustre très bien une mauvaise pratique courante. Il est fortement conseillé de donner des noms explicites aux variables, pour rendre les programmes plus lisibles. Pour prendre un exemple élémentaire, pour un physicien le programme

Prog. 2.3 Fichier : `notations1.py`

```
g = 9.81
t = 2
d = 0.5*g*pow(t,2)
print(d)
```

est beaucoup plus lisible, pour calculer la distance parcourue pendant une chute libre de 2 secondes, que les programmes suivants, pourtant exactement équivalents du point de vue informatique

Prog. 2.4 Fichier : `notations2.py`

```
a = 9.81
b = 2
c = 0.5*a*pow(b,2)
print(c)
```

ou

Fichier : notations3.py Prog. 2.5

```
toto1 = 9.81
tatayoyo = 2
bof = 0.5*toto1*pow(tatayoyo,2)
print(bof)
```

Notations raccourcies

Python propose des notations raccourcies pour certaines opérations mathématiques effectuées sur une variable, notée x dans la liste suivante :

- `x += 3` ajoute 3 à la variable x — Équivalent à `x = x+3;`
- `x -= 3` retranche 3 à la variable x. — Équivalent à `x = x-3;`
- `x *= 3` multiplie la variable x par 3. — Équivalent à `x = x*3;`
- `x /= 3` divise la variable x par 3. — Équivalent à `x = x/3;`
- `x %= 3` renvoie le reste de la division de x par 3. — Équivalent à `x = x%3;`
- `x //= 3` renvoie la division entière de x par 3. — Équivalent à `x = x//3.`

Types

Il existe plusieurs types de variables.[7] Dans les exemples précédents, nous avons rencontré des nombres à virgule (appelés des `float`, car la virgule est souvent qualifiée de « flottante ») et des entiers (des `int`). Lorsqu'on affecte une valeur numérique à une variable, il s'agit d'un `float` lorsque le nombre contient un point décimal (la virgule des nombres à virgules) et d'un `int` sinon. L'exemple suivant crée un `int` :

Console

```
>>>var = 4
>>>print(var*var)
16
```

Par défaut, Python écrit les `float` avec un point décimal et les `int` sans. On peut aussi indiquer à Python que la variable doit contenir un `float`, même si le nombre est mathématiquement un entier, en la définissant par l'une des trois commandes suivantes, avec un point décimal ou par la commande `float()` :

Console

```
>>>toto=4.0
>>>toto=4.
>>>toto=float(4)
```

La fonction `type()` permet de connaître le type d'une variable. Par exemple

7. La liste complète des types de base est disponible dans la documentation en ligne, à l'adresse https://docs.python.org/3/library/datatypes.html.

Console

```
>>>x = 1.
>>>print(type(x))
<class 'float'>
>>> x=1
>>> type(x)
<class 'int'>
```

Les variables peuvent également être des chaînes de caractères [8] (des « strings »), de type `str`, dont la valeur est comprise entre apostrophes simples (symbole ') ou doubles (symbole ")

Console

```
>>>machaine="bonjour et bienvenue"
>>>print(machaine)
bonjour et bienvenue
```

On aurait pu écrire de façon équivalente

Console

```
>>>machaine='bonjour et bienvenue'
```

Une chaîne de caractères définie entre des apostrophes doubles " ne doit pas elle-même contenir d'apostrophes doubles, et vice-versa pour les apostrophes simples. Dans cet ouvrage, nous utiliserons les apostrophes simples pour des chaînes de caractères représentant des paramètres bien définis en Python (par exemple `plt.axis('off')` pour supprimer les axes d'un graphe, voir le chapitre 5), et les apostrophes doubles pour du texte libre (par exemple `machaine="bonjour"`).

Notons quelques caractères spéciaux, `\n` pour le retour à la ligne, `\t` pour une tabulation.

Console

```
>>> machaine="bonjour\nà\ttous\net \tbienvenue"
>>> print(machaine)
bonjour
à tous
et  bienvenue
```

Python sait faire de nombreuses opérations sur des chaînes de caractères, notons par exemple l'addition (qui réalise en fait une concaténation) et la multiplication par un entier (qui réalise une concaténation multiple)

Console

```
>>>chaine1 = "A"
>>>chaine2 = "B"
>>>print(chaine1+chaine2)
AB
>>>print(3*chaine1)
AAA
```

8. Attention nous parlons ici du contenu des variables, pas du nom des variables.

Remarquez la différence entre le résultat des deux commandes print des commandes suivantes

Console

```
>>>a = 2
>>>b = 1
>>>print(10*"a"+3*"b")
aaaaaaaaaabbb
>>>print(10*a+3*b)
23
```

où a désigne une variable, alors que "a" désigne une chaîne de caractères contenant la lettre « a ». L'argument du premier print() est une chaîne de caractères tandis que celui du second est un int, résultat de l'opération 10*a+3*b.

Citons enfin, parmi les autres types de variables disponibles, les booléens (bool) qui peuvent prendre deux valeurs, True ou False. Le programme suivant affecte une valeur True ou False à la variable booléenne mon_test puis affiche sa valeur.

Console

```
>>> mon_test = (3>2)
>>> print(mon_test)
True
```

Cet exemple permet d'introduire la notion de test : la variable mon_test contient ici le résultat du test 3>2. L'inégalité étant vraie, la variable contient la valeur True. Vous pourrez vérifier qu'en changeant le signe de l'inégalité, on obtient la valeur False.

Les booléens sont ainsi nommés car ils obéissent à l'algèbre de Boole, avec les opérations and, or et not que montrent le programme suivant

Fichier : algebre_boole.py Prog. 2.6

```
vrai = True
faux = False

print("True and True :", vrai and vrai)
print("True and False :", vrai and faux)
print("False and False :", faux and faux)
print("True or True :", vrai or vrai)
print("True or False :", vrai or faux)
print("False or False :", faux or faux)
print("not True :", not vrai)
print("not False :", not faux)
```

qui produit

Console

```
$ python algebre_boole.py
True and True : True
True and False : False
False and False : False
```

```
True or True : True
True or False : True
False or False : False
not True : False
not False : True
```

Ces opérations joueront un rôle important lorsque l'on en viendra aux branchements conditionnels (`if`).

Convertir d'un type à un autre

On peut réaliser des conversion d'un type de variable à un autre, par exemple à partir d'un `int`, on peut obtenir un `float` ou un `str` :

Console

```
$ python
>>> a=2
>>> float(a)
2.0
>>> str(a)
'2'
```

À partir d'un `float`, on peut obtenir un `int` ou un `str` :

Console

```
$ python
>>> a=2.3
>>> str(a)
'2.3'
>>> int(a)
2
```

À partir d'un `str`, on peut obtenir un `int` ou un `float` :

Console

```
$ python
>>> a="32"
>>> int(a)
32
>>> float(a)
32.0
```

Bien sûr, ce mécanisme a ses limites, la conversion d'une chaîne de caractères alphanumériques en `int` peut produire une erreur.

Console

```
$ python
>>> a="bonjour"
>>> int(a)
Traceback (most recent call last):
  File "<stdin>", line 1, in <module>
ValueError: invalid literal for int() with base 10: 'bonjour'
```

Combiner les types

Python permet d'effectuer des opérations entre certains objets de types différents. Par exemple, on peut ajouter, soustraire, multiplier ou diviser un `int` et un `float`, on obtient alors un `float`.

Console

```
>>> a = 1
>>> b = 0.5
>>> c = a+b
>>> type(a), type(b), type(c)
(<class 'int'>, <class 'float'>, <class 'float'>)
```

Ceci est très naturel, puisqu'en général, la multiplication d'un nombre à virgule par un entier donne un nombre à virgule. Vous pourrez tester d'autres combinaisons. Implicitement, Python a converti un type en un autre avant de faire l'opération, ici un `int` en `float`.

Certaines opérations ne sont pas possibles, par exemple ajouter un `int` ou un `float` à une chaîne de caractère `str`,

Console

```
>>> a = 1
>>> b = "bonjour"
>>> c = a+b
Traceback (most recent call last):
  File "<stdin>", line 1, in <module>
TypeError: unsupported operand type(s) for +: 'int' and 'str'
```

l'opération génère un message d'erreur. En revanche, on peut multiplier un `str` par un `int`, avec un résultat plutôt naturel, comme on l'a déjà vu plus haut,

Console

```
>>> a = 4
>>> b = "bonjour"
>>> c = a*b
>>> print(c)
bonjourbonjourbonjourbonjour
```

7 Afficher

Python propose plusieurs solutions pour imprimer du texte et des variables. Elles utilisent toutes la fonction `print()`.

Formatage 1

La commande `print()` peut contenir autant d'arguments que l'on veut, séparés par des virgules. Le code suivant affiche les valeurs de deux variables `res1` et `res2`, après leur avoir affecté des valeurs.

Prog. 2.7 Fichier : `formatage1a.py`

```
1 import math
2 res1 = math.cos(0.1)
3 res2 = math.sqrt(0.1)
4 print(res1, res2)
```

Son exécution donne

Console

```
0.9950041652780257 0.31622776601683794
```

Les valeurs sont alors affichées à la suite, sur la même ligne, séparées par un espace. On peut mêler du texte à l'affichage des variables. Remplaçons la ligne 4 du programme précédent par

Prog. 2.8 Fichier : `formatage1b.py`

```
4 print("var 1 :", res1, "et var 2 :", res2)
```

On obtient

Console

```
var 1 : 0.9950041652780257 et var 2 : 0.31622776601683794
```

Si on préfère les écrire sur des lignes différentes, on enchaîne deux commandes `print()`

Prog. 2.9 Fichier : `formatage1c.py`

```
4 print("variable 1 : ", res1)
5 print("variable 2 : ", res2)
```

qui donne

Console

```
variable 1 :  0.9950041652780257
variable 2 :  0.31622776601683794
```

ou on utilise le caractère de retour à la ligne `\n`,

Prog. 2.10 Fichier : `formatage1d.py`

```
4 print("variable 1 : ", res1, "\nvariable 2 : ", res2)
```

qui produit exactement le même affichage.

Formatage 2

On peut formater l'affichage, pour afficher moins de chiffres significatifs ou pour mêler texte et nombres. Pour commencer, modifions de nouveau la ligne 4

Fichier : `formatage2a.py` Prog. 2.11

```
4 print("cosinus = %f / racine = %f" % (res1, res2))
```

La syntaxe est un peu complexe, la commande `print()` contient deux éléments séparés par le caractère `%` : une chaîne de caractères entre guillemets et une liste entre parenthèses. Le premier élément, entre guillemets, indique le format dans lequel sera affiché le résultat. Le premier `%f` indique que cet endroit contiendra le premier élément de la liste, interprété comme un nombre de type `float`. Le second `%f` indique que cet endroit contiendra l'élément suivant de la liste, également interprété comme un `float` (on utilisera également le format `%e` qui impose la notation scientifique). La liste entre parenthèse doit comporter au moins autant d'éléments que de termes de formattage dans la chaîne de caractères. On obtient

Console

```
cosinus = 0.995004 / racine = 0.316228
```

On peut formatter de façon plus fine,

Fichier : `formatage2b.py` Prog. 2.12

```
4 print("cosinus = %.4f / racine = %.5f" % (res1, res2))
```

où le format `%.4f` indique que le premier nombre sera affiché avec 4 chiffres après la virgule et le format `%.5f` suivant indique que le second nombre sera affiché avec 5 chiffres après la virgule. On obtient

Console

```
cosinus = 0.9950 / racine = 0.31623
```

Utilisons le retour à la ligne introduit plus haut, grâce aux caractères `\n`,

Fichier : `formatage2c.py` Prog. 2.13

```
4 print("cosinus = %.4f\n racine = %.5f" % (res1, res2))
```

qui donne

Console

```
cosinus = 0.9950
 racine = 0.31623
```

L'espace qui apparaît avant le mot « racine » est précisément celui qui a été écrit dans le code précédent, juste après les caractères `\n`. Pour s'en affranchir, il aurait fallu écrire

Prog. 2.14 Fichier : formatage2d.py

```
print("cosinus = %.4f\nracine = %.5f" % (res1, res2))
```

qui donne

Console

```
cosinus = 0.9950
racine = 0.31623
```

Voir le paragraphe 11 pour des exemples de formatage de chaînes de caractères et de booléens.

Formatage 3 : la méthode `format()`

Les versions récentes de Python proposent une autre façon de formater l'affichage, via la commande `format()`. Sa syntaxe demande également une certaine attention. Elle fait appel à des chaînes de caractères dynamiques, contenant entre accolades des labels, que la méthode `format()` peut interpréter pour leur donner des valeurs. Par exemple

Console

```
>>> montexte="Je suis {prenom}"
>>> montexte.format(prenom="Charlie")
"Je suis Charlie"
>>> print(montexte)
Je suis {prenom}
```

On voit avec la dernière ligne que la méthode `format()` ne modifie pas la chaîne initiale. Ceci peut être utile pour utiliser une chaîne de caractères comme modèle pour une action répétitive, par exemple

Console

```
>>> montexte="Je suis {prenom}"
>>> montexte.format(prenom="Charlie")
'Je suis Charlie'
>>> montexte.format(prenom="Clara")
"Je suis Clara"
```

La chaîne dynamique peut contenir des accolades vides {}, auquel cas `format()` utilisera systématiquement l'emplacement pour écrire la variable passée en argument. Par exemple, le programme suivant produit le même affichage qu'au paragraphe précédent, en utilisant deux labels

Prog. 2.15 Fichier : formatage3a.py

```
import math
res1 = math.cos(0.1)
res2 = math.sqrt(0.1)
print("cosinus = {}\nracine = {}".format(res1, res2))
```

La commande `format()` doit contenir autant d'arguments que de {} dans la chaîne de caractères sur laquelle elle s'applique. L'exécution de ce programme donne effectivement

Console

```
cosinus = 0.9950041652780257
racine = 0.31622776601683794
```

Cette façon de formater présente sur la précédente l'avantage de ne pas avoir à préciser le type des variables affichées. Par défaut, les `int` sont affichés comme des entiers, les `float` comme des float, les `str` comme des chaînes de caractères, etc. On peut également formater finement en imposant le nombre de décimales affichées,

Fichier : `formatage3b.py` Prog. 2.16

```python
print("cosinus = {:.4f}\nracine = {:.4f}".format(res1, res2))
```

qui donne

Console

```
cosinus = 0.9950
racine = 0.3162
```

Cette façon de formatter offre de nombreuses fonctionalités qui dépassent le cadre de cet ouvrage. Le lecteur intéressé pourra consulter la documentation de Python, après avoir examiné l'exemple suivant juste destiné à titiller sa curiosité

Fichier : `formatage3c.py` Prog. 2.17

```python
texte1 = "la souris"
texte2 = "le chat"
texte3 = "le fromage"
print("{1} mange {0} qui mange {2} : {verite}".format(texte1, texte2,
      texte3, verite="vrai"))
print("{0} mange {1} qui mange {2} : {verite}".format(texte1, texte2,
      texte3, verite="faux"))
```

qui donne

Console

```
le chat mange la souris qui mange le fromage : vrai
la souris mange le chat qui mange le fromage : faux
```

8 Erreurs

Lorsqu'on commence à programmer, on réalise que ce qu'on produit le plus souvent, ce sont des erreurs. Des erreurs de syntaxe, des erreurs de logique, des erreurs d'algorithmique, etc. Les plus évidentes à détecter sont celles où Python nous insulte copieusement, par exemple

Console

```
>>> x = 1
>>> print(y)
Traceback (most recent call last):
  File "<stdin>", line 1, in <module>
NameError: name 'y' is not defined
```

Python essaie ici de donner des informations sur le problème qu'il a rencontré en suivant les instructions du programme. Si l'erreur survient à l'exécution d'un programme, il indique le nom du programme et la ligne contenant l'erreur. Il écrit de toute façon un message d'erreur décrivant le problème. Ici la dernière ligne indique qu'on demande d'afficher le contenu d'une variable qui n'a pas été définie. La personne qui a écrit ce court programme voulait peut-être plutôt faire afficher x ou effectivement afficher une grandeur y dont elle a omis d'écrire le calcul.

Autre exemple :

Console

```
>>> print(cos(0.3))
Traceback (most recent call last):
  File "<stdin>", line 1, in <module>
NameError: name 'cos' is not defined
```

On demande cette fois à Python d'utiliser la fonction `cos()` qu'il ne connaît pas, si on n'a pas pris soin d'inclure une bibliothèque mathématique (voir plus haut).

Autre exemple :

Console

```
>>> a=1
>>> b="bonjour"
>>> print(a+b)
Traceback (most recent call last):
  File "<stdin>", line 1, in <module>
TypeError: unsupported operand type(s) for +: 'int' and 'str'
```

Python nous indique qu'il ne sait pas ajouter un entier à une chaîne de caractère (moi non plus).

Remarque : vous n'allez pas abîmer votre ordinateur en générant des erreurs en Python, sauf si vous devenez un expert et que vous écrivez des programmes explicitement destinés à aller écrire dans des zones réservées de la mémoire de votre ordinateur. Au niveau où se situent les codes de cet ouvrage, votre ordinateur ne risque rien. N'hésitez pas à abuser de la **règle d'or numéro 4** !

9 Précision

Nous en arrivons à un des points fondamentaux, qui pourrait sembler relever du domaine des erreurs mais qui diffère totalement de ce qui précède. Considérons le calcul suivant de $1 + 10^{-20}$

Console

```
>>> x=1.
>>> y=1e-20
>>> print(x+y)
1.0
```

Le résultat est manifestement faux, en toute rigueur. Le lecteur habitué à utiliser une calculette de poche sera familier avec ce problème : l'ordinateur code les nombres avec un nombre fini de 0 et 1, des **bits** (généralement 64 bits pour des `float` en Python), et ne conduit donc les calculs qu'avec un nombre fini de décimales, ce qui limite la possibilité d'ajouter des nombres ayant des ordres de grandeur très différents, ou d'obtenir un petit nombre comme la différence de deux grands.

Considérons un cas plus perturbant :

Console

```
>>> print(0.1 + 0.2)
0.30000000000000004
```

dont le 4 final est manifestement faux. La précision relative du résultat est ici de l'ordre de 10^{-16} (il y a 15 zéros après la virgule et avant ce 4 qui pose problème). C'est effectivement la précision indiquée dans la documentation pour des opérations faisant intervenir des variables de type `float`. Ceci est intimement lié à la façon dont les `float` sont codés en mémoire par Python.[9]

C'est une leçon essentielle à retenir : tout calcul numérique sur des chiffres à virgule est entaché d'une erreur irréductible.

10 Tuples

Définition

Nous aurons massivement besoin, dans la suite, de structures permettant de ranger plusieurs éléments dans un même objet, ce qu'on aurait naturellement envie d'appeler des listes ou des tableaux (mais nous le ferons pas, ces termes ayant une signification beaucoup plus précise en Python, voir le chapitre 4). Python en propose plusieurs sortes, nous allons ici aborder les `tuple`, nous en verrons d'autres au chapitre 4. Le `tuple` est simplement un ensemble d'éléments[10] (qui peuvent avoir des types différents, au sein d'un même tuple)

Console

```
>>> ensemble = 1, "c", 2.3E7, 4, 5
>>> print(ensemble)
(1, 'c', 23000000.0, 4, 5)
```

9. Ce point est exposé en détail dans la documentation à l'adresse `https://docs.python.org/3/tutorial/floatingpoint.html`.

10. La documentation relative aux tuples est disponible dans la documentation en ligne à l'adresse suivante `https://docs.python.org/3/library/stdtypes.html`.

```
>>> print(type(ensemble))
<class 'tuple'>
```

où la dernière ligne permet de vérifier que cette structure est bien de type `tuple`. On peut aussi, pour un résultat identique, définir le `tuple` avec une syntaxe différente, faisant intervenir des parenthèses

Console

```
>>> ensemble = (1, "c", 2.3E7, 4, 5)
```

Ces ensembles sont ordonnés, dans le sens où `(1, "c", 23000000.0, 4, 5)` et `("c", 1, 23000000.0, 4, 5)` sont des `tuple` différents.

Python connaît l'opération + entre deux `tuple`, qui sont alors concaténés. Il connaît aussi l'opération de multiplication par un entier *n* (ils sont concaténés *n* fois) :

Prog. 2.18

Fichier : `tuples1c.py`

```
lettres = ("a", "b", "c")
chiffres = (1, 2, 3, 4, 5)
print(chiffres + lettres)
print(4*lettres)
print(3*chiffres)
```

qui donne

Console

```
(1, 2, 3, 4, 5, 'a', 'b', 'c')
('a', 'b', 'c', 'a', 'b', 'c', 'a', 'b', 'c', 'a', 'b', 'c')
(1, 2, 3, 4, 5, 1, 2, 3, 4, 5, 1, 2, 3, 4, 5)
```

La dernière ligne demande une attention particulière : le résultat de la multiplication de 3 par le `tuple` ne donne pas un `tuple` dans lequel chaque élément est multiplié par trois, mais un `tuple` trois fois plus long contenant trois copies du `tuple` initial. Si on veut multiplier chaque élément par trois, il faudra faire appel à une autre structure, les tableaux numpy, que nous verrons au chapitre 4.

On accède au *n*-ème élément du `tuple` par la syntaxe suivante

Console

```
>>> lettres = ("a", "b", "c")
>>> print(lettres[1])
b
```

Attention, la numérotation des éléments d'un `tuple` commence à 0. Le premier élément est `lettres[0]`, le second est `lettres[1]`, etc. Si on essaie d'accéder à un élement qui n'existe pas, le programme renvoie une erreur :

Console

```
>>> lettres = ("a", "b", "c")
>>> print(lettres[3])
Traceback (most recent call last):
  File "<stdin>", line 1, in <module>
IndexError: tuple index out of range
```

car la commande lettres[3] demande l'accès au quatrième élément de la liste, qui n'en comprend que trois.

Il n'est pas possible de modifier la valeur d'un élément du tuple, comme on serait tenté de le faire avec la commande suivante, qui produit une erreur

Console

```
>>> lettres = ("a", "b", "c")
>>> lettres[0] = "d"
Traceback (most recent call last):
  File "<stdin>", line 1, in <module>
TypeError: 'tuple' object does not support item assignment
```

Nous introduirons au chapitre 4 le type list qui étend le type tuple et qui permet ces affectations.

Astuce

Nous utiliserons beaucoup les tuples pour affecter des valeurs à plusieurs variables en une seule ligne, en écrivant des commandes similaires à

```
x,y = 7,9
```

qui affecte la valeur 7,9 au tuple x,y, ce qui est équivalent à x=7 suivi de y=9.

Console

```
>>> x,y = 7,9
>>> print(x)
7
>>> print(y)
9
```

On peut également échanger les valeurs de deux variables en écrivant x,y = y,x ou faire une permutation circulaire sur trois variables par x,y,z = y,z,x.

11 Conditions if - else

Dans les programmes qui suivent, nous aurons souvent besoin de tester si une condition est vérifiée, afin de réaliser ou non une action. C'est la structure délimitée par if et else qui permet de le faire. Par exemple,

Fichier : tests1a.py Prog. 2.19

```
x=7
if x>10:
    print("la variable est supérieure à 10")
else:
    print("la variable est inférieure à 10")
```

qui donne (vous pouvez changer la valeur de x pour vérifier l'effet du test de la condition)

Console

```
la variable est inférieure à 10
```

Le mot-clé if est suivi d'une condition, il s'agit techniquement d'une variable booléenne qui vaut True si la condition est réalisée et False sinon. La ligne qui suit le test if est exécutée si la condition est réalisée (si le booléen vaut True), et la partie suivant le mot else est exécutée dans le cas contraire. On peut écrire des tests sans else, le programme passe simplement à la suite si la condition if n'est pas vérifiée. Nous en verrons de nombreux exemples dans cet ouvrage.

La structure du code précédent fait apparaître une spécificité du langage Python : une partie du code est décalée vers la droite par rapport au reste, c'est ce qu'on appelle l'**indentation.** La partie du code qui doit être exécutée si la condition du test est réalisée doit être indentée de façon uniforme, en plaçant le même nombre d'espaces avant toutes les lignes indentées. Lorsque ce code à exécuter comporte plusieurs instructions, elles doivent toutes être indentées de la même façon :

Prog. 2.20 Fichier : tests1b.py

```
x=7
test = x>10
if test:
    print("la variable de test vaut %s, elle est vraie" % (test))
    print("la variable x vaut %d, ce qui est supérieur à 10" % (x))
else:
    print("la variable de test vaut %s, elle est fausse" % (test))
    print("la variable x vaut %d, ce qui est inférieur à 10" % (x))
```

où l'on en a profité pour montrer comment formatter l'affichage d'une variable booléenne (avec %s) et celui d'une variable entière (avec %d). L'exécution donne

Console

```
la variable de test vaut False, elle est fausse
la variable x vaut 7 ce qui est inférieur à 10
```

On peut combiner des conditions, avec des opérateurs logiques and et or, qui signifient respectivement « et » et « ou ». Voici un premier exemple dans lequel deux conditions doivent être réalisées simultanément

Prog. 2.21 Fichier : tests1c.py

```
x=7
if x>10 and x<20:
    print("la variable x=",x,"est comprise entre 10 et 20")
else:
    print("la variable x=",x,"n'est pas comprise entre 10 et 20")
```

dont l'exécution donne

Console

```
la variable x= 7 n'est pas comprise entre 10 et 20
```

En refaisant tourner le programme après avoir modifié la première ligne en `x=14`, on obtient

Console

```
la variable x= 14 est comprise entre 10 et 20
```

On peut remarquer que dans le code précédent, la condition de la ligne 2 peut s'écrire en Python d'une manière très naturelle en mathématiques, mais que peu d'autres langages informatiques autorisent (le résultat est le même que précédemment) :

Fichier : `tests1c2.py` Prog. 2.22

```
x=14
if 10<x<20:
    print("la variable x=",x,"est comprise entre 10 et 20")
else:
    print("la variable x=",x,"n'est pas comprise entre 10 et 20")
```

Voici un autre exemple, où cette fois au moins une condition parmi deux doit être réalisée :

Fichier : `tests1d.py` Prog. 2.23

```
x=7
if x<10 or x>20:
    print("la variable x=",x,"n'est pas comprise entre 10 et 20")
else:
    print("la variable x=",x,"est comprise entre 10 et 20")
```

dont l'exécution donne

Console

```
la variable x= 7 n'est pas comprise entre 10 et 20
```

Le lecteur curieux pourra chercher la définition de la commande `elif` qui peut dans certains cas remplacer des enchaînements de `else` et de `if`.

Nous avons présenté des tests s'appuyant sur des inégalités. On peut aussi tester l'égalité entre deux éléments, grâce au double symbole == et non le symbole = qui, souvenez-vous, est réservé à l'affectation de valeurs à des variables. Par exemple :

Fichier : `tests1e.py` Prog. 2.24

```
x=7
y=12
if x==y:
    print("les deux variables ont des valeurs égales")
else:
    print("les deux variables ont des valeurs différentes")
```

dont l'exécution donne (on obtiendrait un message d'erreur en remplaçant == par =)

Console

```
les deux variables ont des valeurs différentes
```

Répétons-le, Python interprète `x>10` comme une grandeur booléenne, qui peut être vraie ou fausse. Toutes les conditions testent des booléens et on pourrait écrire le programme 2.19 sous la forme suivante (on fait également afficher le type de la variable `test` pour vérifier qu'elle est booléenne)

Prog. 2.25 Fichier : `tests1f.py`

```
x=7
test=(x>10)
if test:
    print("la variable est supérieure à 10")
else:
    print("la variable est inférieure à 10")
print(type(test))
```

qui donne

Console

```
la variable est inférieure à 10
<class 'bool'>
```

Autres opérateurs de comparaison

Voici une liste d'opérateurs de comparaison utiles :

- < : strictement inférieur à ;
- <= : inférieur ou égal à
- > : strictement supérieur à ;
- >= : supérieur ou égal à ;
- == : égal à ;
- != : différent de.

Remarque sur l'indentation

Lorsqu'un bloc indenté suivant un `if` ou `else` (ou dans une boucle `for` ou `while`, voir le prochain paragraphe) ne comporte qu'une seule ligne, celle-ci peut être écrite à la suite du « : », sur la même ligne. Par exemple, le programme 2.19 aurait pu s'écrire

Prog. 2.26 Fichier : `tests1a_condense.py`

```
x=7
if (x>10): print("la variable est supérieure à 10")
else: print("la variable est inférieure à 10")
```

Version condensée des tests simples

Python propose une syntaxe plus compacte pour faire dépendre l'affectation d'une variable d'une condition :

```
a = valeur1 if condition else valeur2
```

où `condition` désigne un booléen, par exemple obtenu par un test, `valeur1` désigne la valeur lorsque le booléen vaut `True` (la condition est réalisée) et `valeur2` la valeur dans le cas contraire. Par exemple,

Console

```
>>> x=3
>>> a = 1 if x>2 else 2
>>> a
1
>>> x=1
>>> a = 1 if x>2 else 2
>>> a
2
```

12 Boucles `while` et `for`

Les boucles forment une des structures les plus importantes de la programmation : elles permettent de reproduire une suite de commandes de façon répétitive. Le langage Python propose deux sortes de boucles, les boucles `while` dont le contenu est exécuté tant qu'une condition est réalisée, et les boucles `for` dont le contenu est exécuté un nombre de fois donné, fixé à l'avance. Dans ces structures, il est très important de veiller à indenter de la même façon tous les éléments qui appartiennent à la boucle, c'est le passage à une indentation normale qui indique à Python qu'on sort de la boucle.

Boucles `while`

Le programme suivant illustre la structure des boucles `while`, il calcule la fonction factorielle d'un nombre n. La partie indentée est exécutée tant que la condition `n>1` est vérifiée. La valeur de `n` est décrémentée d'une unité à chaque fois. La variable `fact` initialement égale à 1 est donc multipliée par tous les entiers compris entre 1 et la valeur initiale de `n`.

Fichier : `boucle_while1.py` Prog. 2.27

```
n=7
fact=1
while (n>1) :
    fact *= n
    n -= 1
print(fact)
```

Son exécution donne

Console

```
5040
```

- Ligne 1 : la variable `n` est initialisée à 7 ;
- ligne 2 : la variable `fact` est initialisée à 1 ;
- Lorsque la ligne 3 est interprétée pour la première fois, la condition `n>1` est vraie et le bloc `while` (lignes 4 et 5) est exécuté ;
- Lignes 4 et 5 : la variable `fact` est multipliée par `n` qui vaut 7 la première fois et `n` est décrémentée d'une unité. Puis `fact` est multipliée par `n` qui vaut 6 et `n` est décrémentée d'une unité. La procédure continue jusqu'à ce que `n` prenne la valeur `n=1`, auquel cas la condition `while` n'est plus vérifiée et on sort de la boucle. Remarque : on aurait pu écrire ces lignes `fact = fact*n` et `n = n-1` ;
- À la sortie de la boucle, la variable `fact` a été multipliée successivement par 7, 6, 5, 4, 3 et 2, elle vaut donc « factorielle de 7 ».

Attention, si la condition figurant dans la ligne `while` n'est jamais fausse, le programme ne s'arrête jamais. C'est le cas par exemple si on supprime la ligne 5 du programme précédent. Essayez. Pour arrêter l'exécution, tapez simultanément « contrôle » et « c », ce qu'on note `Ctrl-c`.

Boucles `for`

En Python, la boucle `for` parcourt un tuple, une liste ou un tableau (voir le chapitre 4), élément après élément.[11] Par exemple, pour écrire les entiers de 1 à 5, on pourrait écrire

Prog. 2.28 Fichier : `boucles1a.py`

```python
liste = (1, 2, 3, 4, 5)
for n in liste:
    print(n)
```

où l'on retrouve une indentation similaire à celle du paragraphe précédent. L'exécution de ce programme donne

Console

```
1
2
3
4
5
```

11. La structure de la boucle `for` du language Python diffère de celle de la plupart des autres languages, et ceci peut commencer par dérouter ceux qui ont déjà une bonne pratique de ces autres langages.

On peut imbriquer des boucles `for`, par exemple dans ce programme qui propose une mini-table de multiplication

Fichier : `boucles1b.py` Prog. 2.29

```
1 liste = (1, 2, 3, 4)
2 for nombre1 in liste:
3     for nombre2 in liste:
4         print("%d x %d = %d" % (nombre1, nombre2, nombre1*nombre2))
5     print("---")
```

où l'on retrouve une indentation similaire à celle du paragraphe précédent. La première boucle donne successivement à `nombre1` les valeurs comprises dans `liste`. Pour chacune de ces valeurs, la seconde boucle donne successivement à `nombre2` les valeurs comprises dans `liste`, si bien que les couples (`nombre1`, `nombre2`) contiennent successivement (1, 1), (1, 2), (1, 3), (1, 4), (2, 1), (2, 2), etc. L'exécution de ce programme donne

Console

```
1 x 1 = 1
1 x 2 = 2
1 x 3 = 3
1 x 4 = 4
---
2 x 1 = 2
2 x 2 = 4
2 x 3 = 6
2 x 4 = 8
---
3 x 1 = 3
3 x 2 = 6
3 x 3 = 9
3 x 4 = 12
---
4 x 1 = 4
4 x 2 = 8
4 x 3 = 12
4 x 4 = 16
---
```

Notez que la dernière ligne du programme est indentée de façon à être à l'intérieur de la première boucle mais à l'extérieur de la seconde, pour que la ligne `---` ne soit écrite qu'une fois par valeur de `nombre1`. En changeant l'indentation de la ligne 5 de la façon suivante

Fichier : `boucles1c.py` Prog. 2.30

```
1 liste = (1, 2, 3, 4)
2 for nombre1 in liste:
3     for nombre2 in liste:
4         print("%d x %d = %d" % (nombre1, nombre2, nombre1*nombre2))
5         print("---")
```

la commande d'affichage de --- est maintenant incluse dans la seconde boucle et le résultat est

Console

```
1 x 1 = 1
---
1 x 2 = 2
---
1 x 3 = 3
---
1 x 4 = 4
---
2 x 1 = 2
---
2 x 2 = 4
---
2 x 3 = 6
---
2 x 4 = 8
---
3 x 1 = 3
---
3 x 2 = 6
---
3 x 3 = 9
---
3 x 4 = 12
---
4 x 1 = 4
---
4 x 2 = 8
---
4 x 3 = 12
---
4 x 4 = 16
---
```

ou en la changeant de nouveau en

Prog. 2.31 Fichier : boucles1d.py

```
liste = (1, 2, 3, 4)
for nombre1 in liste:
    for nombre2 in liste:
        print("%d x %d = %d" % (nombre1, nombre2, nombre1*nombre2))
print("---")
```

la commande d'affichage de --- passe à l'extérieur de toutes les boucles, avec le résultat

Console

```
1 x 1 = 1
1 x 2 = 2
```

```
1 x 3 = 3
1 x 4 = 4
2 x 1 = 2
2 x 2 = 4
2 x 3 = 6
2 x 4 = 8
3 x 1 = 3
3 x 2 = 6
3 x 3 = 9
3 x 4 = 12
4 x 1 = 4
4 x 2 = 8
4 x 3 = 12
4 x 4 = 16
---
```

Il convient donc d'être très rigoureux dans l'indentation du programme et il est absolument certain que si vous vous mettez à programmer en Python, vous vous trouverez à un moment donné dans la situation où vous vous maudirez d'avoir perdu une heure à chercher une erreur, pour réaliser que vous avez mal indenté une ligne de code...

Python possède la commande `range()`, qui sert spécifiquement à décrire une suite d'entiers qui se succèdent. La syntaxe est la suivante

Fichier : `tuples1f.py` Prog. 2.32

```
gamme = range(0,5)
for n in gamme:
    print(n)
```

qui donne la liste des entiers compris entre 0 (inclus) et 5 (exclus) :

Console

```
0
1
2
3
4
```

On aurait également pu écrire `range(5)`, équivalent à `range(0,5)`. On obtient la liste des entiers de 10 à 15 en écrivant

Fichier : `tuples1g.py` Prog. 2.33

```
gamme = range(10,16)
for n in gamme:
    print(n)
```

qui donne effectivement

Console

```
10
```

Vous pourrez remplacer la première ligne du programme précédent par `range(500000)` pour voir défiler les 500 000 premiers entiers dans votre terminal.

13 Fonctions définies par l'utilisateur

13.1 Définir une fonction

Il est très utile de pouvoir écrire soi-même des fonctions, réalisant une tâche que l'on a programmée. Par exemple, écrivons une fonction qui détermine le temps de chute en fonction de la hauteur, sous l'action de la pesanteur. C'est le mot-clé `def` suivi du nom de la fonction qui permet de définir la fonction. L'**argument** de la fonction, ici `h`, est une variable muette, elle n'a de valeur que localement, dans la partie du programme qui définit la fonction (ici les lignes 1 et 2). Nous approfondirons ce point dans le paragraphe 13.4. Les instructions qui définissent la fonction apparaissent dans la ou les lignes suivantes, indentées comme les boucles `for` ou les conditions `if`. La valeur que retourne la fonction est indiquée par la ligne finale, grâce à l'instruction `return`.

Prog. 2.34 — Fichier : `temps_chute1.py`

```
1 def chute(temps):
2     return 0.5*9.81*temps**2
3 
4 t = 2
5 h = chute(t)
6 print("la distance parcourue pendant {} s est {} m".format(t, h))
```

L'exécution du programme donne

Console

```
la distance parcourue pendant 2 s est 19.62 m
```

13.2 Valeur par défaut des paramètres

On peut affecter une valeur par défaut aux paramètres, lorsqu'on définit la fonction. Si la fonction est appelée avec un paramètre manquant, c'est la valeur par défaut qui est considérée. Par exemple, le code suivant reprend le programme 2.34 en ajoutant la valeur de g comme paramètre optionnel. Le programme suivant appelle cette fonction en n'utilisant qu'un paramètre (valeur de g par défaut) puis en utilisant les deux paramètres (en indiquant la valeur de g sur la Lune).

Fichier : `temps_chute2.py` Prog. 2.35

```python
def chute(temps, g=9.81):
    return 0.5*g*temps**2

t = 2
print("chute en {} s sur la Terre : {} m".format(t, chute(t)))
print("chute en {} s sur la Lune : {} m".format(t, chute(t, 1.62)))
```

L'exécution du programme donne

Console

```
chute en 2 s sur la Terre : 19.62 m
chute en 2 s sur la Lune : 3.24 m
```

13.3 Une fonction peut renvoyer plusieurs valeurs, ou aucune

Une fonction peut retourner plusieurs valeurs, sous la forme d'un tuple. Par exemple, le programme suivant définit une fonction `solutions()` qui renvoie les deux solutions de l'équation $ax^2 + bx + c = 0$ quand elles sont réelles [12]

Fichier : `discriminant2.py` Prog. 2.36

```python
1  from math import sqrt
2
3  def discriminant(a, b, c):
4      return b*b-4*a*c
5
6  def solutions(a, b, c):
7      D = discriminant(a, b, c)
8      if (D>=0):
9          return (-b + sqrt(D))/2, (-b - sqrt(D))/2
10     else:
11         print("pas de solutions réelles")
12
13 c2, c1, c0 = 1, 2, -1
14 s1, s2=solutions(c2, c1, c0)
15 print("les solutions de ax2 + bx + c avec a={}, b={} et c={} sont :\
       ns1={:.5f}\ns2={:.5f}".format(c2, c1, c0, s1, s2))
```

où à la ligne 13, les variables `c0`, `c1` et `c2` désignent les coefficients du polynôme, ici $x^2 + 2x - 1$. Les solutions exactes sont $s_1 = -1 + \sqrt{2}$ et $s_2 = -1 - \sqrt{2}$ avec les valeurs de a, b et c choisies. Le programme précédent donne

Console

```
les solutions de ax2 + bx + c avec a=1, b=2 et c=-1 sont :
s1=0.41421
s2=-2.41421
```

12. Il produit une erreur dans le cas où les solutions seraient complexes, ce n'est pas l'objet ici de produire un programme plus complet, mais vous êtes invité à le faire, à titre d'exercice.

Une fonction peut ne renvoyer aucune valeur, en exécutant simplement une action, par exemple

Prog. 2.37 Fichier : `ecrit_ligne.py`

```
def ecrit_ligne(ntirets=10):
    print("-"*ntirets)

ecrit_ligne()
```

où la fonction `ecrit_ligne()` écrit une ligne en pointillés (l'argument optionnel permet de préciser le nombre de tirets à écrire)

Console

```
----------
```

13.4 Portée des variables : locale ou globale

Dans le programme 2.36, la fonction effectue à la ligne 4 un calcul sur les variables a, b et c passées en paramètres à la ligne 7, lorsque la fonction est appelée. Modifions ce code pour mettre en évidence un point subtil.

Prog. 2.38 Fichier : `discriminant1b.py`

```
a=7
def discriminant(a, b, c):
    print("valeur de a pendant l'appel de la fonction :", a)
    return b*b-4*a*c

c2, c1, c0 = 1, 2, -1
print("valeur de a avant l'appel de la fonction   :", a)
D = discriminant(c2, c1, c0)
print("valeur de a après l'appel de la fonction   :", a)
```

L'exécution du programme donne

Console

```
valeur de a avant l'appel de la fonction   : 7
valeur de a pendant l'appel de la fonction : 1
valeur de a après l'appel de la fonction   : 7
```

Lors de l'exécution de la fonction, la variable a utilisée comme paramètre de la fonction est différente de la variable a définie dans le corps du programme. On dit que la fonction crée un **espace mémoire local**, dans lequel les variables n'ont d'existence que tant que le programme est en train d'utiliser la fonction. Si la fonction modifie la valeur de a, elle ne le fait que dans l'espace local et lorsqu'on sort de la fonction, la variable a retrouve le sens et la valeur qu'elle avait auparavant :

Fichier : discriminant1c.py

Prog. 2.39

```
a=7
def discriminant(a, b, c):
    a=9
    print("valeur de a pendant l'appel de la fonction :", a)
    return b*b-4*a*c

c2, c1, c0 = 1, 2, -1
print("valeur de a avant l'appel de la fonction   :", a)
D = discriminant(c2, c1, c0)
print("valeur de a après l'appel de la fonction   :", a)
```

donne

Console

```
valeur de a avant l'appel de la fonction   : 7
valeur de a pendant l'appel de la fonction : 9
valeur de a après l'appel de la fonction   : 7
```

Vous pourrez reprendre le programme précédent en remplaçant la première ligne par a= `"girafe"`. Dans ce cas la variable a n'a même pas le même type dans la fonction et hors de la fonction. On obtient alors

Console

```
valeur de a avant l'appel de la fonction   : girafe
valeur de a pendant l'appel de la fonction : 9
valeur de a après l'appel de la fonction   : girafe
```

Cette subtilité peut conduire à des heures d'arrachage de cheveux lorsqu'un programme ne fait pas ce qu'on attend si on l'a oubliée. Par exemple, imaginons qu'on veuille, dans la fonction précédente, mémoriser le fait que la fonction a été appelée, grâce à une variable `detection` que la fonction met à 1 quand elle est utilisée. Le programme suivant

Fichier : discriminant1d.py

Prog. 2.40

```
detection = 0

def discriminant(a, b, c):
    detection = 1
    return b*b-4*a*c

c2, c1, c0 = 1, 2, -1
D = discriminant(c2, c1, c0)
print("Valeur de la variable detection :", detection)
```

produit l'affichage suivant, où l'on voit que la valeur de la variable n'a pas été modifiée par la fonction.

Console

```
Valeur de la variable detection : 0
```

Si on veut qu'une fonction puisse modifier la valeur d'une variable définie à l'extérieur de cette fonction, il faut indiquer à la fonction que cette variable existe ailleurs, que sa portée est globale (par opposition aux variables locales), grâce au mot-clé `global` à la ligne 4 du programme suivant.

Prog. 2.41 Fichier : `discriminant1e.py`

```
1  detection = 0
2
3  def discriminant(a, b, c):
4      global detection
5      detection = 1
6      return b*b-4*a*c
7
8  c2, c1, c0 = 1, 2, -1
9  D = discriminant(c2, c1, c0)
10 print("Valeur de la variable detection :", detection)
```

qui affiche cette fois

Console

```
Valeur de la variable detection : 1
```

La valeur de la variable a bien été modifiée par la fonction. Ceci sera notamment utilisé dans le programme 7.8.

14 Commentaires

On peut insérer des lignes qui ne sont pas interprétées par Python, pour donner des indications aux personnes qui pourraient lire le programme. On les appelle des **commentaires**, elles sont introduites par le caractère #.

Prog. 2.42 Fichier : `commentaires.py`

```
# Ceci est un commentaire de début, pour indiquer le but du programme par exemple

g = 9.81 # valeur de l'accélération de la pesanteur
t = 2    # temps en secondes
d = 0.5*g*t**2 # distance parcourue
print(d)
```

Le premier lecteur potentiel du programme, c'est vous-même et les commentaires servent notamment à pouvoir comprendre ce que fait le programme et comment il le fait, lorsqu'on se replonge dedans après un laps de temps suffisant pour l'avoir oublié. Les commentaires sont également essentiels si le programme est destiné à être partagé avec d'autres programmeurs. Dans cet ouvrage, les programmes seront peu commentés [13] car

13. Il s'agit là d'un souci de concision, des programmes deux fois plus longs du fait des commentaires auraient dû être deux fois moins nombreux.

ils seront souvent analysés en détail, mais ceci ne doit pas être vu comme un exemple de bonne pratique.

15 IPython

IPython est une version interactive de Python (d'où le « I »), qui propose plusieurs fonctionnalités intéressantes pour le programmeur :

- une aide en ligne sur les commandes ;
- une complétion automatique des noms de commande, en tapant le début de la commande puis en tapant la touche « tabulation » ;
- des commandes supplémentaires, commençant par le préfixe `%` et souvent appelées des **commandes magiques** ;
- une présentation plus claire des messages d'erreur ;
- une coloration syntaxique, comme dans les listings de cet ouvrage ;
- la possibilité d'avoir accès à l'état des variables à la fin de l'exécution des programmes ;
- de façon plus générale, la possibilité de débuguer les programmes en surveillant l'état des variables au cours de leur exécution.

Nous allons seulement exposer ici l'avant-dernière possibilité (la dernière dépasse le cadre de cet ouvrage).

Une fois installé, on accède à IPython en tapant `ipython` dans le terminal, ce qui donne l'affichage suivant, où `In [1]:` fait office de prompt,

Console

```
$ ipython
Python 3.7.6 (default, Jan  8 2020, 13:42:34)
Type 'copyright', 'credits' or 'license' for more information
IPython 7.12.0 -- An enhanced Interactive Python. Type '?' for help.

In [1]:
```

La commande `%run` permet d'exécuter un programme, par exemple le programme 5.1 que nous étudierons plus loin,

Console

```
In [1]:   %run discriminant2.py
les solutions de ax2 + bx + c avec a=1, b=2 et c=-1 sont :
s1=0.41421
s2=-2.41421
In [2]:
```

Ceci produit l'affichage ci-dessus puis rend la main à l'utilisateur. On peut alors faire afficher le contenu des variables utilisées dans le programme (ce qu'on ne peut pas faire avec la commande `python` lancée depuis le terminal), par exemple

Console

```
In [2]: s1
Out[2]: 0.41421356237309515
```

montre le contenu de la variable `s1`. On peut noter que pour taper la commande `%run discriminant2.py`, on peut commencer par taper `%run dis` puis la touche de tabulation, qui complètera le nom de fichier et proposera une liste parmi laquelle choisir en cas d'ambiguïté.

Voici quelques exemples de commandes disponibles dans IPython[14] :

- `%run` pour lancer des programmes ;
- `help()` en indiquant en argument une fonction Python donne la documentation de cette fonction, par exemple `help(print)` pour voir les options que propose la fonction `print()` ;
- `%timeit` suivi d'une instruction permet de déterminer le temps que met Python à l'exécuter. Par exemple, essayez `%timeit a=1` puis `%timeit b=[0, 1]` pour voir la différence entre la création et affectation d'une variable entière et d'une liste ;
- `%gui` pour changer le backend, notion présentée à la section 6 du chapitre 5.

Nous n'utiliserons pas IPython dans la suite pour ne pas empiler les couches de complexité, mais c'est un outil réellement puissant.

14. Liste loin d'être exhaustive, voir `https://ipython.readthedocs.io/en/stable/interactive/tutorial.html` pour une première approche.

3 Unités

Dans ce chapitre, nous allons commencer par quelques considérations générales relevant de la physique, puis nous aborderons des techniques pour les mettre en œuvre avec Python. Le lecteur pressé peut, en première lecture, passer au chapitre suivant, aucune notion nouvelle en Python ne sera présentée.

1 Dimensions physiques

Les grandeurs physiques servent à représenter des quantités de différents types, par exemple des longueurs, des intervalles de temps, des températures, etc. On affecte à chaque grandeur une dimension qui indique de quel type il s'agit. Par exemple, toutes les distances et toutes les tailles ont la dimension d'une longueur. Cette dimension est notée **L**. De même, on note **T** la dimension des temps et **M** celle des masses. On peut combiner plusieurs dimensions, par exemple la dimension d'une vitesse s'écrit $\mathbf{LT}^{-1}$, ce que l'on écrit formellement

$$[v] = \mathbf{LT}^{-1}$$

où les crochets signifient « la dimension de ». Les dimensions de toutes les quantités physiques peuvent s'exprimer à partir d'un petit nombre d'entre elles, que l'on qualifie de dimensions fondamentales. En mécanique, toutes les dimensions s'expriment en combinant masse, longueur et temps.

2 Unités de mesure

La plupart des grandeurs physiques sont affectées d'unités, c'est-à-dire qu'elles se réfèrent à une grandeur du même type supposée connue. En ce qui concerne les longueurs, il y a de nombreuses unités en vigueur, citons par exemple

- le mètre et ses multiples et sous-multiples (centimètre, kilomètre, etc.) ;
- le pouce (2,54 cm), le pied (30,48 cm), la verge anglaise ou yard (0,9144 m), le mile, unités anglo-saxonnes, aussi appelées **unités impériales** ;
- différentes unités maritimes comme le mile nautique ;
- l'année-lumière, le parsec et l'unité astronomique, utilisées en astronomie ;
- le fermi, le micron, l'ångström, unités microscopiques ;
- le pica et le point, unités typographiques ;
- la lieue, la perche, la toise, anciennes unités françaises ;

Le passage d'une unité à l'autre est appelé une **conversion**. Le lecteur qui a conduit aux États-Unis aura été confronté à ces conversions, les distances sur les routes étant indiquées en miles plutôt qu'en kilomètres et les volumes de carburant en gallons plutôt qu'en litres.

La notion d'unité est différente de celle de dimension physique. Deux quantités physiques peuvent avoir la même dimension mais ne pas être exprimées dans la même unité. En revanche, on ne peut exprimer des quantités dans la même unité que si elles sont de même dimension.

Par convention, des unités simples, appelées **unités de base**, ont été définies pour certains types de grandeurs physiques. Le **système international d'unités**, noté SI et adopté par la Conférence Générale des Poids et Mesures en 1960, définit comme grandeurs fondamentales, avec entre parenthèse l'unité de base correspondante :

- des longueurs (mètre) ;
- des temps (seconde) ;
- des masses (kilogramme) ;
- des courants électriques (ampère) ;
- des températures (kelvin) ;
- des quantités de matière (mole) ;
- l'intensité lumineuse (candela).

Il existe d'autres types de grandeurs physiques, qui s'expriment dans d'autres unités, appelées **unités dérivées** et construites à partir des précédentes. Par exemple, une vitesse est le rapport d'une distance par le temps mis pour la parcourir, elle s'exprime en m/s, qu'on note aussi $\mathrm{m \cdot s^{-1}}$ ou $\mathrm{m\,s^{-1}}$.

Il existe plusieurs systèmes d'unités différents, pour des raisons historiques, mais aussi pour des raisons de commodité : il est plus simple pour les astrophysiciens et les physiciens des particules de travailler dans des unités différentes, plus adaptées aux échelles de distances, de temps, de masse, d'énergie, rencontrées dans leurs domaines respectifs. Ce n'est généralement pas un problème, à condition de savoir exactement quelles unités sont utilisées quand on transmet une valeur numérique. Il est extrêmement important de veiller à systématiquement indiquer l'unité de toute grandeur numérique !

Parmi ces systèmes d'unités, le Système International est le plus développé, et doit être utilisé dans la mesure du possible : de nombreuses équipes dans le monde travaillent pour fournir des définitions pratiques des unités et des manières de les réaliser. La définition d'une unité est aussi une question technologique. Par exemple, le mètre étant défini comme la longueur parcourue par la lumière en 1/299 792 458 s, cette définition n'a de sens que si l'on parvient à mesurer la vitesse de la lumière avec précision.

3 Constantes et unités

Python peut être utilisé comme une super-calculette, prenant en charge les constantes physiques et les conversions d'unités. Il existe des modules permettant de le faire, mais nous allons d'abord présenter une solution plus transparente et plus simple à mettre en œuvre. Nous verrons ensuite des méthodes plus puissantes.

En ce qui concerne les constantes physiques, une possibilité est d'écrire une bonne fois pour toutes leur valeur dans le fichier que l'on utilise pour faire le calcul voulu. Par exemple, pour calculer la force gravitationnelle exercée par la Terre (de masse $M_{\oplus}$) sur un objet de masse m situé à sa surface,

$$F = \frac{GM_{\oplus}m}{R_{\oplus}^2}$$

où $R_{\oplus}$ désigne le rayon de la Terre, on peut écrire

Fichier : `calculette1.py` Prog. 3.1

```
1 G = 6.67408E-11         # en unités SI
2 M_Terre = 5.972E24      # en unités SI
3 masse = 1               # en unités SI
4 R_Terre=6.371E6         # en unités SI
5 
6 F = G*M_Terre*masse/pow(R_Terre,2)
7 print(F)
```

ce qui donne, ici pour une masse $m = 1$ kg,

Console

```
9.819649737724955
```

Le résultat est ci donné dans le système international (car toutes les autres grandeurs le sont), c'est-à-dire en newtons. Le degré de précision affiché est ici ridicule du point de vue physique.[1] Faisons afficher, à la ligne 7, un nombre de chiffres significatifs plus raisonnable, en ajoutant l'unité. C'est ici la personne qui écrit le code qui impose d'ajouter la chaîne de caractère « N » à la suite du nombre, pour indiquer qu'il s'agit de newtons, il n'y a ici aucune vérification de la justesse de l'unité choisie, contrairement aux solutions que nous présenterons plus loin.

Fichier : `calculette1b.py` Prog. 3.2

```
7 print("F = %.3f N" % (F))
```

qui donne

Console

```
F = 9.820 N
```

On peut également gérer les multiples et sous-multiples en définissant des variables spécifiques. Par exemple, dans le programme précédent, la conversion en mètres de $R_{\odot} = 6371\,\text{km}$ peut être effectuée en définissant le facteur multiplicatif `kilo` (on obtient le même affichage que précédemment) :

1. Un changement de la dernière décimale correspond a une variation du rayon de la Terre de l'ordre du nanomètre.

Prog. 3.3 Fichier : calculette1c.py

```
G = 6.67408E-11         # en unités SI
M_Terre = 5.972E24      # en unités SI
masse = 1               # en unités SI
kilo=1E3
R_Terre=6371*kilo

F = G*M_Terre*masse/pow(R_Terre,2)
print("F = %.3f N" % (F))
```

On peut de même convertir d'une unité quelconque vers l'une des unités de base choisies pour exprimer les valeurs numériques, par exemple con vertir en mètres la longueur d'un terrain de football américain, qui fait 120 yards.

Prog. 3.4 Fichier : calculette1d.py

```
yard = 0.9144           # 1 yard = 0,9144 m
longueur = 120*yard     # longueur du terrain = 120 yards
print("longueur = %.2f m" % (longueur))
```

qui donne

Console

```
$ python calculette1d.py
longueur = 109.73 m
```

Terminons par un exemple un peu moins simple. En astrophysique, l'expansion de l'univers est décrite par la constante de Hubble qui relie, sur une certaine gamme de distances, la vitesse v à laquelle s'éloignent les galaxies de la distance d qui nous en sépare, selon

$$v = H_0 d$$

Comme les vitesses s'expriment naturellement en $\mathrm{km \cdot s^{-1}}$ et les distances en mégaparsecs dans ce contexte, la constante de Hubble s'exprime en $\mathrm{km \cdot s^{-1} \cdot Mpc^{-1}}$. Elle vaut

$$H_0 \approx 68\,\mathrm{km \cdot s^{-1} \cdot Mpc^{-1}}$$

Or, la cosmologie permet d'établir que l'âge de l'Univers t est de l'ordre de $1/H_0$. Calculons l'ordre de grandeur de cet âge, en secondes puis en milliards d'années.

Prog. 3.5 Fichier : calculette1e.py

```
pc = 3.09E16            # 1 parsec = 3.09E16 m
kilo=1E3
mega=1E6
giga=1E9
heure=3600
jour=24*heure
an = 365.25*jour
H0=68*kilo/(mega*pc)
```

```
print("1/H0 = %e s" % (1/H0))
print("1/H0 = %.2f milliards d'annees" % (1/H0/(giga*an)))
```

qui donne

Console

```
$ python calculette1e.py
1/H0 = 4.544118e+17 s
1/H0 = 14.40 milliards d'annees
```

4 Modules dédiés

Il existe de nombreux modules permettant de gérer plus finement les dimensions physiques et les unités (`unum`, `sympy`, `natu`, `Pint` pour n'en citer que quelques-uns). Nous avons choisi ici de présenter `scipy` (pour « Scientific Python ») qui contient les définitions de très nombreuses constantes physiques et unités, puis d'utiliser le module `astropy`, qui permet de faire des conversions d'unités.

4.1 Les constantes physiques dans `scipy`

La bibliothèque `scipy` contient un module `constants` qui définit de très nombreuses constantes physiques et fournit leur valeur numérique dans le système d'unités international,[2] par exemple la vitesse de la lumière dans le vide c et la constante de Planck h

Console

```
>>>from scipy import constants
>>> constants.c
299792458.0
>>> constants.h
6.62607004e-34
```

Voici une liste de certaines constantes physiques ainsi disponibles, avec leur valeur numérique. Certaines sont définies sous plusieurs noms. Attention, c'est volontairement que nous n'avons pas indiqué d'unités dans les valeurs numériques, les `float` sont des variables contenant des nombres, sans unité. Elles représentent ici les valeurs de ces constantes dans le système d'unités international.

- `c` ou `speed_of_light` : vitesse de la lumière dans le vide `299792458.0`
- `mu_0` : μ_0, perméabilité magnétique du vide `1.2566370614359173e-06`
- `epsilon_0` : ϵ_0, permittivité diélectrique du vide `8.854187817620389e-12`
- `h` ou `Planck` : constante de Planck `6.62607004e-34`

2. Voir `https://docs.scipy.org/doc/scipy/reference/constants.html` pour la liste complète.

- `hbar` : $\hbar \equiv h/2\pi$, constante de Planck réduite `1.0545718001391127e-34`
- `G` ou `gravitational_constant` : G, constante de Newton `6.67408e-11`
- `g` : valeur standard de l'accélération de la pesanteur g `9.80665`
- `e` ou `elementary_charge` : charge électrique élémentaire `1.6021766208e-19`
- `R` ou `gas_constant` : constante des gaz parfaits R `8.3144598`
- `alpha` ou `fine_structure` : constante de structure fine α `0.0072973525664`
- `N_A` ou `Avogadro` : nombre d'Avogadro N_a `6.022140857e+23`
- `k` ou `Boltzmann` : k_B, constante de Boltzmann `1.38064852e-23`
- `sigma` ou `Stefan_Boltzmann` : constante de Stefan-Boltzmann `5.670367e-08`
- `Wien` : constante de Wien `0.0028977729`
- `Rydberg` : constante de Rydberg `10973731.568508`
- `m_e` ou `electron_mass` : masse de l'électron `9.10938356e-31`
- `m_p` ou `proton_mass` : masse du proton `1.672621898e-27`
- `m_n` ou `neutron_mass` : masse du neutron `1.674927471e-27`

D'autres constantes physiques, considérées comme moins fondamentales (au sens où leur valeur peut ou pourrait être déduite de celles qui précèdent) sont également disponibles dans ce module. Nous les avons omises ici car nous présenterons dans le prochain paragraphe un autre module qui les contient également. La lectrice intéressée peut se tourner vers le documentation de `scipy.constants`.

Ce module définit également les multiples et les sous-multiples, par exemple

Console

```
>>>from scipy import constants
>>> constants.milli
0.001
>>> constants.mega
1000000.0
```

Reprenons le programme 3.5 en utilisant `scipy.constants`,

Prog. 3.6 Fichier : `calculette1f_scipy.py`

```
from scipy import constants as cst

H0=68*cst.kilo/(cst.mega*cst.parsec)

print("1/H0 = %e s" % (1/H0))
print("1/H0 = %.2f milliards d'annees" % (1/H0/(cst.giga*cst.
    Julian_year)))
```

où la quantité `Julian_year` désigne l'année julienne qui vaut 365,25 jours (la constante year de `scipy` désigne une année qui vaut exactement 365 jours)

Console

```
1/H0 = 4.537761e+17 s
1/H0 = 14.38 milliards d'annees
```

La petite différence avec la valeur numérique trouvée à la section précédente vient de la valeur du parsec, ici définie plus précisément.

4.2 Le module astropy

La bibliothèque `astropy`, comme son nom le suggère, fournit des fonctionnalités utiles en astronomie et en astrophysique. Parmi celles-ci, son module `units` tourné vers la manipulation des unités physiques présente un intérêt bien plus large.[3] Celui-ci définit un nouveau type `Quantity`. Les variables de ce type possèdent une valeur numérique (`float`) et une unité. En multipliant un `float` par un `Quantity`, on obtient un `Quantity`, ce qui permet de définir une quantité dimensionnée de la façon suivante : pour reprendre l'exemple précédent,

Fichier : `calculette_astropy1a.py` Prog. 3.7

```
from astropy import units as u

d = 1 * u.megaparsec
v = (68 *u.kilometer) / (1 * u.second)
H0=v/d
res = 1/H0

print(res)
print(res.to(u.gigayear))
```

donne

Console

```
0.014705882352941176 Mpc s / km
14.379297377546006 Gyr
```

Le premier `print()` affiche la valeur de `res` avec une unité déduite directement du calcul. La méthode `to(u.gigayear)` convertit le résultat en milliards d'années. Pour reprendre l'exemple du programme précédent 3.4 qui faisait intervenir le yard, unité impériale,

Fichier : `calculette_astropy1b.py` Prog. 3.8

```
from astropy import units as u
from astropy.units import imperial

d = 120*u.imperial.yard
print(d.to(u.meter))
```

3. Voir `https://docs.astropy.org/en/stable/units/` pour une description exhaustive.

qui donne

Console

```
109.72800000000001 m
```

Les multiples et sous-multiples sont gérés en ajoutant leur symbole devant le nom de l'unité, par exemple `u.megameter` pour 10^6 m ou `u.milliparsec` pour 10^{-3} pc. Ceci avait déjà été utilisé dans le programme 3.7. On peut aussi utiliser les symboles réduits utilisés par `astropy` pour l'affichage, par exemple `Mm` et `mpc` pour les deux exemples précédents, respectivement. Pour convertir la vitesse de la lumière des mètres/seconde en kiloparsecs/millions d'année, on écrirait par exemple

Prog. 3.9 Fichier : `calculette_astropy1c.py`

```
from astropy import units as u
c = 3E8 * u.m/u.s
print(c.to(u.kpc/u.Myr))
```

qui donne

Console

```
306.81364951611226 kpc / Myr
```

Le module `astropy` contient les définitions des principales constantes physiques [4] et le code ci-dessus s'écrirait plus simplement

Prog. 3.10 Fichier : `calculette_astropy1d.py`

```
from astropy import units as u
from astropy import constants as const

print(const.c.to(u.kpc/u.Myr))
```

qui donne

Console

```
306.6013937879527 kpc / Myr
```

La petite différence numérique avec le code précédent vient de la définition plus précise de *c* donnée par `astropy`.

Attention, la méthode de formatage suivante pour n'afficher que deux chiffres après la virgule produit un (long) message d'erreur dont nous reproduisons que la dernière ligne.

Console

```
>>> from astropy import units as u
>>> d = 1.5364*u.m
>>> print("d= %.2f" % (d))
(......)
TypeError: only dimensionless scalar quantities can be converted to
    Python scalars
```

4. Voir `http://docs.astropy.org/en/stable/constants/`

En revanche, la méthode faisant appel à format() est valide,

Console

```
>>> print("d= {:.2f}".format(d))
d= 1.54 m
```

4.3 Les valeurs du CODATA

Aux valeurs numériques des constantes fondamentales sont associées des incertitudes. La commande print() permet d'afficher toutes les informations sur une constante donnée. Par exemple,

Fichier : codata1.py Prog. 3.11

```
from astropy import constants as const
print(const.G)
```

donne sur l'ordinateur de l'auteur[5]

Console

```
Name   = Gravitational constant
Value  = 6.6743e-11
Uncertainty  = 1.5e-15
Unit  = m3 / (kg s2)
Reference = CODATA 2018
```

La référence « CODATA 2018 » indique la provenance de ces nombres. CODATA est l'acronyme de « Comité de données pour la science et la technologie », un comité qui met à jour, tous les quatre ans, les valeurs des constantes physiques et leurs incertitudes. Le module astropy permet de choisir le jeu de valeurs qui nous intéresse. Par exemple, on peut voir l'évolution de la valeur conventionnelle[6] de la constante de la gravitation G et de son incertitude, entre 2010 et 2018, en comparant les deux exemples suivants. Le premier donne la valeur de 2010,

Fichier : codata2a.py Prog. 3.12

```
from astropy import constants
from astropy.constants import codata2010 as const
print(const.G)
```

qui donne

5. Vous pourrez avoir un résultat différent selon la version du module astropy installée sur votre ordinateur. Le nom de cette version peut être obtenu, comme pour la plupart des modules, par la commande print(astropy.__version__) après avoir importé le module par import astropy.

6. Il ne s'agit pas d'une variation de la grandeur physique elle-même, mais bien de sa mesure.

Console

```
Name     = Gravitational constant
Value    = 6.67384e-11
Uncertainty  = 8e-15
Unit   = m3 / (kg s2)
Reference = CODATA 2010
```

et le second donne une valeur plus récente, de 2018

Prog. 3.13 Fichier : codata2b.py

```python
from astropy import constants
from astropy.constants import codata2018 as const
print(const.G)
```

qui donne une incertitude plus de trois fois moindre

Console

```
Name     = Gravitational constant
Value    = 6.6743e-11
Uncertainty  = 1.5e-15
Unit   = m3 / (kg s2)
Reference = CODATA 2018
```

4.4 Analyse dimensionnelle

L'analyse dimensionnelle est intéressante à deux titres au moins : d'une part elle permet de dégager des lois d'échelle, et d'autre part elle permet de détecter certaines erreurs de calcul. Lorsqu'une grandeur qui devrait avoir une dimension donnée en a une autre, c'est qu'on s'est trompé. Par exemple, calculons le rapport entre la force gravitationnelle F_g et la force électrostatique F_e qu'exerce le noyau d'un atome d'hydrogène sur son électron, dans le cadre de la mécanique classique, en notant r la distance entre l'électron et le noyau

$$F_g = \frac{Gm_p m_e}{r^2} \quad \text{et} \quad F_e = \frac{q_e^2}{4\pi\epsilon_0 r^2}$$

si bien que le rapport s'écrit

$$\frac{F_g}{F_e} = \frac{4\pi\epsilon_0 G m_p m_e}{q_e^2} \tag{3.1}$$

Calculons-le par le programme suivant

Prog. 3.14 Fichier : calculette_astropy2a.py

```python
from math import pi
from astropy import units as u
from astropy import constants as const

ratio=const.G*const.m_p*const.m_e*4*pi*const.eps0.si/(const.e.si)**2
print(ratio)
```

où il faut préciser, pour les constantes ϵ_0 et e, le sous-système d'unité choisi pour les exprimer (il existe plusieurs variantes des unités électromagnétiques), ce que réalise le suffixe `.si` dans le programme précédent. On obtient

Console

```
4.407740205451874e-40 F kg m2 / (C2 s2)
```

ce qui peut sembler curieux, la quantité devant être sans dimension. Il se trouve que les unités présentes dans ce résultat ne sont pas indépendantes, le farad (F) dépend de toutes les autres. On peut forcer la simplification des unités dans le système de base n'utilisant que mètres, secondes, kilogrammes et coulomb, par la méthode `decompose()` dont la syntaxe est la suivante

Fichier : `calculette_astropy2b.py` Prog. 3.15

```
1 from math import pi
2 from astropy import units as u
3 from astropy import constants as const
4
5 ratio=const.G*const.m_p*const.m_e*4*pi*const.eps0.si/(const.e.si)**2
6 print(ratio.decompose(bases=[u.m, u.s, u.kg, u.C]))
```

où l'on passe dans le paramètre `bases` la liste des unités de base dans laquelle on souhaite exprimer la grandeur. On obtient

Console

```
4.407740205451874e-40
```

Le rapport est bien sans unité, la force gravitationnelle entre un électron et un proton est moins intense que la force électrostatique d'un facteur $4{,}4 \times 10^{-40}$. Imaginons maintenant que nous nous soyons trompés dans le calcul, en oubliant de mettre au carré la charge électrique dans l'expression (3.1), en calculant

$$\frac{4\pi\epsilon_0 G m_p m_e}{q_e}$$

Dans le programme précédent, la ligne 5 se serait écrite

Fichier : `calculette_astropy2c.py` Prog. 3.16

```
5 ratio=const.G*const.m_p*const.m_e*4*pi*const.eps0.si/(const.e.si)
```

et le programme aurait affiché

Console

```
7.061978307735181e-59 C
```

Le résultat s'exprime en coulomb et ne peut pas représenter le rapport de deux forces, il nous faut revenir en arrière et vérifier notre calcul, dans lequel manque une quantité ayant la dimension d'une charge électrique.

4 Listes et tableaux

1 Listes

Nous avons introduit plus haut les variables de type `tuple`. Le type `list` en propose une version enrichie à plusieurs égards. Ces deux structures sont des exemples de **séquences**, il y en a d'autres. Un `tuple` est défini en écrivant une suite d'éléments séparés par des virgules, éventuellement entre parenthèses (c'est facultatif mais parfois plus lisible). Une variable de type `list` est définie en écrivant cette même suite entre crochets `[]`. La suite de commandes suivantes définit une liste, l'affiche et écrit son type :

Console

```
>>> prenoms = ["Germaine", "Justine", "Anne"]
>>> print(prenoms)
['Germaine', 'Justine', 'Anne']
>>> print(type(prenoms))
<class 'list'>
```

On peut accéder à un élément donné d'une liste (le premier puis le troisième par exemple) par la même syntaxe que pour les `tuple` :

Console

```
>>> print(prenoms[0])
Germaine
>>> print(prenoms[2])
Anne
```

Comme pour les `tuple`, la numérotation des éléments d'une liste commence à 0.

Tout ce que nous avons dit plus haut sur les `tuple` s'applique aux listes, mais ces dernières donnent accès à des fonctionnalités nouvelles. En particulier, on peut les modifier, par exemple en changeant la valeur d'un élément

Console

```
>>> prenoms = ["Germaine", "Justine", "Anne"]
>>> prenoms[0] ="Corinne"
>>> print(prenoms)
['Corinne', 'Justine', 'Anne']
```

ou en ajoutant un élément à la liste par la méthode `append()`

Console

```
>>> prenoms = ["Germaine", "Justine", "Anne"]
>>> prenoms.append("Corinne")
>>> print(prenoms)
['Germaine', 'Justine', 'Anne', 'Corinne']
```

On aurait aussi pu ajouter l'élément "Corinne" par[1]

Console

```
>>> prenoms = prenoms + ["Corinne"]
```

ou

Console

```
>>> prenoms += ["Corinne"]
```

Nous utiliserons beaucoup les listes dans la suite. À partir du chapitre 5, à chaque fois que nous voudrons tracer des graphes représentant une quantité en fonction d'une autre, les abscisses et les ordonnées seront écrites comme des listes.

Point de vocabulaire : les variables peuvent être rangées en deux groupes :

- les objets **modifiables** ou **mutables**[2] dont on peut modifier les attributs, les caractéristiques, sans détruire l'objet, par exemple les `list` et les `ndarray` (voir plus loin dans ce chapitre) ;
- les objets **non modifiables** ou **immutables** pour lesquels ce n'est pas le cas, notamment les `int`, `bool`, `float` et `tuple`.

2 Méthodes et fonctions

Les deux paragraphes précédents ont introduit une syntaxe nouvelle, caractéristique des langages dits « orientés objet » : l'action `append()` qui ajoute un élément à la liste dans le paragraphe 1 est effectuée par une **méthode**, qui agit sur l'objet `prenoms`, avec une syntaxe faisant intervenir un point : `prenoms.append("Anne")`. Contrairement aux fonctions, les méthodes agissent sur l'objet et peuvent le modifier. Pour chaque type d'objets sont définies plusieurs méthodes, dont la liste exhaustive est consultable dans la documentation de Python. Voici quelques exemples de méthodes agissant sur des listes. Dans le programme suivant

Console

```
>>> prenoms = ["Germaine", "Justine", "Anne", "Justine", "Corinne", "
    Mélusine"]
>>> prenoms.remove("Justine")
>>> print(prenoms)
['Germaine', 'Anne', 'Justine', 'Corinne', 'Mélusine']
```

la méthode `remove("Justine")` supprime la première occurrence de `"Justine"` dans la liste, si elle existe. La méthode `sort()` permet de trier une liste, dans l'ordre alphabétique pour des `str`, dans l'ordre numérique pour des `float` et des `int`.

---

1. Techniquement, cette affectation recrée une variable `prenoms`, avec une nouvelle référence, tandis que la méthode `append()` ou la solution utilisant `+=` altèrent la liste en gardant la même variable, avec la même référence.

2. La liste de leurs fonctionnalités additionnelles est disponible à l'adresse `https://docs.python.org/3/library/stdtypes.html#mutable-sequence-types`

Console

```
>>> prenoms.sort()
>>> print(prenoms)
['Anne', 'Corinne', 'Germaine', 'Justine', 'Mélusine']
```

Il faut distinguer les méthodes des **fonctions**, qui prennent l'objet comme argument, produisent un résultat mais laissent la liste inchangée. La fonction `sorted()` renvoie une liste triée dans une nouvelle variable, sans affecter la liste initiale, tandis la méthode `sort()` trie la liste elle-même, comme le montre le programme suivant.

Console

```
>>> prenoms = ["Germaine", "Justine", "Anne"]
>>> print(sorted(prenoms))
['Anne', 'Germaine', 'Justine']
>>> print(prenoms)
['Germaine', 'Justine', 'Anne']
>>> prenoms.sort()
>>> print(prenoms)
['Anne', 'Germaine', 'Justine']
```

3 La fonction enumerate()

Il est courant de vouloir parcourir deux listes en même temps, par exemple si on dispose d'une liste `liste_x` d'abscisses de points et d'une liste `liste_y` d'ordonnées de points. Si on veut écrire (et utiliser) les couples (x, y) obtenus en parcourant les deux listes simultanément, la fonction `enumerate()` est extrêmement utile. Lorsqu'on lui passe une liste en argument, elle fournit une succession de tuples contenant le rang de l'élément ainsi que l'élément lui-même. Par exemple

Fichier : enumerate1.py

Prog. 4.1

```python
liste1 = ("Einstein", "Payne", "Newton", "Leavitt")
for i, val in enumerate(liste1):
    print(i, val)
```

écrit les deux éléments de chaque tuple `i,val` renvoyé par `enumerate()`

Console

```
0 Einstein
1 Payne
2 Newton
3 Leavitt
```

Pour parcourir une autre liste `liste2` de façon synchrone à l'énumération de `liste1`, on peut alors écrire

Fichier : enumerate2.py

Prog. 4.2

```python
liste1 = ("Einstein", "Payne", "Newton", "Leavitt")
```

```
liste2 = ("Albert", "Cecilia", "Isaac", "Henrietta")
for i, val in enumerate(liste1):
    print(liste2[i], val)
```

qui affiche

Console

```
Albert Einstein
Cecilia Payne
Isaac Newton
Henrietta Leavitt
```

Ceci sera par exemple utilisé dans le programme 9.7.

4 Listes en compréhension

Pour créer une liste contenant les carrés des 6 entiers compris entre 1 et 6, on peut écrire le programme suivant qui crée une liste vide puis lui ajoute successivement les carrés.

Prog. 4.3 Fichier : `list_comprehension1.py`

```
liste=[]
for i in range(6):
    liste.append((i+1)**2)
print(liste)
```

Console

```
[1, 4, 9, 16, 25, 36]
```

La **liste en compréhension**, aussi appelée compréhension de liste, traduction de « comprehension list » est une écriture plus condensée pour créer des listes. Commençons par un exemple, pour faire la même chose que le programme précédent

Prog. 4.4 Fichier : `list_comprehension2.py`

```
liste = [(i+1)**2 for i in range(6)]
print(liste)
```

La structure est la suivante :

- La liste créée est placée entre `[]`, comme à chaque fois qu'on crée une liste ;
- On écrit une expression, ici `(i+1)**2` ;
- On écrit ensuite une boucle au cours de laquelle une variable (ici `i`) prendra différentes valeurs. L'expression précédente est calculée pour chaque valeur de cette variable et ajoutée à la liste ;
- On peut aussi écrire des conditions.

Pour illustrer le dernier point, le code suivant crée une liste contenant, parmi les carrés des 5 entiers compris entre 1 et 5, ceux qui sont pairs.

Fichier : `list_comprehension3.py` Prog. 4.5

```
liste = [(i+1)**2 for i in range(6) if ((i+1)**2)%2==0]
print(liste)
```

qui affiche

Console

```
[4, 16, 36]
```

Les listes en compréhension fournissent un outil très puissant pour créer des listes de façon concise et efficace. Ce n'est pas l'objet du présent cours que d'explorer toutes les possibilités qu'elles offrent, mais nous les utiliserons à l'occasion, principalement pour alléger l'écriture de certains programmes. Nous n'en abuserons pas, car elles peuvent rapidement devenir d'autant plus illisibles qu'elles sont astucieuses.

5 Listes de listes

Les éléments d'une liste peuvent eux-mêmes être des listes,

Console

```
>>> maliste=[["Humason", 1891, 1972], ["Slipher", 1875, 1969], ["
    Maury", 1866, 1952]]
>>> maliste[2]
['Maury', 1866, 1952]
>>>
```

On peut accéder à un élément particulier d'une des listes contenues dans `maliste` de la façon usuelle,

Console

```
>>> print("{} ({}-{})".format(maliste[2][0], maliste[2][1], maliste
    [2][2]))
Maury (1866-1952)
```

6 La bibliothèque numpy

6.1 Tableaux numpy

Nous aurons souvent besoin dans la suite de tableaux (array en anglais), des objets d'un autre type (`ndarray` pour « n-dimensional array ») qui ressemblent à des listes mais qui se comportent de façon différente. Ce sont des ensembles d'éléments ayant tous le même type (contrairement aux listes qui peuvent contenir des éléments de types différents), pour lesquels les règles d'addition et de multiplication ont été redéfinies. La bibliothèque numpy permet de créer et de manipuler de tels tableaux de nombres. La convention adoptée par la grande majorité des utilisateurs est de l'importer sous la forme

```
import numpy as np
```

Le programme suivant illustre les règles d'addition et de multiplication sur des tableaux de nombres créés par la commande `np.array()`, prenant comme argument un `list` ou un `tuple`,

Console

```
>>> import numpy as np
>>> tableau1 = np.array([1, 2, 3, 4, 5])
>>> print(3*tableau1)
[ 3  6  9 12 15]
>>> tableau2 = np.array([-1, 0, -1, 0, -1])
>>> print(tableau1 + tableau2)
[0 2 2 4 4]
>>> print(tableau1*tableau2)
[-1  0 -3  0 -5]
```

- le produit `3*tableau1` multiplie chaque élément par 3 ;
- la somme `tableau1 + tableau2` est calculée élément par élément ;
- le produit `tableau1*tableau2` est calculé élément par élément.

Le comportement est donc très différent de celui des listes, pour lesquelles l'opérateur + et la multiplication par un entier réalisent des concaténations, comme l'illustre le programme suivant qui reprend exactement le précédent, en remplaçant les tableaux par des listes (notons que l'opération `liste1*liste2` n'est pas autorisée)

Console

```
>>> import numpy as np
>>> liste1 = [1, 2, 3, 4, 5]
>>> print(3*liste1)
[1, 2, 3, 4, 5, 1, 2, 3, 4, 5, 1, 2, 3, 4, 5]
>>> liste2 = [-1, 0, -1, 0, -1]
>>> print(liste1 + liste2)
[1, 2, 3, 4, 5, -1, 0, -1, 0, -1]
```

Pour calculer les sommes deux à deux des éléments des listes `liste1` et `liste2`, on aurait également pu utiliser une boucle `for`. Dans le programme suivant, la ligne 3 crée une liste vide et la ligne 6 remplit la liste avec les sommes des éléments de `liste1` et `liste2`.

Prog. 4.6

Fichier : `tableaux1c.py`

```
1 liste1 = [1, 2, 3, 4, 5]
2 liste2 = [-1, 0, -1, 0, -1]
3 liste3 = []
```

```
for n in range(5):
    somme = liste1[n] + liste2[n]
    liste3 += [somme]
print(liste3)
```

On obtient

Console

```
[0, 2, 2, 4, 4]
```

Pour faire la somme deux à deux des éléments de listes, ce dernier programme n'est pas optimal et il est préférable d'utiliser des tableaux numpy, avec la syntaxe présentée plus haut : le calcul de sommes de tableaux a été optimisé par les programmeurs de Python et ces sommes se font plus rapidement qu'en faisant une boucle. C'est un avantage appréciable pour des tableaux longs ou des sommes devant être calculées un grand nombre de fois.

De façon analogue aux listes de listes, les tableaux peuvent avoir plusieurs indices : un tableau à deux indices pourra représenter une matrice. Les tableaux à un indice peuvent représenter des vecteurs et `numpy` propose des fonctions permettant de calculer leur norme, les produits scalaires de deux d'entre eux, etc. Par exemple, pour calculer le produit scalaire de deux vecteurs dont on connaît les coordonnées cartésiennes, on peut utiliser la fonction `dot` de `numpy` ou l'opérateur `@`

Console

```
>>> import numpy as np
>>> v1 = np.array([1, 2, 3])
>>> v2 = np.array([-1, 0, 1])
>>> np.dot(v1, v2)
2
>>> v1 @ v2
2
>>>
```

Nous utiliserons cette fonction à la section 3 du chapitre 11. Les tableaux à deux indices seront utilisés au chapitre 18.

6.2 Les commandes `arange()` et `linspace()`

Nous aurons régulièrement besoin de tableaux contenant des nombres régulièrement espacés, par exemple pour tracer des fonctions (prochain chapitre). La bibliothèque `numpy` propose pour cela deux fonctions assez similaires,

- `arange(a, b, p)` crée un tableau rempli de valeurs comprises entre `a` (inclus) et `b` (exclus) avec un pas de `p` ;
- `linspace(a, b, c)` crée un tableau de `c` valeurs comprises entre `a` et `b` (toutes deux incluses).

Console

```
>>> import numpy as np
>>> print(np.arange(1,5,0.5))
[1.  1.5 2.  2.5 3.  3.5 4.  4.5]
>>> print(np.linspace(1,5,9))
[1.  1.5 2.  2.5 3.  3.5 4.  4.5 5. ]
```

6.3 Les fonctions mathématiques de numpy

La bibliothèque numpy fournit également de nombreuses fonctions mathématiques que l'on trouvait dans la bibliothèque math. Attention, certaines fonctions ont des noms différents dans les deux bibliothèques. En particulier, les fonctions trigonométriques inverses sont nommées arcsin(), arccos(), et arctan() dans numpy, tandis que math les nomme asin(), acos(), et atan().

Les fonctions de numpy possèdent un avantage significatif sur celles de la bibliothèque math : lorsque leur argument est un tableau ndarray, elles renvoient elles-mêmes un tableau ndarray constitué des résultats de la fonction agissant sur chacun des éléments du tableau d'entrée. Ainsi dans l'exemple suivant, le tableau final contient les valeurs de sin(0), sin(1) et sin(2). Cette propriété sera extrêmement utile dans toute la suite.

Console

```
>>> import numpy as np
>>> x=np.array([0, 1, 2])
>>> print(np.sin(x))
[0.         0.84147098 0.90929743]
```

Les fonctions mathématiques de numpy peuvent aussi prendre comme argument des variables simples (pour calculer np.sin(1.5)), des listes ou des tuples : on aurait pu remplacer la définition de x par x=(0, 1, 2) ou x=[0, 1, 2] dans les lignes précédentes.

7 Aparté technique

7.1 Affectation des variables

Lorsqu'on affecte une valeur à une variable, par exemple en écrivant la commande a=1, Python fait plusieurs choses :

- il réserve un espace mémoire pour écrire la valeur 1 ;
- il crée un objet qui contient les informations sur l'emplacement de cet espace mémoire ;
- il affecte à cet objet un numéro d'identification unique, qu'on appelle sa **référence** et auquel on peut, si vraiment on le souhaite, accéder par la fonction id() ;
- il affecte à cet objet une étiquette a, le nom de la variable.

Lorsqu'on demande d'accéder à la valeur de a, par exemple par `print(a)`, Python va chercher l'objet associé à l'étiquette a, en déduit l'emplacement de la mémoire allouée à cet objet et lit la valeur qui y est stockée. Nous venons de décrire une situation où on affecte une valeur entière à a, ceci reste valable lorsqu'on affecte une valeur d'un autre type, par exemple une liste : la commande `a=[1,1]` réserve un espace mémoire pour stocker la liste `[1,1]`, avec l'étiquette a.

La commande d'affectation `b=a` associe une étiquette supplémentaire b à l'objet portant l'étiquette a. Nous avons alors deux étiquettes, a et b, pour le même objet. On peut le vérifier en utilisant la commande `id()` qui fournit la référence d'une variable. On vérifie que les objets a et b sont bien identiques après la commande `b=a` :

Console

```
>>> a=1
>>> b=a
>>> print(id(a), "et", id(b))
4370028160 et 4370028160
```

On le vérifie également avec une liste

Console

```
>>> a=[1, 1]
>>> b=a
>>> print(id(a), "et", id(b))
4334641416 et 4334641416
```

Dans le programme suivant,

Console

```
>>> a=[1, 1]
>>> b=a
>>> print(a, "et", b, "sont identiques")
[1, 1] et [1, 1] sont identiques
>>> a[0]=2
>>> print(a, "et", b, "restent identiques")
[2, 1] et [2, 1] restent identiques
>>> b[0]=3
>>> print(a, "et", b, "restent identiques")
[3, 1] et [3, 1] restent identiques
```

on voit qu'en effet, il est tout à fait équivalent de modifier les éléments de la liste a ou ceux de la liste b : c'est le même objet.

Examinez attentivement le programme suivant, qui pourrait sembler se comporter différemment :

Console

```
>>> a=1
>>> b=a
>>> print(a, "et", b, "sont identiques")
1 et 1 sont identiques
```

```
>>> a=2
>>> print(a, "et", b, "diffèrent !")
2 et 1 diffèrent !
>>> b=3
>>> print(a, "et", b, "diffèrent !")
2 et 3 diffèrent !
```

On pourrait être tenté de penser que changer la valeur de a par la ligne a=2 devrait changer également la valeur de b, ce qui n'est manifestement pas le cas. En effet, cette ligne a=2 est une **affectation** de l'entier a et comme nous l'avons vu au tout début de ce paragraphe, cette opération crée un nouvel objet, avec sa propre référence. On peut le vérifier en faisant écrire les `id` des variables à chaque étape :

Console

```
>>> a=1
>>> b=a
>>> print(a, b, id(a), id(b))
1 1 4558780032 4558780032
>>> a=2
>>> print(a, b, id(a), id(b))
2 1 4558780064 4558780032
```

7.2 Copier une variable

Si on veut créer une nouvelle variable b contenant la même valeur qu'une variable a déjà existante, la commande b=a ne produit pas toujours le résultat escompté, comme nous venons de l'illustrer dans le cas où a est une liste. En revanche, on peut utiliser l'opérateur de copie copy(), qui s'utilise comme suit

Console

```
>>> a=[1, 1]
>>> b=a.copy()
>>> print(a, b, id(a), id(b))
[1, 1] [1, 1] 4562972936 4563024712
>>> b[0]=2
>>> print(a, b, id(a), id(b))
[1, 1] [2, 1] 4562972936 4563024712
```

La copie peut également se faire avec la syntaxe suivante, en modifiant la deuxième ligne 2 des calculs précédents,

Console

```
>>> a=[1, 1]
>>> b=list(a)
>>> print(a, b, id(a), id(b))
[1, 1] [1, 1] 4410605832 4410657928
```

Cette fonction `list()` est appelée un **constructeur**, il construit un nouvel objet du type `list`. Tous les types de variables ont leur constructeur.

7.3 Modifier une variable dans une fonction

On peut vouloir qu'une fonction modifie la valeur d'une variable utilisée dans un programme. Les fonctions pourront modifier les variables mutables, mais pas les autres. En effet, lorsqu'une fonction est appelée, ses arguments sont passés par référence : dans le programme suivant, lorsque la fonction `mafonction` est appelée avec l'argument `x`, la variable `a` a la même référence que `x` et

Fichier : `fonction1.py` Prog. 4.7

```
1 def mafonction(a):
2     print("étape 2 : référence de a = ", id(a), ", a=",a)
3     a[0]=2
4     print("étape 3 : référence de a = ", id(a), ", a=",a)
5 
6 x=[1, 1]
7 print("étape 1 : référence de x = ", id(x), ", x=",x)
8 mafonction(x)
9 print("étape 4 : référence de x = ", id(x), ", x=",x)
```

Console

```
étape 1 : référence de x =  4510917088 , x= [1, 1]
étape 2 : référence de a =  4510917088 , a= [1, 1]
étape 3 : référence de a =  4510917088 , a= [2, 1]
étape 4 : référence de x =  4510917088 , x= [2, 1]
```

tandis que

Fichier : `fonction2.py` Prog. 4.8

```
1 def mafonction(a):
2     print("étape 2 : référence de a = ", id(a), ", a=",a)
3     a=1.
4     print("étape 3 : référence de a = ", id(a), ", a=",a)
5 
6 x=2.
7 print("étape 1 : référence de x = ", id(x), ", x=",x)
8 mafonction(x)
9 print("étape 4 : référence de x = ", id(x), ", x=",x)
```

conduit à

Console

```
étape 1 : référence de x =  4404428912 , x= 2.0
étape 2 : référence de a =  4404428912 , a= 2.0
étape 3 : référence de a =  4405784208 , a= 1.0
étape 4 : référence de x =  4404428912 , x= 2.0
```

car la ligne 3 crée une nouvelle variable, avec une nouvelle référence. On comprend alors que la fonction puisse modifier le contenu d'une variable mutable, qu'elle soit passée en paramètre ou non d'ailleurs, mais pas celui d'une variable immutable. Voir par exemple le paragraphe 3 du chapitre 7 pour une première mise en pratique de ces notions.

8 Résumé de fonctions et méthodes utiles pour les listes

Dans la suite, `maliste` désigne une variable de type `list`.

Méthodes

- `maliste.sort()` : trie la liste par ordre croissant des éléments (n'a pas d'effet sur des listes contenant des éléments qui ne peuvent pas être comparés, par exemple mélangeant des nombres et des chaînes de caractères)
- `maliste.reverse()` : trie la liste par ordre décroissant des éléments ;
- `maliste.append(val)` : ajoute l'élément `val` à la liste ;
- `maliste.index(val)` : indique la position du premier élément de la liste égal à `val` ;
- `maliste.append(val)` : ajoute l'élément `val` à la fin de la liste ;
- `maliste.insert(n, val)` : ajoute l'élément `val` au rang `n` de la liste ;
- `maliste.remove(val)` : supprime la première occurrence de l'élément `val` de la liste ;
- `maliste.count(val)` : renvoie le nombre de fois où l'on trouve `val` dans la liste

Fonctions

- `len(maliste)` : donne le nombre d'éléments de la liste ;
- `min(maliste)` : donne le plus petit élément de la liste ;
- `max(maliste)` : donne le plus grand élément de la liste.
- `sorted(maliste)` : renvoie une liste triée.

Instructions

- `del maliste[m:n]` : supprime les éléments de la liste dont les rangs sont compris entre `m` (inclus) et `n` (non inclus).

création de tableaux `numpy`

- `np.array(maliste)` : crée un tableau à partir de la liste (ou le tuple) `maliste` ;
- `np.full(N, val)` : crée un tableau de `N` valeurs toutes égales à `val` ;
- `np.zeros(N)` : crée un tableau de `N` valeurs toutes égales à zéro.

5 Représentation de données

Nous allons maintenant aborder la présentation des outils graphiques, en commençant par ceux permettant de représenter des données sur un graphe. Par exemple, supposons qu'en optique, on mesure l'angle d'incidence α et l'angle de réfraction β_1 d'un rayon lumineux sur une interface air/verre, puis qu'on répète l'expérience sur une interface air/eau (l'angle de réfraction est alors β_2). Le tableau suivant indique les valeurs des angles que l'on peut obtenir, exprimés en degrés.

α	10	20	30	40	50	60	65	70	75	80	85
β_1	7,2	13,3	20,0	25,4	30,5	35,3	37,4	39,7	40,2	40,8	41,9
β_2	7,7	15,0	22,6	29,7	36,1	41,8	44,2	46,3	48,0	49,2	50.0

En supposant que les angles sont mesurés avec une incertitude de 3°, on peut représenter ces résultats par le graphe suivant

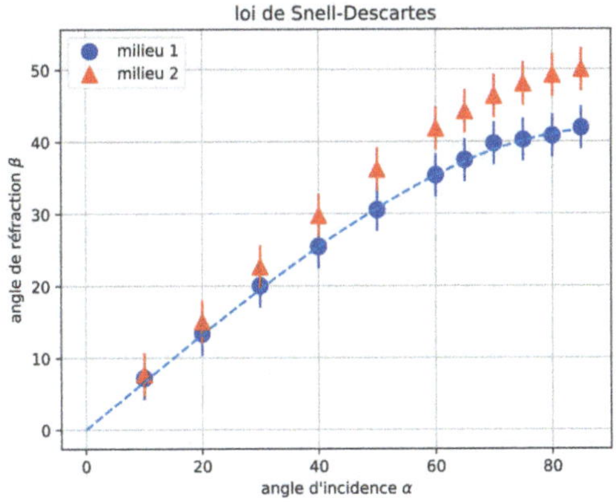

Fig. 1

Dans ce chapitre, nous allons voir progressivement comment obtenir des graphes de ce type. Ceci nous permettra d'introduire la bibliothèque `matplotlib` que nous allons utiliser abondamment dans la suite de cet ouvrage : elle fournira toutes les fonctions graphiques dont nous aurons besoin. Au sein de cette bibliothèque, le module `pyplot`, créé pour fournir des commandes qui ne dépaysent pas les usagers de Matlab, permet d'accéder facilement à de nombreuses personnalisations des graphes. Son emploi n'est pas nécessaire mais pour créer ses premiers graphes et modifier leur apparence à volonté, il est chaudement recommandé.[1] La convention adoptée par la grande majorité des utilisateurs est d'importer le module `pyplot` sous la forme

```
import matplotlib.pyplot as plt
```

1. Pour la documentation complète : `https://matplotlib.org/api/pyplot_summary.html`.

Dans la figure suivante, nous avons indiqué en vert les mots-clés permettant de régler l'apparence de plusieurs éléments de la figure, nous allons les aborder un par un dans ce chapitre.

Fig. 2

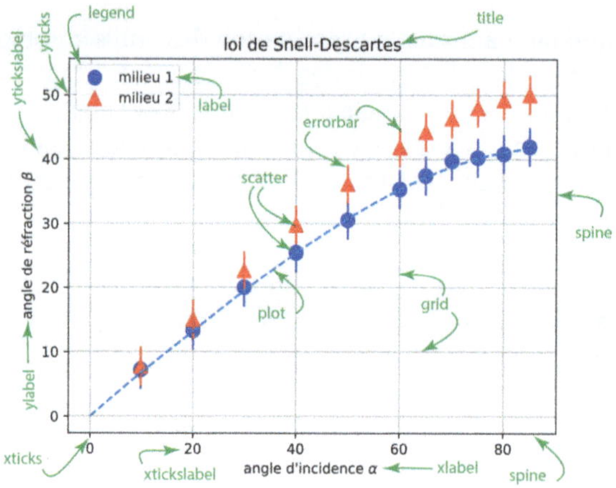

1 Tracé des points

1.1 La fonction scatter de matplotlib

Le module `pyplot` de la bibliothèque `matplotlib` propose la fonction

`pyplot.scatter(x, y)`

permettant avec une syntaxe minimale de représenter des symboles sur un graphe, à des coordonnées déterminées par l'utilisateur. Les données doivent être placées dans deux listes (au sens large, il peut s'agir de `tuple`, de `list` ou de `ndarray`), l'une contenant les abscisses des points (ici appelée x) et l'autre, nécessairement de même taille, contenant les ordonnées (ici appelée y). Ce sont ces listes qui sont passées en argument de la fonction. Dans le programme suivant

Prog. 5.1

Fichier : `graphes1a.py`

```
import matplotlib.pyplot as plt

x = [10, 20, 30, 40, 50, 60, 65, 70, 75, 80, 85]
y = [7.2, 13.3, 20.0, 25.4, 30.5, 35.3, 37.4, 39.7, 40.2, 40.8, 41.9]

plt.scatter(x, y)
plt.show()                          # affiche la figure a l'ecran
```

la commande `plt.show()` produit une nouvelle fenêtre contenant la figure suivante (l'apparence peut être différente sur votre ordinateur, selon le système d'exploitation que vous utilisez).

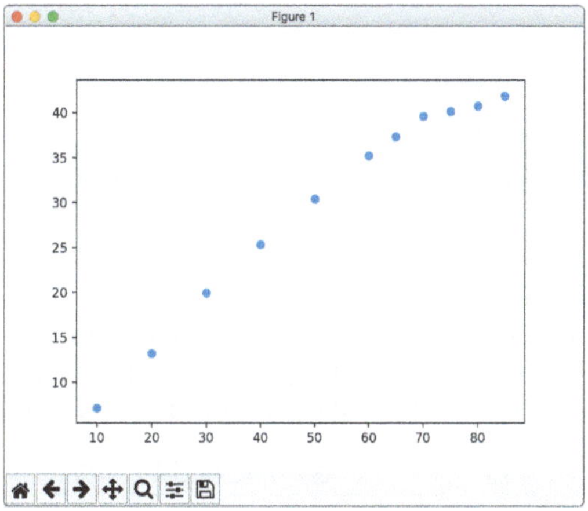

Fig. 3

On voit que les points de données ont été représentés par des symboles placés sur un graphe dont les axes ont été tracés et gradués de manière automatique, nous verrons plus loin comment intervenir sur ce choix. On voit également, en bas de la fenêtre, plusieurs boutons permettant les actions suivantes (l'aspect peut différer sur votre système, voir le paragraphe 6 de ce chapitre) :

- Permet de revenir à l'affichage initial, après avoir apporté des modifications avec les autres boutons.
- Permet de revenir à l'état précédent, après avoir apporté des modifications avec les autres boutons.
- Permet de revenir à l'état suivant, après être revenu en arrière avec le bouton précédent.
- Translater la figure, pour accéder à d'autres abscisses et ordonnées. Une fois ce bouton enfoncé, le clic gauche suivi d'un mouvement de la souris permet de décaler la fenêtre de visualisation vers d'autres parties de la courbe, tandis qu'un clic droit suivi d'un mouvement de la souris permet de zoomer ou dézoomer.
- Zoom rectangulaire, pour agrandir une portion donnée de l'image, sélectionnée à la souris (clic gauche) ou dézoomer (clic droit).
- Paramètres de mise en page (marges, séparation entre les figures lorsque plusieurs sont présentes).
- Sauvegarder l'image en format `png`, `jpg`, `pdf`, `ps` ou `eps`, suivant l'extension choisie.

Certaines actions sont aussi accessibles par des commandes clavier :

- `[q]` quitter ;
- `[s]` sauvegarder (ouvre une boite de dialogue) ;
- `[l]` alterner l'axe des ordonnées entre échelle logarithmique et échelle linéaire ;
- `[k]` alterner l'axe des abscisses entre échelle logarithmique et échelle linéaire ;

[p] outil de zoom ;

[o] outil sélection rectangulaire ;

[r] rétablit l'affichage initial ;

[g] affiche/supprime la grille (affiche selon x, puis xy, puis y, puis supprime).

1.2 Sauvegarder la figure

On peut sauvegarder la figure obtenue dans un fichier, en format .png, .jpg, .pdf, .ps ou .eps (postscript et postscript encapsulé), sans passer par le bouton décrit ci-dessus. Pour cela, on utilise, dans le programme lui-même, la commande

```
pyplot.savefig(nom_de_fichier)
```

où nom_de_fichier est un str dont l'extension détermine le format dans lequel est écrit le fichier. Le programme suivant n'ouvre pas de fenêtre graphique (la commande show() est absente) mais écrit directement la figure dans un fichier pdf, dans le répertoire depuis lequel a été lancée la commande python. On pourrait bien sûr afficher la fenêtre *et* sauvegarder la figure.

Prog. 5.2 Fichier : graphes1a_sauvegarde.py

```
import matplotlib.pyplot as plt

x = [10, 20, 30, 40, 50, 60, 65, 70, 75, 80, 85]
y = [7.2, 13.3, 20.0, 25.4, 30.5, 35.3, 37.4, 39.7, 40.2, 40.8, 41.9]

plt.scatter(x, y)
plt.savefig("mafigure.pdf") # sauvegarde la figure en pdf
```

1.3 Aspect des symboles

L'aspect des symboles du tracé peut être modifié en spécifiant des paramètres dans la fonction scatter(), notamment

- marker spécifie la forme des symboles via un str, par exemple 'x' pour une croix ou 's' pour un carré. D'autres exemples sont fournis dans la figure suivante [2] ;
- s spécifie leur taille, en « points au carré » (le **point** est une unité typographique de longueur). Un symbole carré de taille s=100 a la même largeur et la même hauteur qu'une ligne d'épaisseur 10 points ;
- c spécifie leur couleur de remplissage via un str, par exemple 'black' pour noir ou 'blue' pour bleu (les façons de spécifier une couleur en Python seront précisées à la section 4 du chapitre 6) ;
- edgecolor spécifie la couleur du tracé de leur bord.

2. voir https://matplotlib.org/api/markers_api.html pour la liste des possibilités

Par exemple, la ligne 6 du programme suivant indique que les symboles sont des hexagones rouges, au bord noir, avec une taille de 100.

Fichier : `graphes1b.py`

Prog. 5.3

```
1 import matplotlib.pyplot as plt
2
3 x = [10, 20, 30, 40, 50, 60, 65, 70, 75, 80, 85]
4 y = [7.2, 13.3, 20.0, 25.4, 30.5, 35.3, 37.4, 39.7, 40.2, 40.8, 41.9]
5
6 plt.scatter(x, y, marker='h', c='red', edgecolor='black', s=100)
7 plt.show()
```

Il produit la figure suivante

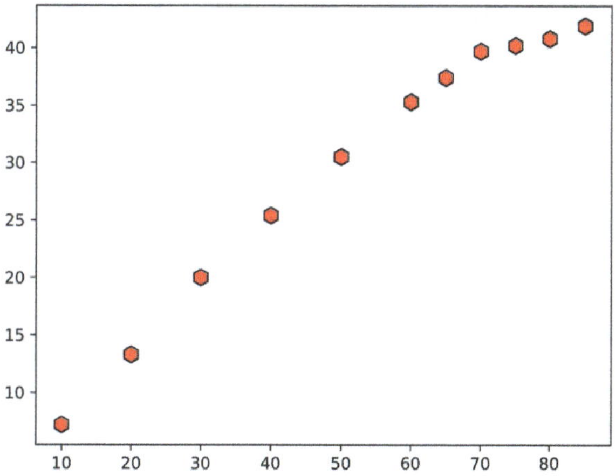

Fig. 4

Quelques formes de symboles sont présentées dans la figure suivante, avec sur la première ligne le caractère permettant de produire le symbole correspondant. L'objectif d'un des mini-projets de fin de chapitre est d'écrire un programme qui produit cette figure.

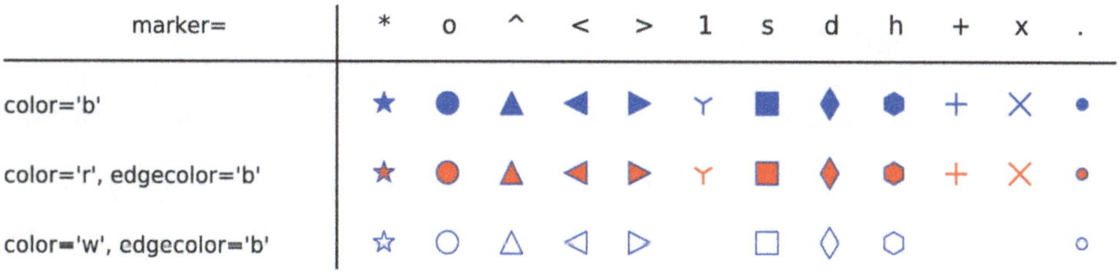

Fig. 5

1.4 Barres d'erreur

Les mesures physiques sont généralement dotées d'incertitudes, que l'on représente par des barres d'erreur. On peut ajouter des barres d'erreur verticales par la fonction `errorbar()` de la librairie `matplotlib`, qui s'utilise comme suit,

```
pyplot.errorbar(x, y, y_err, fmt="none")
```

où x et y sont des listes contenant les coordonnées des points et y_err est un tableau contenant la demi-longueur des barres d'erreur à tracer. Le paramètre fmt décrit le format des lignes qui relient les points, nous y reviendrons plus loin. Le programme suivant

Prog. 5.4 Fichier : graphes1c.py

```
1  import matplotlib.pyplot as plt
2
3  x = [10, 20, 30, 40, 50, 60, 65, 70, 75, 80, 85]
4  y = [7.2, 13.3, 20.0, 25.4, 30.5, 35.3, 37.4, 39.7, 40.2, 40.8, 41.9]
5
6  y_err = [3, 3, 3, 3, 3, 3, 3, 3, 3, 3, 3]
7
8  plt.scatter(x, y)
9  plt.errorbar(x, y, y_err, fmt='none')
10 plt.show()
```

produit la figure de gauche ci-dessous

Fig. 6

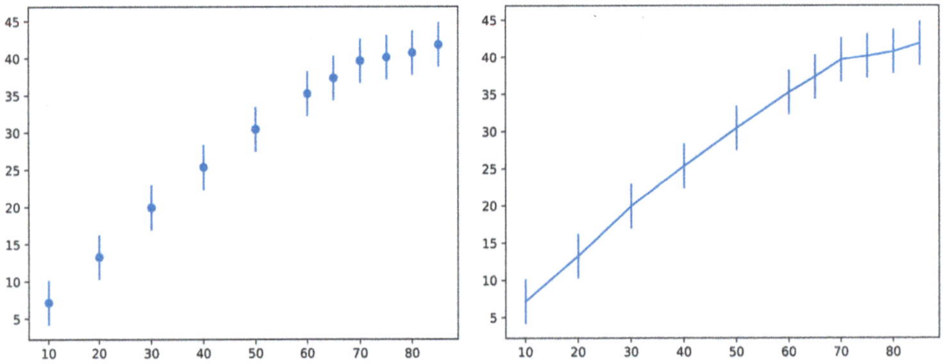

On peut remarquer, au passage, que la ligne 6 aurait pu s'écrire y_err = [3]*11 en utilisant les propriétés des listes, ou encore y_err = [3]*len(x) pour que la commande reste valide si on change le nombre de points. Il existe même une fonction numpy qui crée un tableau de même dimension qu'un autre et le remplit d'une même valeur : y_err = np.full_like(x, 3).

Par défaut, la fonction errorbar() trace les barres d'erreur en reliant les points de données entre eux, comme le montre la figure de droite ci-dessus, obtenue en modifiant le programme 5.4 de la façon suivante (la ligne 8 est commentée).

Prog. 5.5 Fichier : graphes1c2.py

```
8 #plt.scatter(x, y)
9 plt.errorbar(x, y, y_err)
```

L'option fmt='none' utilisée à la ligne 9 du programme 5.4 permet de ne tracer que les barres d'erreur, sans les lignes reliant les points.

On peut également inclure des barres d'erreur sur les valeurs des abscisses en passant une liste supplémentaire en paramètre de la fonction `errorbar()`. Dans ce cas, attention à l'ordre dans lequel apparaissent les listes `x_err` et `y_err` dans les paramètres.

Fichier : `graphes1d.py` Prog. 5.6

```
import matplotlib.pyplot as plt

x = [10, 20, 30, 40, 50, 60, 65, 70, 75, 80, 85]
y = [7.2, 13.3, 20.0, 25.4, 30.5, 35.3, 37.4, 39.7, 40.2, 40.8, 41.9]

x_err = [2]*len(x)
y_err = [3]*len(x)

plt.scatter(x, y)
plt.errorbar(x, y, y_err, x_err, fmt='none')
plt.show()
```

qui produit la courbe suivante.

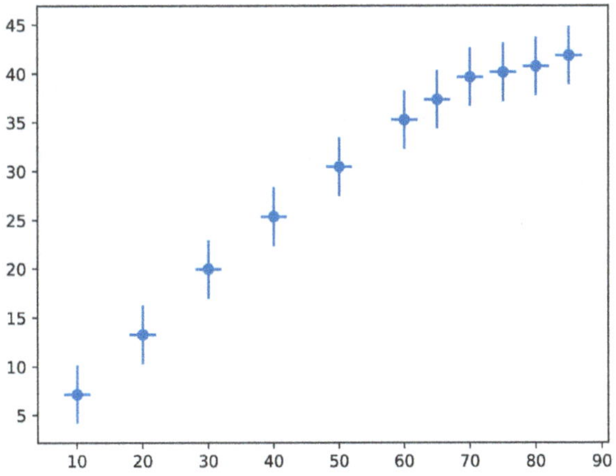

Fig. 7

1.5 Ajouter des titres, des légendes et du texte

On peut ajouter des légendes aux axes et un titre au graphique, grâce aux fonctions `xlabel()`, `ylabel()` et `title()` de `pyplot`

Fichier : `graphes1e.py` Prog. 5.7

```
import matplotlib.pyplot as plt

x = [10, 20, 30, 40, 50, 60, 65, 70, 75, 80, 85]
y = [7.2, 13.3, 20.0, 25.4, 30.5, 35.3, 37.4, 39.7, 40.2, 40.8, 41.9]

plt.xlabel("angle d'incidence")
plt.ylabel("angle de réfraction")
```

```
plt.title("mesures")
plt.scatter(x, y)
plt.show()
```

qui donne la figure de gauche

Fig. 8

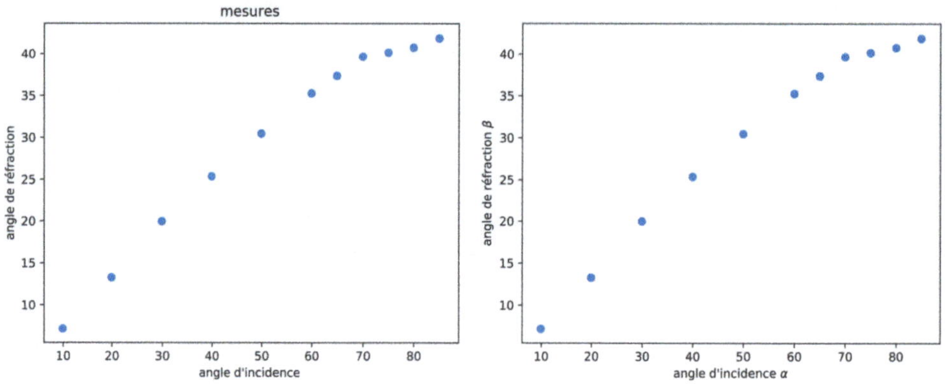

Remarquons que l'on peut écrire des expressions mathématiques dans ces légendes et dans le titre en utilisant la syntaxe de LaTeX, un traitement de texte scientifique, libre et gratuit, utilisé par la majorité des professionnels en physique. Il faut pour cela mettre entre dollars les expressions mathématiques et faire précéder la chaîne de caractères de la lettre `r` (qui indique que les caractères spéciaux, tels que les « \ » omniprésents en LaTeX, ne doivent pas être interprétés comme d'habitude, ce qui évite à `"\theta"` d'être compris comme une tabulation `"\t"` suivie de `"heta"`). Voici un exemple utilisant des lettres de l'alphabet grec, qui donne la figure de droite ci-dessus.

Prog. 5.8

Fichier : `graphes1f.py`

```
import matplotlib.pyplot as plt

x = [10, 20, 30, 40, 50, 60, 65, 70, 75, 80, 85]
y = [7.2, 13.3, 20.0, 25.4, 30.5, 35.3, 37.4, 39.7, 40.2, 40.8, 41.9]

plt.xlabel(r"angle d'incidence $\alpha$")
plt.ylabel(r"angle de réfraction $\beta$")
plt.scatter(x, y)
plt.show()
```

Attention, ce n'est pas LaTeX qui est appelé par défaut par `matplotlib` mais une solution appelée `mathtext`, vous n'avez donc pas besoin d'avoir installé LaTeX pour bénéficier de cette fonctionnalité. Si toutefois LaTeXest installé et si vous voulez bénéficier de son vrai rendu, il suffit de modifier le paramétrage par défaut (voir la section 7) pour les détails sur la commande `rc()`). Ainsi le programme suivant, qui au passage introduit la commande `text()`,

Fichier : `latex.py` Prog. 5.9

```
import matplotlib.pyplot as plt
from matplotlib import rc

rc('text', usetex=True)
plt.plot([0,1], [0,1])
plt.text(0.2, 0.8, r"$\sqrt{x^2+y^2}$", fontsize=16)
plt.show()
```

produit la figure suivante où tous les textes, y compris ceux des labels des axes, ont été traités par LaTeX.

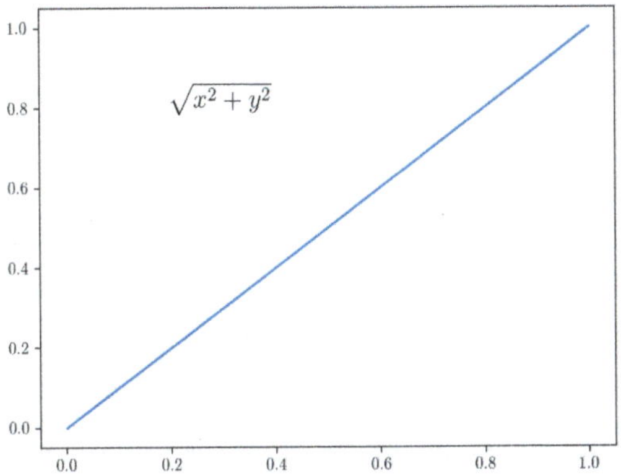

Fig. 9

La commande `legend()` permet de créer une légende à la figure, en indiquant le nom de toutes les courbes ou ensembles de points qui auront été étiquetés, au moment de leur création, par le paramètre optionnel `label`, comme le montre l'exemple suivant

Fichier : `graphes1f_legende.py` Prog. 5.10

```
import matplotlib.pyplot as plt

x = [10, 20, 30, 40, 50, 60, 65, 70, 75, 80, 85]
y = [7.2, 13.3, 20.0, 25.4, 30.5, 35.3, 37.4, 39.7, 40.2, 40.8, 41.9]

plt.scatter(x, y, label="données 1")
plt.legend()
plt.show()
```

qui donne la figure de gauche ci-dessous, où la légende reproduit le symbole utilisé pour le `scatter()` ou la ligne utilisée pour le `plot()` (voir plus loin), suivi du nom indiqué dans le paramètre `label`.

Fig. 10

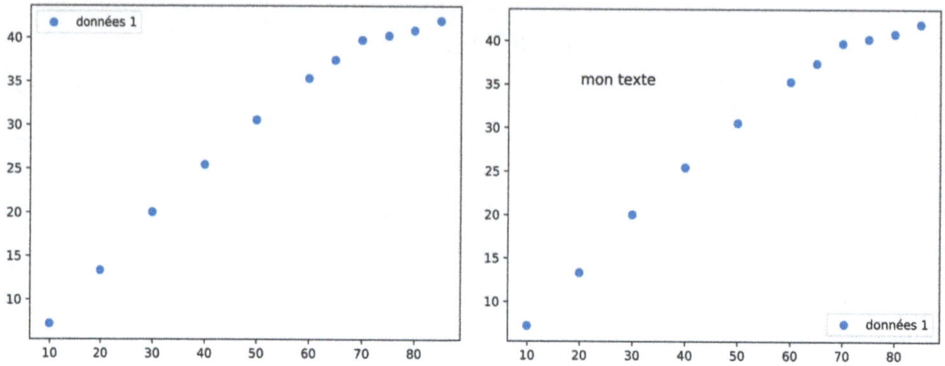

On peut contrôler la position où s'affiche la légende grâce au paramètre `loc`. Par exemple pour la placer dans le coin inférieur droit (figure de droite ci-dessus), on remplace la ligne 7 par

Prog. 5.11 Fichier : `graphes1f_legende2.py`

```
7 plt.legend(loc="lower right")
```

Nous avons également ajouté du texte par la commande

```
8 plt.text(20, 35, "mon texte", fontsize=12)
```

où les deux premiers arguments sont les coordonnées x et y du texte à placer.

1.6 Gestion des axes

Les axes et leurs graduations, jusqu'à présent, ont été tracés automatiquement (à ce propos, voir le mini-projet 1 du chapitre 16 qui montre que Python peut faire des choix très pertinents). On peut imposer la gamme d'abscisses et d'ordonnées sur laquelle le graphe est tracé par les commandes `xlim()` et `ylim()`. Dans l'exemple suivant, les mêmes points que précédemment sont tracés sur une figure dont les abscisses s'étendent de 0 à 200 pour l'axe des abscisses, et de 0 à 100 pour l'axe des ordonnées

Prog. 5.12 Fichier : `graphes1f2.py`

```
import matplotlib.pyplot as plt

x = [10, 20, 30, 40, 50, 60, 65, 70, 75, 80, 85]
y = [7.2, 13.3, 20.0, 25.4, 30.5, 35.3, 37.4, 39.7, 40.2, 40.8, 41.9]

plt.xlim(0 , 200)
plt.ylim(0 , 100)
plt.scatter(x, y)
plt.show()
```

qui donne la figure de gauche.

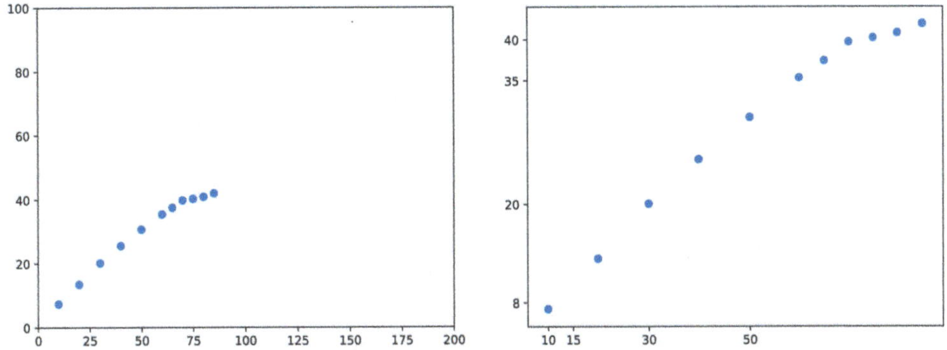

Fig. 11

Pour imposer précisément les graduations qui sont tracées sur l'axe x, on peut utiliser la commande `xticks()` (il existe une commande analogue `yticks()` pour l'axe y)

```
matplotlib.pyplot.xticks(maliste)
```

où `maliste` est une `list` contenant les valeurs de x où seront tracées les graduations. Ainsi le programme suivant donne la figure de droite ci-dessus :

Fichier : `graphes1f3.py`

Prog. 5.13

```
import matplotlib.pyplot as plt

x = [10, 20, 30, 40, 50, 60, 65, 70, 75, 80, 85]
y = [7.2, 13.3, 20.0, 25.4, 30.5, 35.3, 37.4, 39.7, 40.2, 40.8, 41.9]

plt.xticks((10, 15, 30, 50))
plt.yticks((8, 20, 35, 40))
plt.scatter(x, y)
plt.show()
```

Pour n'afficher aucune graduation sur l'axe y (nous en aurons l'utilité dans la partie sur l'optique géométrique), il suffit de passer une liste vide en argument de `yticks()`. Ainsi, le programme

Fichier : `graphes1f4.py`

Prog. 5.14

```
import matplotlib.pyplot as plt

x = [10, 20, 30, 40, 50, 60, 65, 70, 75, 80, 85]
y = [7.2, 13.3, 20.0, 25.4, 30.5, 35.3, 37.4, 39.7, 40.2, 40.8, 41.9]

plt.yticks([])
plt.scatter(x, y)
plt.show()
```

produit la figure

Fig. 12

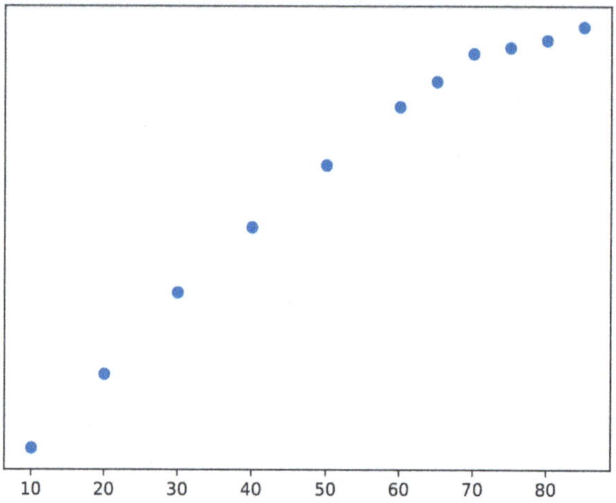

1.7 Point de vocabulaire : figures et graphes

Nous aurons besoin dans la suite d'être rigoureux sur le point de vocabulaire suivant. On appelle une **figure** l'ensemble de ce qui est tracé dans la fenêtre graphique (ou dans un fichier pdf, png, etc.). C'est un objet de type `Figure`. On appelle un **graphe** une partie de la figure comprenant un système de coordonnées, éventuellement des axes, des graduations, des symboles, des courbes, des formes géométriques. Une figure peut éventuellement contenir plusieurs graphes (voir à la fin de ce chapitre). Les graphes appartiennent à un type appelé `Axes`, ce qui est très perturbant au début : ce terme évoque à tort les axes du graphe, mais ça n'a rien à voir !

Les fonctions `scatter()`, `errorbar()` et `plot()` créent un graphe, l'attachent à la figure courante (ou en créent une si elle n'existe pas encore). On peut accéder à la figure courante et au graphe courant par les commandes

- `fig = plt.gcf()` pour la figure, où `gcf()` signifie « get current figure » ;
- `ax = plt.gca()` pour le graphe, où `gca()` signifie « get current axes ».

On peut aussi créer une figure et un graphe par la commande

```
fig, ax = matplotlib.pyplot.subplots()
```

qui renvoie un `tuple` à deux éléments, le premier donnant la figure, le second le graphe. Nous avons repris les notations utilisées de façon quasi-universelle pour ces deux variables, respectivement `fig` et `ax`, mais rien ne vous empêche de les changer dans la suite.

Plusieurs des commandes que nous venons d'introduire, par exemple `xticks()` et `xlabel()`, peuvent être écrites de façon différente, en agissant sur le graphe ax. Ainsi, le programme 5.13 pourrait également s'écrire (on obtient la même figure)

Fichier : `graphes1f5.py` Prog. 5.15

```
1  import matplotlib.pyplot as plt
2
3  x = [10, 20, 30, 40, 50, 60, 65, 70, 75, 80, 85]
4  y = [7.2, 13.3, 20.0, 25.4, 30.5, 35.3, 37.4, 39.7, 40.2, 40.8, 41.9]
5
6  fig, ax = plt.subplots()
7  ax.set_xticks((10, 15, 30, 50))
8  ax.set_yticks((8, 20, 35, 40))
9  ax.set_xlabel(r"angle d'incidence $\alpha$")
10 ax.set_ylabel(r"angle de réfraction $\beta$")
11 plt.scatter(x, y)
12 plt.show()
```

- La ligne 6 crée une figure `fig` et un graphe `ax` ;
- Ligne 7, la commande `set_xticks()` est équivalente à la commande `xticks()` du programme précédent,
- Ligne 8 : idem pour `set_yticks()` ;
- Ligne 9 : La commande `set_xlabel()` est équivalente à la commande `xlabel()` du programme précédent ;
- Ligne 10 : idem pour l'axe *y*.

La nuance entre les deux types de commandes, par exemple entre `plt.xlabel()` et `ax.set_xlabel()`, devient intéressante lorsque la figure possède plusieurs graphes : la première affecte le graphe en cours tandis que la seconde permet d'affecter le graphe ax, qui peut ne pas être le graphe courant.

1.8 Afficher une grille de coordonnées

Pour afficher une grille en fond, dont les lignes sont positionnées à chaque graduation des axes, on dispose de la commande

```
pyplot.grid(True)
```

Le programme suivant

Fichier : `graphes1g.py` Prog. 5.16

```
import matplotlib.pyplot as plt

x = [10, 20, 30, 40, 50, 60, 65, 70, 75, 80, 85]
y = [7.2, 13.3, 20.0, 25.4, 30.5, 35.3, 37.4, 39.7, 40.2, 40.8, 41.9]

plt.grid(True)
plt.scatter(x, y)
plt.show()
```

produit la figure de gauche

Fig. 13

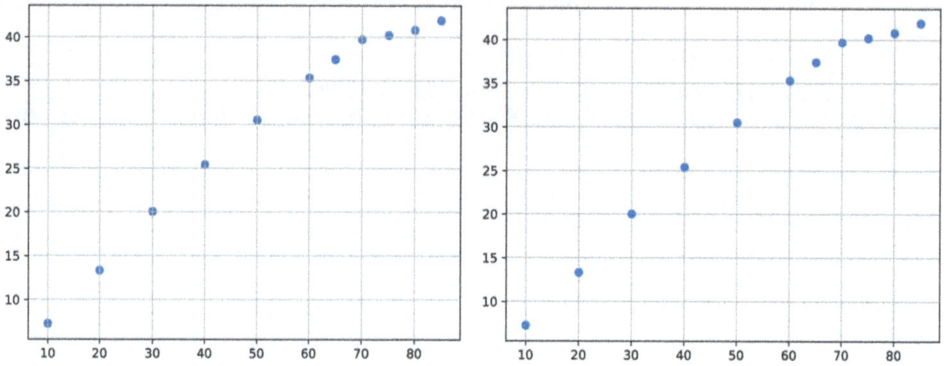

Si on regarde attentivement la figure de gauche, on remarque que la grille est tracée par-dessus les points de données, ce qui n'est pas généralement ce qu'on veut. La grille peut être tracée sous les points de données en changeant un des attributs du graphe, par la fonction `set_axisbelow(True)`. C'est ce qui est fait à la ligne 7 du programme suivant, après que la ligne 6 ait donné le nom ax au graphe dont on souhaite modifier un attribut. On obtient la figure de droite ci-dessus.

Prog. 5.17 Fichier : `graphes1h.py`

```
1  import matplotlib.pyplot as plt
2
3  x = [10, 20, 30, 40, 50, 60, 65, 70, 75, 80, 85]
4  y = [7.2, 13.3, 20.0, 25.4, 30.5, 35.3, 37.4, 39.7, 40.2, 40.8, 41.9]
5
6  fig, ax = plt.subplots()
7  ax.set_axisbelow(True)
8  plt.grid(True)
9  plt.scatter(x, y)
10 plt.show()
```

On aurait également pu tirer profit de la commande `gca()` introduite plus haute, en remplaçant les lignes 6 et 7 par

Prog. 5.18 Fichier : `graphes1h_bis.py`

```
6  plt.gca().set_axisbelow(True)
```

1.9 Enlever le cadre et positionner les axes : `spines`

Les graphes sont souvent présentés avec deux axes (abscisses et ordonnées) plutôt qu'un cadre. Les lignes qui dessinent le cadre sont des objets appelés des `spines`, ce sont aussi des attributs du graphe. On peut enlever les `spines` qu'on ne souhaite pas voir de la façon suivante :

Fichier : graphes_sans_cadre.py Prog. 5.19

```
import matplotlib.pyplot as plt

x = [10, 20, 30, 40, 50, 60, 65, 70, 75, 80, 85]
y = [7.2, 13.3, 20.0, 25.4, 30.5, 35.3, 37.4, 39.7, 40.2, 40.8, 41.9]

fig, ax = plt.subplots()
ax.spines['top'].set_visible(False)
ax.spines['right'].set_visible(False)
ax.scatter(x, y)
plt.show()
```

qui donne la figure de gauche

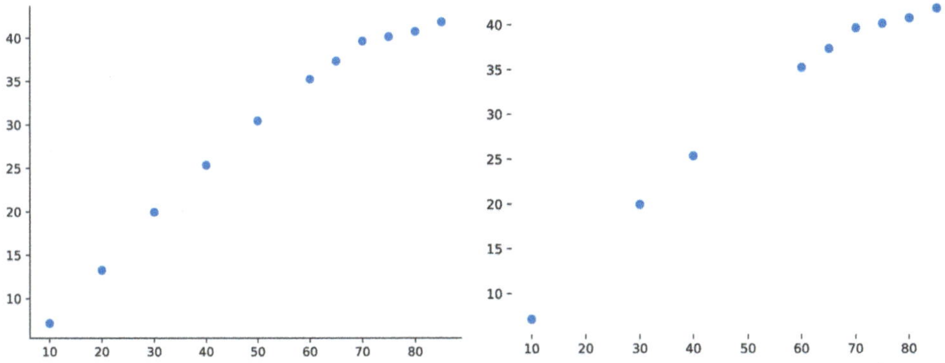

Fig. 14

Attention, cette commande ne supprime que les axes, sans affecter les graduations éventuelles. Ainsi, on obtient la figure de droite si on enlève également les deux autres spines

Fichier : graphes_sans_cadre2.py Prog. 5.20

```
import matplotlib.pyplot as plt

x = [10, 20, 30, 40, 50, 60, 65, 70, 75, 80, 85]
y = [7.2, 13.3, 20.0, 25.4, 30.5, 35.3, 37.4, 39.7, 40.2, 40.8, 41.9]

fig, ax = plt.subplots()
ax.spines['top'].set_visible(False)
ax.spines['right'].set_visible(False)
ax.spines['left'].set_visible(False)
ax.spines['bottom'].set_visible(False)
ax.scatter(x, y)
plt.show()
```

Pour supprimer les graduations de l'axe y, on pourrait utiliser la fonction yticks([]), comme on l'a vu au paragraphe 1.6. Toutefois, si on veut supprimer l'ensemble du cadre, il est plus simple d'utiliser la commande

pyplot.axis('off')

Le programme

Prog. 5.21 Fichier : `graphes_sans_cadre3.py`

```
import matplotlib.pyplot as plt

x = [10, 20, 30, 40, 50, 60, 65, 70, 75, 80, 85]
y = [7.2, 13.3, 20.0, 25.4, 30.5, 35.3, 37.4, 39.7, 40.2, 40.8, 41.9]

plt.axis('off')
plt.scatter(x, y)
plt.show()
```

produit la figure suivante.

Fig. 15

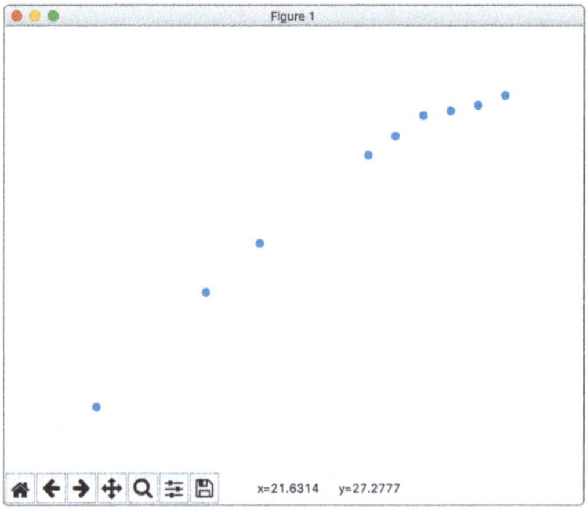

1.10 Échelle logarithmique

Dans certaines situations, il est plus pertinent de représenter le logarithme des données plutôt que les données elles-mêmes. C'est le cas notamment dans deux situations : lorsque les données couvrent plusieurs ordres de grandeur (l'usage du logarithme rend le graphe plus lisible) et lorsque les données obéissent à une loi de puissance, de la forme $y = Kx^p$, puisqu'on a alors $\log(y) = p\log(x) + \log(K)$: les points sont alignés. Considérons par exemple les données suivantes :

x	0.01	0.02	0.05	0.1	0.2	0.5	1	2	5	10	20
y	1	1	0.998	0.99	0.96	0.80	0.5	0.2	0.038	0.01	0.0025

Le tracé logarithmique est obtenu avec les commandes `xscale()` et `yscale()`,

Fichier : `graphes_echelle_log1.py` Prog. 5.22

```
import matplotlib.pyplot as plt

x = [0.01, 0.02, 0.05, 0.1, 0.2, 0.5, 1, 2, 5, 10, 20]
y = [1, 1, 0.998, 0.99, 0.96, 0.80, 0.5, 0.2, 0.038, 0.01, 0.0025]

plt.xscale('log')
plt.yscale('log')
plt.scatter(x, y)
plt.show()
```

Le programme ci-dessus produit la figure de gauche

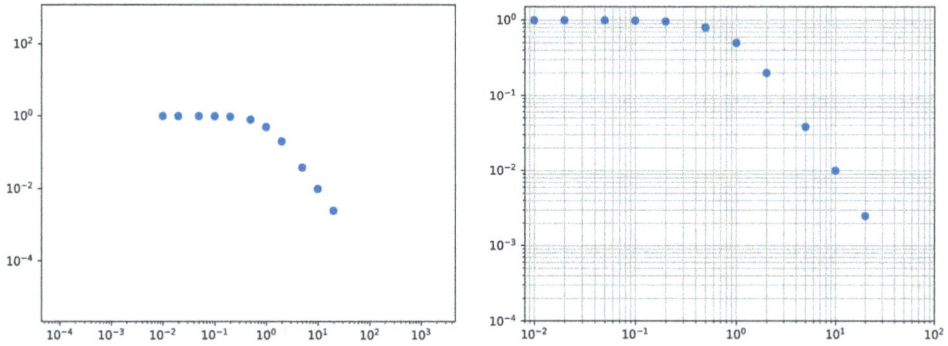

Fig. 16

Il est d'usage de faire apparaître une grille secondaire sur les diagrammes logarithmiques, comme le montre la figure de droite. C'est ce que fait la commande `grid(which='minor')` à la ligne 12 du programme suivant, dans lequel on a aussi redéfini les limites des axes pour englober au mieux les points de données

Fichier : `graphes_echelle_log2.py` Prog. 5.23

```
1  import matplotlib.pyplot as plt
2
3  x = [0.01, 0.02, 0.05, 0.1, 0.2, 0.5, 1, 2, 5, 10, 20]
4  y = [1, 1, 0.998, 0.99, 0.96, 0.80, 0.5, 0.2, 0.038, 0.01, 0.0025]
5
6  fig, ax = plt.subplots()
7  plt.xscale('log')
8  plt.yscale('log')
9
10 plt.grid(True)
11 ax.set_axisbelow(True)   # place la grille sous les points
12 ax.grid(which='minor')
13
14 plt.xlim(0.008, 100)
15 plt.ylim(0.0001, 1.5)
16 plt.scatter(x, y)
17 plt.show()
```

Matplotlib propose d'autres échelles en plus de `'linear'` (linéaire) et de `'log'` (logarithmique). Le lecteur curieux pourra expérimenter avec `'symlog'` et `'logit'` et chercher leur définition.[3]

2 Représentation graphique de fonctions

Nous sommes maintenant en mesure de représenter non seulement des données mais également des courbes représentatives de fonctions mathématiques $f(x)$. Considérons par exemple la fonction $f(x) = \sin(x)$ sur l'intervalle $[0, 10]$. Pour cela, il suffit de produire un tableau contenant les valeurs x_i couvrant l'intervalle désiré, puis un tableau contenant les valeurs de $y_i = f(x_i)$ correspondantes.

Pour la première étape, nous pouvons faire appel à la fonction `linspace()` présentée à la section 6.2. Pour la seconde étape, on peut écrire une boucle `for` qui lit les valeurs successives du tableau contenant les x_i, calcule les y_i correspondants pour les mettre dans un second tableau.

Prog. 5.24 Fichier : `graphes3a.py`

```
import numpy as np
import matplotlib.pyplot as plt

x = np.linspace(0, 10, 100)
y=[]
for valeur in x:
    y.append(np.sin(valeur))
plt.scatter(x, y)
plt.show()
```

Toutefois, il est beaucoup plus judicieux de tirer parti des propriétés des tableaux `numpy` : si `x` est un tableau de type `ndarray`, alors la commande `y = np.sin(x)` crée un nouveau tableau `numpy` contenant autant d'éléments que `x`, chacun étant égal au sinus de l'élément correspondant. Ainsi, le programme

Prog. 5.25 Fichier : `graphes3b.py`

```
import numpy as np
import matplotlib.pyplot as plt

x = np.linspace(0, 10, 100)
y = np.sin(x)
plt.scatter(x, y)
plt.show()
```

produit la même figure (ci-dessous) que le programme précédent. On peut même le condenser en

3. Voir par exemple `https://matplotlib.org/api/_as_gen/matplotlib.pyplot.xscale.html`

Fichier : `graphes3b2.py` Prog. 5.26

```
1 import numpy as np
2 import matplotlib.pyplot as plt
3
4 x = np.linspace(0, 10, 100)
5 plt.scatter(x, np.sin(x))
6 plt.show()
```

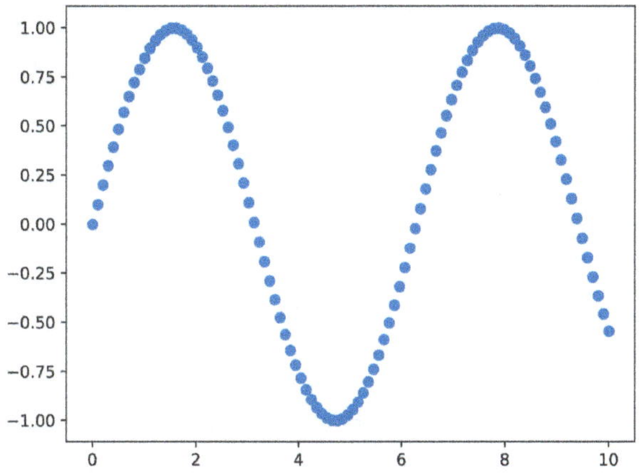

Fig. 17

2.1 La fonction `plot()`

La figure précédente montre un échantillonnage de la fonction, et non pas une représentation continue. Toutefois, si l'on a pris soin de prendre suffisamment de points, cet échantillonnage représentera assez fidèlement la fonction. Le rendu sera encore meilleur si on remplace les points par des lignes qui les relient, ce qui est obtenu en remplaçant la fonction `scatter` par la fonction

```
matplotlib.pyplot.plot(x, y)
```

où la syntaxe est analogue à celle de `scatter()`, les variables x et y sont encore des listes ou des tableaux de même taille contenant respectivement les abscisses et les ordonnées des points à relier entre eux. Remplaçons `scatter` par `plot` à la ligne 5 du programme précédent.

Fichier : `graphes3c.py` Prog. 5.27

```
import numpy as np
import matplotlib.pyplot as plt

x = np.linspace(0, 10, 100)
plt.plot(x, np.sin(x))
plt.show()
```

On obtient la figure de gauche ci-dessous.

Fig. 18

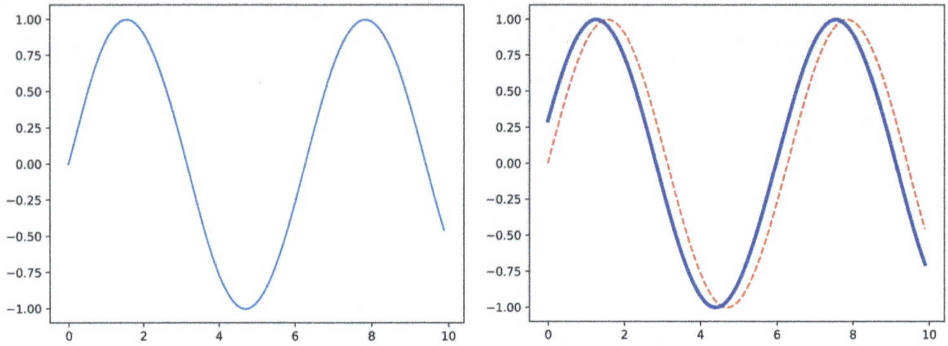

2.2 Les attributs de la ligne

On peut modifier les attributs de la ligne tracée, par exemple l'épaisseur ou la couleur du trait, la mettre en pointillés, etc. Par exemple, le programme suivant produit la figure de droite, ci-dessus.

Prog. 5.28 Fichier : `graphes3e.py`

```
import numpy as np
import matplotlib.pyplot as plt

x = np.arange(0, 10, 0.1)
plt.plot(x, np.sin(x), linestyle='dashed', color='r')
plt.plot(x, np.sin(x+0.3), linewidth=3, color='b')
plt.show()
```

Voici quelques-unes des propriétés des traits que l'on peut ajuster [4] :

- `color` ou `c` : couleur de la ligne ;
- `linestyle` ou `ls` : style de la ligne, `'solid'`, `'dotted'`, `'dashed'` ou `'dashdot'`, voir la figure 19 ;
- `linewidth` ou `lw` : nombre donnant l'épaisseur de la ligne ;
- `marker` : type de symbole, par exemple `'+'`, `'.'`, `'1'`, `'2'` ;
- `markeredgecolor` : couleur du contour du symbole ;
- `markeredgewidth` : nombre donnant l'épaisseur du contour du symbole ;
- `markerfacecolor` : couleur de remplissage du symbole ;
- `markersize` ou `ms` : nombre donnant la taille du symbole ;
- `solid_capstyle` : style des extrémités des lignes. La figure 20 montre `'butt'`, `'round'` et `'projecting'` ;

4. Liste complète ici : `https://matplotlib.org/api/_as_gen/matplotlib.lines.Line2D.html`

- `solid_joinstyle` : style des jonctions entre segments de la ligne. La figure suivante montre `'miter'`, `'round'` et `'bevel'` ;
- `visible` : booléen (`True` si la ligne est visible, `False` sinon) ;
- `zorder` : niveau d'avant-plan de la ligne.

Les options de style de trait sont illustrées dans la figure suivante

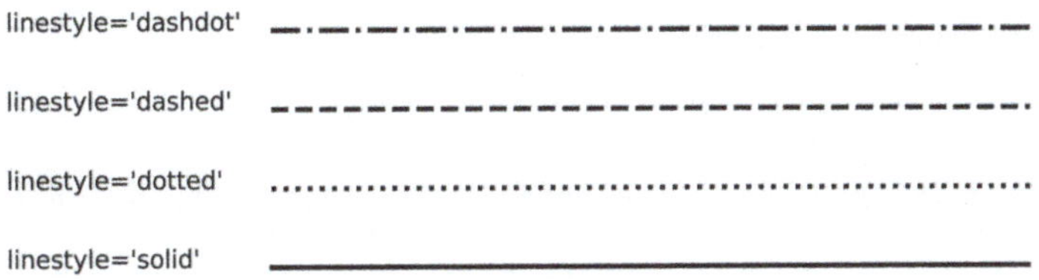

Fig. 19

et celles de jonction et d'extrémités de ligne [5] sont illustrées dans la figure suivante, où les croix indiquent les coordonnées des points utilisés pour définir les lignes.

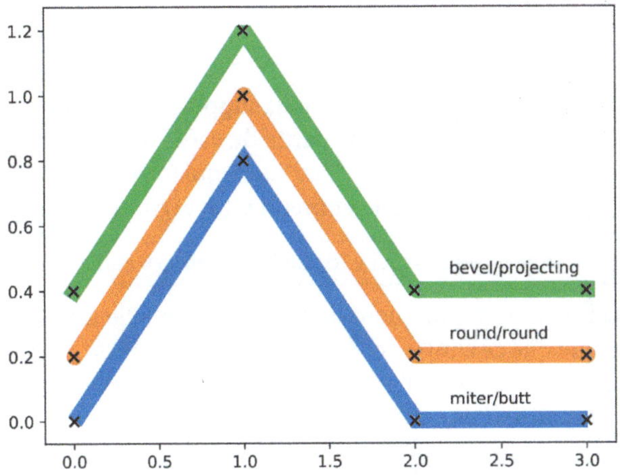

Fig. 20

Les deux figures qui précèdent ont été produites par les deux programmes suivants

Fichier : `test_linestyle.py`

Prog. 5.29

```
import matplotlib.pyplot as plt

liste=['solid', 'dotted', 'dashed', 'dashdot']
fig, ax = plt.subplots(figsize=(12,3))
plt.xlim(-3.5, 10)
plt.axis('off')
for n in range(0, 4):
    plt.plot([0,10], [n,n], linestyle=liste[n], lw=3, color='k')
    plt.text(-3.5, n, "linestyle='"+liste[n]+"'", size='16')
plt.show()
```

5. C'est peut-être un détail pour vous, mais pour moi ça veut dire beaucoup.

et

Prog. 5.30 Fichier : graphes3g.py

```
import matplotlib.pyplot as plt
import numpy as np

liste_join=['miter', 'round', 'bevel']
liste_cap=['butt', 'round', 'projecting']
x = np.array([0, 1, 2, 3])
y = np.array([0.0, 0.8, 0.0, 0.0])

for i in range(3):
    plt.plot(x, y+0.2*i, linewidth=10, solid_joinstyle=liste_join[i],
            solid_capstyle=liste_cap[i], zorder=1)
    plt.scatter(x, y+0.2*i, marker='x', color='k', zorder=2)
    plt.text(2.2, 0.05+0.2*i, liste_join[i]+"/"+liste_cap[i])
plt.show()
```

2.3 Centrer les axes

Nous avons vu au paragraphe 1.9 comment supprimer les deux spine latéraux (indexés par 'right' et 'top') formant une partie du cadre du graphe. On peut également repositionner les deux autres ('left' et 'bottom') qui forment les axes, par la méthode set_position() qui agit sur un spine et prend pour argument un tuple

```
set_position(('data', maposition))
```

où maposition est un float indiquant la position à laquelle est placé l'axe et le paramètre 'data' indique que ce sont les coordonnées des données qui doivent être utilisées (le paramètre 'axes' permettrait d'utiliser les coordonnées du graphe, comprises entre 0 et 1, voir le paragraphe 4). Par exemple, le programme

Prog. 5.31 Fichier : graphes3c2.py

```
import numpy as np
import matplotlib.pyplot as plt

x = np.arange(0, 10, 0.1)
fig, ax= plt.subplots()
ax.spines['left'].set_position(('data', 0.))
ax.spines['bottom'].set_position(('data', 0.))
ax.spines['right'].set_visible(False)
ax.spines['top'].set_visible(False)
plt.plot(x, np.sin(x))
plt.show()
```

produit la figure suivante où les deux axes passent par l'origine.

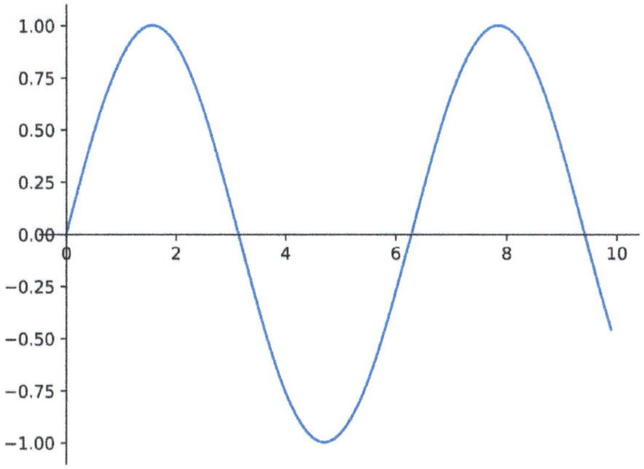

Fig. 21

Notons qu'un raccourci permet de placer les axes à la position zéro, comme l'illustre cette modification du programme qui précède (et qui donne la même figure) :

Fichier : `graphes3c3.py` Prog. 5.32

```
ax.spines['left'].set_position('zero')
ax.spines['bottom'].set_position('zero')
```

3 Tracer plusieurs courbes

3.1 Sur le même graphe

Lorsqu'on enchaîne plusieurs commandes `plot()` ou `scatter()`, les courbes sont tracées sur le même graphe, comme le montre le programme suivant

Fichier : `graphes4a.py` Prog. 5.33

```
import matplotlib.pyplot as plt

x1 = [10, 20, 30, 40, 50, 60, 65, 70, 75, 85]
y1 = [7.2, 13.3, 20.0, 25.4, 30.5, 35.3, 37.4, 39.7, 40.2, 41.9]
x2 = [10, 35, 50, 65, 80]
y2 = [-3.6, -7., -20., -10.,-30.]

plt.scatter(x1, y1)
plt.scatter(x2, y2)
plt.show()
```

qui produit

Fig. 22

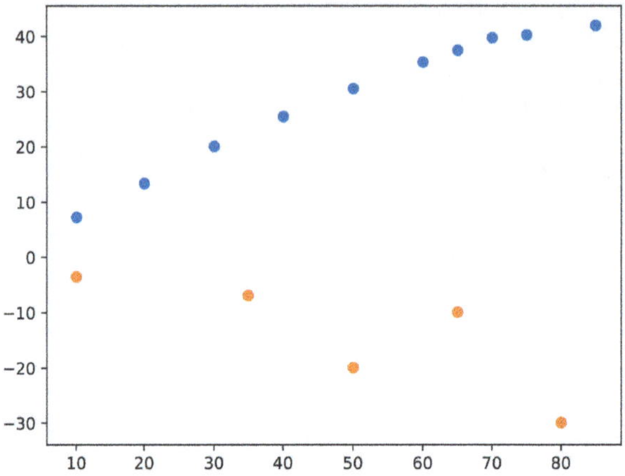

Par défaut, les échelles des axes s'adaptent pour montrer l'ensemble des éléments tracés.

3.2 Sur des graphes différents dans une même figure

On peut également tracer plusieurs graphes sur une même figure, grâce à la commande

```
matplotlib.pyplot.subplot(m, p, n)
```

qui dispose les graphes en m lignes et p colonnes (ses deux premiers arguments), et dessine sur la n-ème figure, numérotées dans le sens de la lecture, de gauche à droite et de haut en bas, en partant de 1. Le programme

Prog. 5.34 — Fichier : `graphes4b.py`

```python
import matplotlib.pyplot as plt

ax1=plt.subplot(2, 1, 1) # 2 lignes, 1 colonne, 1er élément
ax2=plt.subplot(2, 1, 2) # 2 lignes, 1 colonne, 2ème élément

x1 = [10, 20, 30, 40, 50, 60, 65, 70, 75, 85]
y1 = [7.2, 13.3, 20.0, 25.4, 30.5, 35.3, 37.4, 39.7, 40.2, 41.9]
x2 = [10, 35, 50, 65, 80]
y2 = [-3.6, -7., -20., -10.,-30.]

ax1.scatter(x1, y1)
ax2.scatter(x2, y2)
plt.show()
```

produit deux courbes disposées en deux lignes et une colonne, dans la figure de gauche ci-dessous.

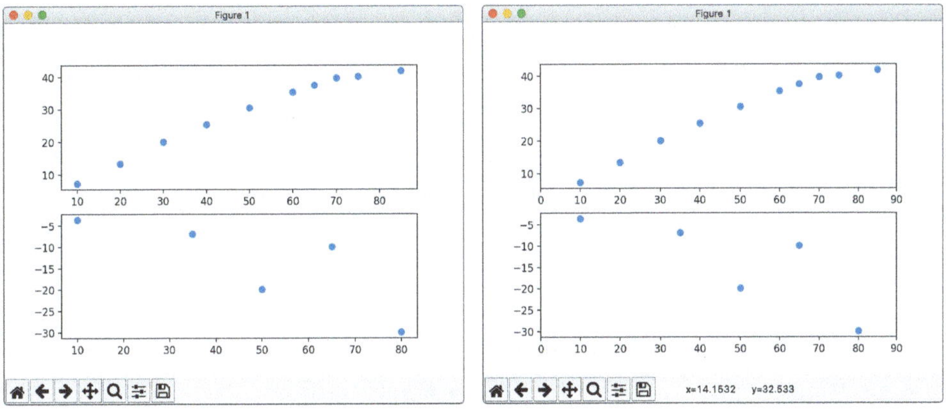

Fig. 23

On peut imposer que les axes *x* ou *y* des graphes soient gradués de la même façon en utilisant les commandes `set_xlim()` ou `set_ylim()` agissant sur les graphes, comme le montre le programme suivant qui modifie les dernières lignes du précédent.

Fichier : `graphes4b2.py` Prog. 5.35

```
ax1.scatter(x1, y1)
ax2.scatter(x2, y2)
ax1.set_xlim(0, 90)
ax2.set_xlim(0, 90)
plt.show()
```

3.3 Sur des figures différentes

On peut également tracer les graphes sur plusieurs figures. Le programme suivant

Fichier : `graphes4c.py` Prog. 5.36

```
import matplotlib.pyplot as plt

x1 = [10, 20, 30, 40, 50, 60, 65, 70, 75, 85]
y1 = [7.2, 13.3, 20.0, 25.4, 30.5, 35.3, 37.4, 39.7, 40.2, 41.9]
x2 = [10, 35, 50, 65, 80]
y2 = [-3.6, -7., -20., -10.,-30.]

fig1 = plt.figure()
plt.scatter(x1, y1)
fig2 = plt.figure()
plt.scatter(x2, y2)
plt.show()
```

produit deux figures, dans des fenêtres graphiques différentes. Attention, par défaut les fenêtres sont superposées et il faut en déplacer une pour voir l'autre.

Fig. 24

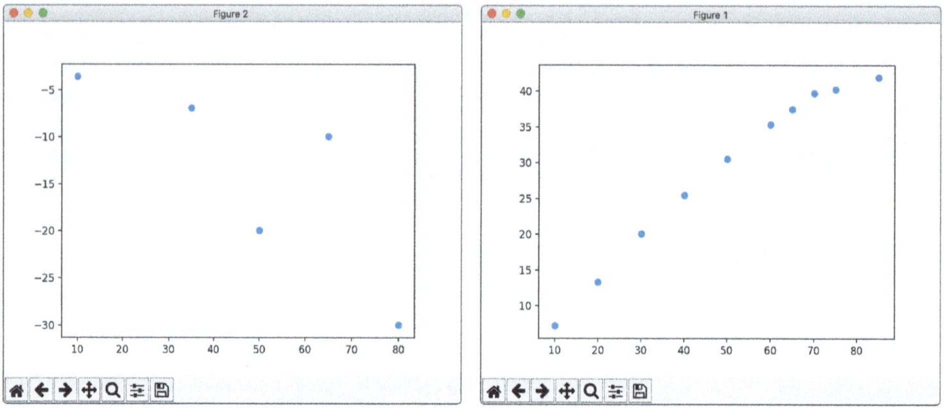

4 Réglage fin des figures et des graphes

La commande `plot()`, par défaut, crée une figure et un graphe relié à cette figure (relire le paragraphe 1.7) puis trace ce qu'on lui demande de tracer dans ce graphe. En décomposant ces étapes, on peut régler plus finement certains aspects de la figure produite. Pour commencer, la commande

```
pyplot.figure(figsize=(8,3))
```

crée une **figure** aux dimensions indiquées (les valeurs sont exprimées en pouces, malheureusement). On peut aussi passer ce paramètre dans `subplots()`, pour créer un graphe en même temps que la figure

```
fig, ax = plt.subplots(figsize=(12,3))
```

La commande

```
pyplot.axes(xmin, ymin, largeur, hauteur)
```

crée un nouveau **graphe** avec les dimensions imposées. La figure est considérée comme une zone de largeur 1 selon x et de hauteur 1, selon y, avec l'origine au coin en bas à gauche. La position et la taille du graphe sont déterminées par les variables `xmin` et `ymin` indiquant les coordonnées de son coin inférieur gauche, et les variables `largeur` et `hauteur` ses dimensions :

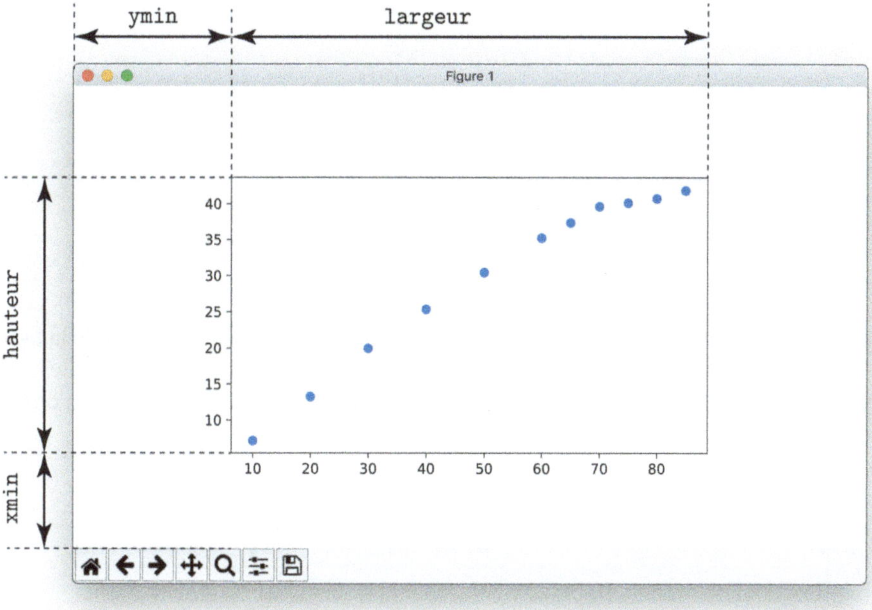

Fig. 25

Lorsqu'un nouveau graphe est créé par la commande `fig, ax = plt.subplots()` ou tout simplement par `plt.plot()` ou `plt.scatter()` lorsqu'aucun graphe n'existe encore, les valeurs par défaut des paramètres précédents sont

- `xmin = 0.12` et `ymin = 0.11`
- `largeur = 0.78` et `hauteur = 0.77`

Les paramètres déterminant la géométrie du graphe peuvent être ajustés de façon interactive en cliquant sur le bouton de la fenêtre graphique (voir le paragraphe 1.1).

Traçons un graphe de taille maximale, dans une fenêtre au format 16/9.

Fichier : `figure_reglage_fin.py`

Prog. 5.37

```
import matplotlib.pyplot as plt

x = [10, 20, 30, 40, 50, 60, 65, 70, 75, 80, 85]
y = [7.2, 13.3, 20.0, 25.4, 30.5, 35.3, 37.4, 39.7, 40.2, 40.8, 41.9]

plt.figure(figsize=(8,4.5))          # 8 x 4.5 = format 16/9
ax = plt.axes([0, 0, 1, 1])
ax.scatter(x, y)
plt.show()
```

On obtient la figure de gauche (qui montre toute la fenêtre graphique)

Fig. 26

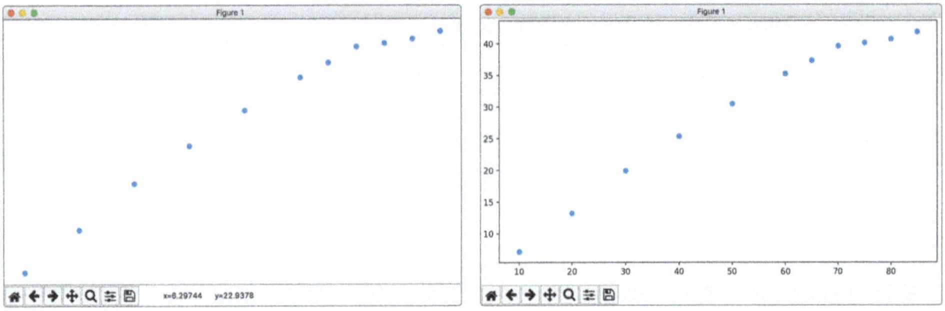

La figure prend effectivement toute la place, mais les graduations sortent de la figure et ne sont pas visibles. Pour y remédier, il faut leur laisser de la place en ajustant les 4 paramètres de la fonction `axes()`. Par exemple, après quelques tâtonnements, on obtient la figure de droite en remplaçant la ligne 7 par

Prog. 5.38 Fichier : `figure_reglage_fin2.py`

```
7 ax = plt.axes([0.04, 0.08, 0.95, 0.91])
```

5 Histogrammes

5.1 Tracer des histogrammes

Pour finir, nous allons décrire une fonctionnalité qui permet de tracer des histogrammes, ce qui pourra être utile pour représenter des valeurs provenant de mesures expérimentales, ou pour représenter des notes d'élèves ou d'étudiants, dans un autre registre. Un histogramme est un graphe qui représente le nombre de fois que l'on trouve une valeur (ou une gamme de valeurs) dans une liste.

C'est la fonction `hist` de `pyplot` qui s'en charge, à partir de la liste des grandeurs. Pour prendre un exemple minimal, considérons une liste de notes sur 20, contenues dans la variable `notes` de type `list`.

Prog. 5.39 Fichier : `histogramme1a.py`

```
from matplotlib import pyplot as plt

notes = [10, 10.5, 3, 12, 18, 17, 15, 7, 0, 13, 13]
plt.hist(notes, range = (0, 20), bins = 10)
plt.show()
```

où l'argument `range` indique l'intervalle de valeurs à considérer (ici nous avons indiqué l'intervalle allant de 0 à 20) et où l'argument `bins` indique le nombre de groupes en lesquels diviser l'intervalle total (ici, 10 groupes). Dans l'exemple choisi, l'histogramme est construit avec les intervalles [0,2[, [2,4[, etc, excluant la dernière valeur, sauf pour le dernier intervalle qui est [18,20] (cette exception se comprend aisément, on ne voudrait pas que les notes valant exactement 20 soient exclues de l'histogramme). On obtient la figure de gauche

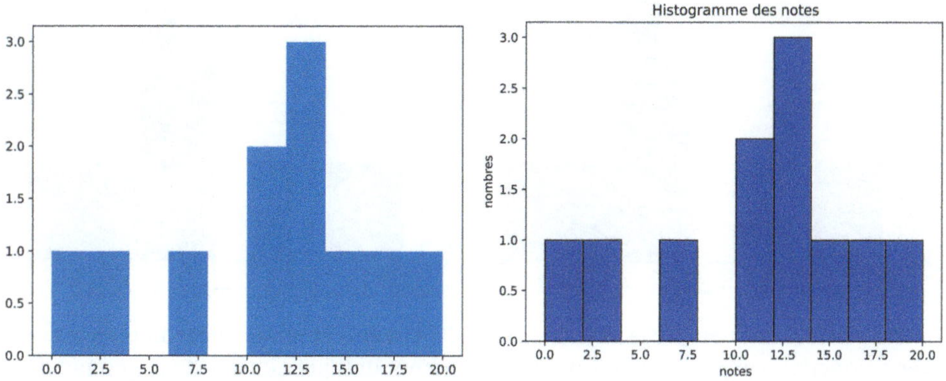

Fig. 27

Comme pour les autres types de graphiques vus précédemment, on peut en modifier les attributs (couleur des barres, couleur des bords des barres, titre, etc.). Le programme suivant produit la figure de droite, ci-dessus.

Fichier : `histogramme1b.py`

Prog. 5.40

```
from matplotlib import pyplot as plt

notes = [10, 10.5, 3, 12, 18, 17, 15, 7, 0, 13, 13]
plt.hist(notes, range = (0, 20), bins = 10, color = 'blue',
         edgecolor = 'black')
plt.xlabel("notes")
plt.ylabel("nombres")
plt.title("Histogramme des notes")
plt.show()
```

Les graduations de l'axe des abscisses proposées par défaut ne sont pas très naturelles, on peut également les contrôler finement, grâce à la commande `set_xticks()` introduite au paragraphe 1.6.

Fichier : `histogramme1c.py`

Prog. 5.41

```
1  from matplotlib import pyplot as plt
2
3  notes = [10, 10.5, 3, 12, 18, 17, 15, 7, 0, 13, 13]
4  plt.hist(notes, range = (0, 20), bins = 10, color = 'blue',
5           edgecolor = 'black')
6  plt.xlabel("notes")
7  plt.ylabel("nombres")
8  plt.title("Histogramme des notes")
9  plt.xticks((0, 2, 4, 6, 8, 10, 12, 14, 16, 18, 20))
10 plt.show()
```

où la ligne 9 fournit la liste des positions des graduations à afficher. On obtient la figure de gauche ci-dessous.

Fig. 28

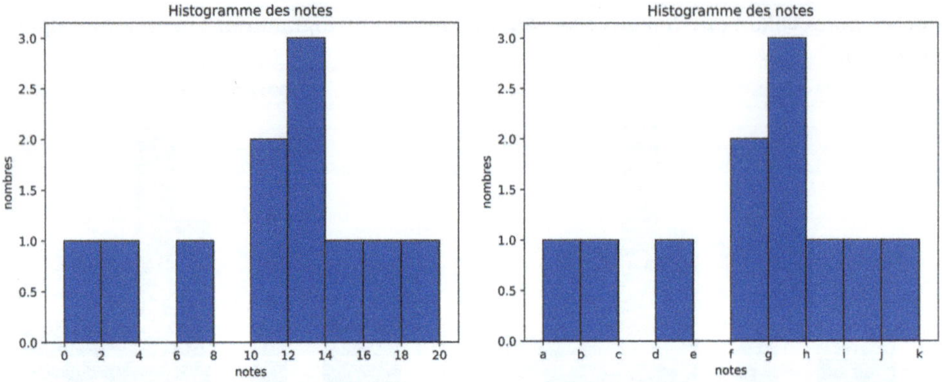

On peut remarquer que la liste de la ligne 9 peut être obtenue de façon plus concise avec la fonction `range()`, où le troisième argument indique que la liste augmente de 2 en 2 unités,

Prog. 5.42 Fichier : `histogramme1d.py`

```
9 plt.xticks(range(0, 21, 2))
```

On peut également fournir manuellement la liste des textes affichés en dessous de chaque graduation, avec la commande `set_xticklabels()`. Attention, cette commande agissant sur le graphe, auquel on peut avoir accès par `plt.gca()`, on aurait aussi pu utiliser ax en définissant `fig, ax=plt.subplots()`. Le programme suivant produit la figure de droite, ci-dessus.

Prog. 5.43 Fichier : `histogramme1e.py`

```
1  from matplotlib import pyplot as plt
2
3  notes = [10, 10.5, 3, 12, 18, 17, 15, 7, 0, 13, 13]
4  plt.hist(notes, range = (0, 20), bins = 10, color = 'blue',
5           edgecolor = 'black')
6  plt.xlabel("notes")
7  plt.ylabel("nombres")
8  plt.title("Histogramme des notes")
9  plt.xticks(range(0, 21, 2))
10 plt.gca().set_xticklabels(("a", "b", "c", "d", "e", "f", "g", "h", "i
     ", "j", "k"))
11 plt.show()
```

La commande `xticks()` permet de combiner les deux actions, si on lui fournit deux listes de même longueur en argument. Le programme suivant reprend le précédent en modifiant les lignes 9 à 11 en

Prog. 5.44 Fichier : `histogramme1f.py`

```
9  plt.xticks(range(0, 21, 2), ("a", "b", "c", "d", "e", "f", "g", "h",
     "i", "k", "l"))
10 plt.show()
```

Toutes ces actions peuvent également être effectuées sur l'axe y en remplaçant x par y dans les noms de commande précédents : `set_yticklabels()` et `yticks()`.

5.2 Les fonctions statistiques

Avec le tracé d'histogrammes se pose souvent la question de calculer des moyennes et des écarts-types. La moyenne m et la variance σ^2 d'un échantillon constitué de n valeurs V_i sont définies par

$$m = \langle V \rangle \equiv \frac{1}{n}\sum_{i=1}^{n} V_i \quad \text{et} \quad \sigma_n^2 \equiv \frac{1}{n}\sum_{i=1}^{n}(V_i - m)^2$$

La bibliothèque `numpy` fournit plusieurs fonctions statistiques [6] dont par exemple

- `mean()` : renvoie la moyenne m des éléments de la liste ;
- `stdev()` : renvoie l'écart-type σ_n des éléments de la liste ;
- `variance()` : renvoie la variance σ_n^2 des éléments de la liste ;

que l'on utilise comme suit.

Console

```
>>> import numpy as np
>>> maliste = [10, 10.5 , 3, 12, 18, 17, 15, 7, 0, 13, 13]
>>> np.mean(maliste)
10.772727272727273
>>> np.std(maliste)
5.323035857835419
>>> np.var(maliste)
28.334710743801647
>>>
```

Ces fonctions sont aussi disponibles dans la bibliothèque `statistics` [7] avec des noms parfois différents.

Console

```
>>> import statistics as stat
>>> maliste = [10, 10.5 , 3, 12, 18, 17, 15, 7, 0, 13, 13]
>>> stat.mean(maliste)
10.772727272727273
>>> stat.pstdev(maliste)
5.323035857835419
>>> stat.stdev(maliste)
5.58284710682478
>>> stat.pvariance(maliste)
28.334710743801654
>>> stat.variance(maliste)
31.168181818181
```

6. Voir `https://numpy.org/doc/stable/reference/routines.statistics.html`.
7. Voir `https://docs.python.org/3/library/statistics.html`.

où on a utilisé les fonctions suivantes :

- `mean()` renvoie la moyenne des éléments de la liste (idem `numpy`) ;
- `pvariance()` et `pstdev()` renvoient la variance et l'écart-type de l'échantillon, définies comme ci-dessus (on retrouve bien les mêmes valeurs qu'avec `numpy`) ;
- `variance()` renvoie la grandeur définie par

$$\sigma_{n-1}^2 \equiv \frac{1}{n}\sum_{i=1}^{n}(V_i - m)^2$$

- `stdev()` : renvoie la racine carrée de la grandeur précédente.

Nous n'entrerons pas ici dans des considérations statistiques poussées, signalons simplement que ces deux dernières grandeurs sont parfois plus pertinentes pour décrire la dispersion de données.

6 La notion de backend

Les commandes de `matplotlib` produisent un tracé sur votre écran qui est pris en charge par une bibliothèque de commandes graphiques de votre système que le jargon désigne sous le nom de « backend ». Il est possible d'en changer en utilisant la commande `use()`, utilisée comme suit

Prog. 5.45 Fichier : `test_backend.py`

```
import matplotlib.pyplot as plt
import matplotlib

matplotlib.use('WebAgg')
plt.plot([0, 1, 2], [0, 1, 0], linewidth=10)
plt.show()
```

où l'argument de `matplotlib.use()` peut être choisi notamment parmi les suivants (attention, tous ne sont pas forcément installés par défaut sur votre système) :

- `'MacOSX'` : le système de fenêtres de MacOS ;
- `'Qt5Agg'` : la version 5 de la librairie Qt. Les mots-clés `'Qt3Agg'` et `'Qt4Agg'` donnent accès à des versions antérieures. On peut noter que cette solution offre un bouton supplémentaire dans les fenêtres graphiques, permettant de modifier les attributs des axes ;
- `'TkAgg'` : la librairie Tk ;
- `'WebAgg'` : utilise les fonctionnalités de graphisme et d'interactivité d'un navigateur web. Attention, ceci ne produit pas des pages html réutilisables, mais seulement une fenêtre de visualisation pour le programme Python en cours ;

7 Les styles de `matplotlib`

Les paramètres par défaut (attributs de couleur, de taille, des lignes, des symboles, des axes, des graduations, etc.) des figures produites par matplotlib sont stockées dans un fichier de configuration nommé `matplotlibrc` enfoui au cœur de votre installation Python, qu'on appelle une feuille de style.[8] On peut trouver son emplacement par la commande suivante

Console

```
>>> import matplotlib
>>> matplotlib.matplotlib_fname()
'/Applications/anaconda3/lib/python3.7/site-packages/matplotlib/mpl-
    data/matplotlibrc'
```

Il est possible de modifier ces paramètres par défaut, de deux façons :

- en lisant une autre feuille de style, préexistante ou créée par vos soins ;
- par une commande Python qui modifie ces valeurs par défaut ;

Pour la première option, c'est la commande `plt.style.use()` qui permet de le faire. Par exemple, le programme suivant

Fichier : `style1.py` Prog. 5.46

```python
import matplotlib.pyplot as plt
plt.style.use('ggplot')

x = [-2, -1, 0, 1, 2]
y = [3, -2, 4, 5, 0]
plt.plot(x, y)
plt.scatter(x, y)
plt.show()
```

fait appel au style prédéfini `'ggplot'` et produit la figure de gauche ci-dessous

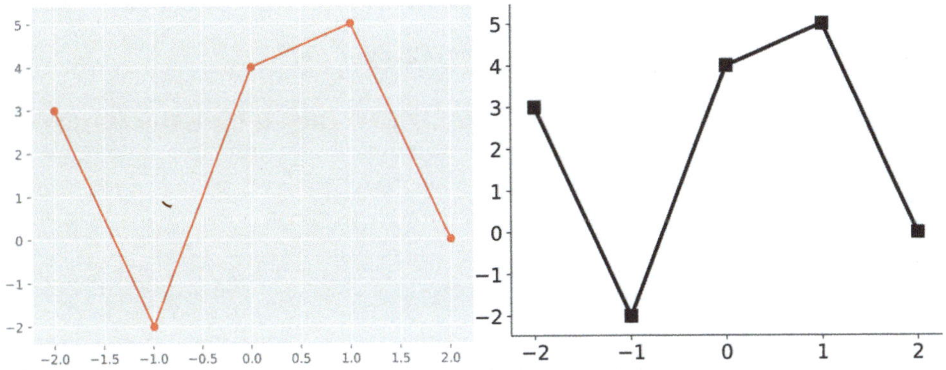

Fig. 29

8. Voir `https://matplotlib.org/tutorials/introductory/customizing.html` pour une documentation très claire à ce sujet.

La liste des styles prédéfinis peut être obtenue par la commande suivante

Console

```
>>> import matplotlib.pyplot as plt
>>> print(plt.style.available)
['seaborn-dark', 'seaborn-darkgrid', 'seaborn-ticks', '
    fivethirtyeight', 'seaborn-whitegrid', 'classic', '_classic_test'
    , 'fast', 'seaborn-talk', 'seaborn-dark-palette', 'seaborn-bright
    ', 'seaborn-pastel', 'grayscale', 'seaborn-notebook', 'ggplot', '
    seaborn-colorblind', 'seaborn-muted', 'seaborn', 'Solarize_Light2
    ', 'seaborn-paper', 'bmh', 'tableau-colorblind10', 'seaborn-white
    ', 'dark_background', 'seaborn-poster', 'seaborn-deep']
```

Nous vous invitons à essayer ces différents styles, en remplaçant `'ggplot'` par une des autres options dans le programme précédent. L'option `'default'` permet de revenir au style par défaut usuel.

Pour définir soi-même un style, il faut créer un fichier avec l'extension `.mplstyle`, par exemple `monstyle.mplstyle`, dans lequel les paramètres sont initialisés à leur nouvelle valeur par défaut :

Prog. 5.47 Fichier : `monstyle.mplstyle`

```
1 lines.linewidth : 3                # épaisseur des lignes
2 axes.prop_cycle    : cycler(color=['black'])
3 lines.markersize : 10              # taille des symboles
4 scatter.marker : s                 # type de symboles : carrés
5 xtick.labelsize : 16               # taille du texte des graduations
6 ytick.labelsize : 16
7 axes.spines.top    : False         # On supprime le bord haut du cadre
8 axes.spines.right  : False         # On supprime le bord droit du cadre
```

où les commentaires précisent l'action de chaque ligne. La ligne 2 définit la liste des couleurs que prennent les courbes tracées successivement, ici uniquement le noir. On utilise le fichier de la façon suivante, en incluant bien explicitement le chemin qui y mène.

Prog. 5.48 Fichier : `style2.py`

```
1 import matplotlib.pyplot as plt
2 plt.style.use('/Users/richardtaillet/Dropbox/python/bouquin/monstyle.
      mplstyle')
3
4 x = [-2, -1, 0, 1, 2]
5 y = [3, -2, 4, 5, 0]
6 plt.plot(x, y)
7 plt.scatter(x, y)
8 plt.show()
```

où la ligne 2 indique le chemin, sur l'ordinateur de l'auteur, où se trouve le fichier de configuration. On obtient alors la figure de droite ci-dessus, avec les choix de paramètres décrits dans le fichier `monstyle.mplstyle`. Nous vous invitons à examiner le fichier `matplotlibrc` mentionné plus haut pour voir l'ensemble des paramètres qui peuvent être modifiés.

Au lancement de Python, les paramètres par défaut, qu'ils soient dans la feuille de style par défaut ou dans une autre, sont stockés dans `matplotlib.rcParams`, une variable de type « dictionnaire » que nous n'abordons pas dans cet ouvrage. On peut voir son contenu par la commande

Console

```
>>> import matplotlib as mpl
>>> mpl.rcParams
```

qui affiche plusieurs dizaines de lignes (faites-le !). Nous allons seulement ici indiquer comment modifier des éléments de cette variable, pour modifier l'apparence de notre figure. Pour reprendre l'exemple précédent, les modifications apportées par le fichier `monstyle.mplstyle` ci-dessus et visibles dans la figure de droite ci-dessus pourraient également être implémentées par le programme suivant,

Fichier : `style3.py` Prog. 5.49

```python
import matplotlib.pyplot as plt
import matplotlib as mpl
mpl.rcParams['lines.linewidth'] = 3
mpl.rcParams['axes.prop_cycle'] = "cycler('color', ['black'])"
mpl.rcParams['lines.markersize'] = 10
mpl.rcParams['scatter.marker'] = 's'
mpl.rcParams['xtick.labelsize'] = 16
mpl.rcParams['ytick.labelsize'] = 16
mpl.rcParams['axes.spines.top'] = False
mpl.rcParams['axes.spines.right'] = False

x = [-2, -1, 0, 1, 2]
y = [3, -2, 4, 5, 0]
plt.plot(x, y)
plt.scatter(x, y)
plt.show()
```

Notons que la commande `rc()` permet de modifier d'un seul coup plusieurs attributs d'un même élément. Pour reprendre la mise en forme précédente, on pourrait également écrire

Fichier : `style4.py` Prog. 5.50

```python
import matplotlib.pyplot as plt
import matplotlib as mpl
mpl.rc('lines', linewidth= 3, markersize=10, marker='s')
mpl.rc('xtick', labelsize=16)
mpl.rc('ytick', labelsize=16)
mpl.rc('axes.spines', top= False, right=False)
mpl.rc('axes', prop_cycle = "cycler('color', ['black'])")

x = [-2, -1, 0, 1, 2]
```

```
y = [3, -2, 4, 5, 0]
plt.plot(x, y)
plt.scatter(x, y)
plt.show()
```

8 Résumé des commandes utiles

Dans la suite, on suppose que l'on a importé `pyplot` par la commande `from matplotlib import pyplot as plt`.

Tracés

- `plt.scatter(x, y)` : représente des points de données sur un graphe ;
- `plt.plot(x, y)` : représente des segments reliant les points de coordonnées `x` et `y` ;
- `plt.errorbar(x, y, y_err, x_err, fmt='none')` : représente des barres d'erreurs selon les directions x et y (attention à l'ordre des arguments) ;
- `plt.errorbar(x, y, y_err, fmt='none')` : représente des barres d'erreurs selon la direction y ;
- `plt.hist(liste, range=(vmin, vmax), bins=N)` : représente un histogramme des valeurs contenues dans `liste`, en les regroupant en `N` intervalles découpant l'intervalle global défini par les valeurs `vmin`, `vmax` ;
- `plt.show()` : affiche la figure ;

Limites et graduations

- `plt.xlim(vmin, vmax)` : ajuste les valeurs min et max affichées sur l'axe des abscisses ;
- `plt.ylim(vmin, vmax)` : ajuste les valeurs min et max affichées sur l'axe des ordonnées ;
- `plt.xticks(liste1)` : impose les valeurs des abscisses auxquelles sont affichées des graduations ;
- `plt.xticks(liste1, liste2)` : impose les valeurs (`liste1`) des abscisses auxquelles sont affichées des graduations ainsi que ce qui est affiché pour chacune de ces valeurs (`liste2`) ;
- `plt.yticks(liste)` : impose les valeurs des ordonnées auxquelles sont affichées des graduations ;
- `plt.yticks(liste1, liste2)` : impose les valeurs (`liste1`) des ordonnées auxquelles sont affichées des graduations ainsi que ce qui est affiché pour chacune de ces valeurs (`liste2`) ;

Annotations

- `plt.legend()` : affiche la légende du graphe, déterminée par les valeurs passées dans les paramètres `label` lors de la création par `scatter()` ou `plot()` ;
- `plt.title()` : affiche un titre au graphe ;
- `plt.xlabel()` : affiche le nom des abscisses du graphe ;
- `plt.ylabel()` : affiche le nom des ordonnées du graphe ;
- `plt.text(x, y, "texte", fontsize=taille)` : écrit du texte à la position (x, y) ;
- `plt.annotate("texte", (x,y), size=taille)` : écrit du texte à la position (x, y) avec la possibilité de tracer une flèche vers un autre point ;

Création de graphes et de figures

- `plt.figure()` : crée une nouvelle figure ;
- `plt.figure(figsize=(largeur, hauteur))` : crée une nouvelle figure (de type `Figure`) en imposant le format de la figure, où `largeur` et `hauteur` sont deux nombres indiquant les tailles en pouces ;
- `plt.axes([xmin, ymin, largeur, hauteur])` : crée un nouveau graphe (type `Axes`) avec la géométrie indiquée, voir la section 4 ;
- `plt.subplots()` : crée une figure (type `Figure`) et un graphe (type `Axes`) et les affecte à deux variables, que l'on récupère en écrivant `fig, ax = plt.subplots()`. Si la figure existe déjà, seul un nouveau graphe est créé.
- `plt.subplots(figsize=(largeur, hauteur))` : comme précédemment, en imposant le format de la figure, où `largeur` et `hauteur` sont deux nombres indiquant les tailles en pouces ;
- `plt.subplot(m, n, p)` : crée un graphe parmi un ensemble de graphes, voir la section 3.2 ;
- `plt.savefig(nomfichier)` : sauvegarde la figure dans le fichier portant le nom `nomfichier` ;

9 Mini-projets

Mini-projet 1

Écrire un programme permettant de produire la figure 1. En guise de correction, le programme effectivement utilisé est nommé `exemple_complet_graphes.py` dans l'ensemble des programmes téléchargeables.

Mini-projet 2

Écrire un programme permettant de produire la figure 5. En guise de correction, le programme effectivement utilisé est le suivant.

Prog. 5.51 Fichier : `test_symboles.py`

```
1  import matplotlib.pyplot as plt
2
3  liste=['*', 'o', '^', '<', '>', '1', 's', 'd', 'h', '+', 'x', '.']
4  fig, ax = plt.subplots(figsize=(14,3))
5  xmin=-5
6  ax.axis('off')
7  plt.xlim(xmin, 14)
8  plt.ylim(0.8, 2.7)
9
10 for n in range(1, 13):
11     plt.scatter([n],[2], marker=liste[n-1], color='b', s=200)
12     plt.scatter([n],[1], marker=liste[n-1], color='w', edgecolor='b', s=200)
13     plt.scatter([n],[1.5], marker=liste[n-1], color='r', edgecolor='b', s=200)
14     plt.text(n-0.1, 2.5, liste[n-1], size=16)
15
16 plt.plot([xmin, 12.5], [2.3, 2.3], c='k')
17 plt.plot([0.25, 0.25], [0.8, 2.7], c='k')
18 plt.text(-3, 2.5, "marker=", size='14')
19 plt.text(xmin, 1.92, "color='b'", size='14')
20 plt.text(xmin, 0.92, "color='w', edgecolor='b'", size='14')
21 plt.text(xmin, 1.42, "color='r', edgecolor='b'", size='14')
22 plt.show()
```

- Ligne 3 : les symboles utilisés sont placés dans une liste ;
- Lignes 4 à 8 : création du graphe aux dimensions voulues ;
- Lignes 10 à 14 : on parcourt la liste pour afficher chacun des symboles et leur nom à des endroits régulièrement espacés ;
- Lignes 16 à 21 : on ajoute les lignes et le texte de la colonne de gauche.

6 Dessin

Ce chapitre poursuit l'exploration des possibilités graphiques de python en présentant les fonctionnalités permettant de tracer et de personnaliser l'aspect de figures géométriques.

1 Tracer des segments

Nous avons déjà rencontré, dans le chapitre précédent, la fonction `plot()` qui permet de tracer un segment entre deux points. Un programme minimal qui trace un segment entre les points de coordonnées (1, 1) et (2,3) s'écrit

Fichier : `dessin1a.py` Prog. 6.1

```
import matplotlib.pyplot as plt
plt.plot([1,2], [1,3])
plt.show()
```

On obtient la figure de gauche

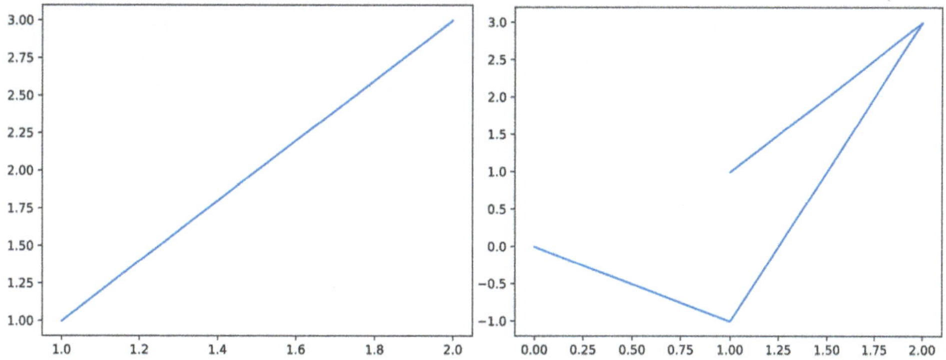

Fig. 30

Attention, l'ordre dans lequel apparaissent les coordonnées dans le listing précédent peut être perturbant. Les deux premiers arguments de la fonction `plot()` sont des listes, le premier une liste contenant les valeurs des abscisses, le second une liste contenant les valeurs des ordonnées. Le tracé de 4 points de coordonnées (1, 1), (2,3), (1, −1) et (0, 0) reliés entre eux, sur la figure de droite ci-dessus, est obtenu par

Fichier : `dessin1b.py` Prog. 6.2

```
import matplotlib.pyplot as plt
plt.plot([1,2,1,0], [1,3,-1,0])
plt.show()
```

C'est ce que nous avons utilisé au chapitre précédent pour représenter une fonction mathématique.

Traçons deux segments différents.

Prog. 6.3 Fichier : dessin1c.py

```
import matplotlib.pyplot as plt
plt.plot([1,2], [1,3])
plt.plot([1,0], [-1,0])
plt.show()
```

qui donne la figure de gauche.

Fig. 31

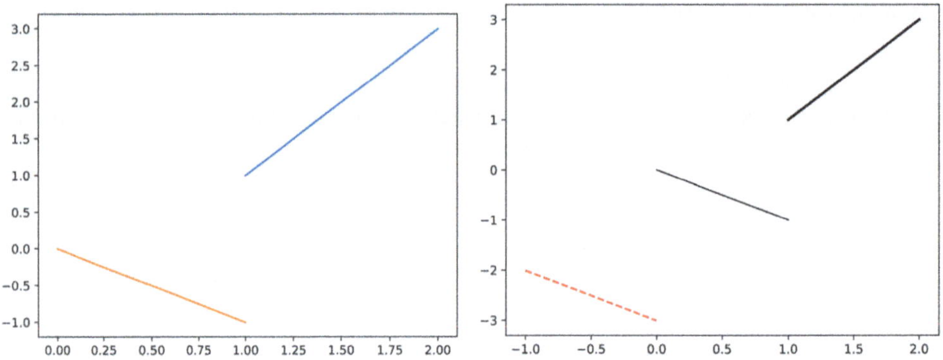

Le programme affecte des couleurs différentes aux segments successifs, ce qui est certes joli, mais va vite poser un problème de lisibilité lorsque nous voudrons tracer des dizaines de segments. Nous préférerions contrôler la couleur affichée. Pour cela, on peut déclarer des valeurs optionnelles, comme nous l'avons vu au paragraphe 2.2 du chapitre 5, pour obtenir la figure de droite ci-dessus.

Prog. 6.4 Fichier : dessin1d.py

```
import matplotlib.pyplot as plt
plt.plot([1,2], [1,3], linewidth=2, color='black')
plt.plot([1,0], [-1,0], linewidth=1, color='black')
plt.plot([-1,0], [-2,-3], linestyle='dashed', color='red')
plt.show()
```

2 Unités

Par défaut, les programmes informatiques réalisent des opérations sur des nombres sans unité. En général, il faut donc prendre garde à bien connaître les unités physiques dans lesquelles les grandeurs sont exprimées, si on veut utiliser des programmes pour décrire des grandeurs physiques. En optique géométrique, on s'intéressera à des rayons lumineux et les endroits qu'ils atteignent. Nous aurons besoin de décrire des points, des angles, des droites. Les angles seront la plupart du temps exprimés en radians (les fonctions trigonométriques de python sont construites avec des arguments en radians), parfois en degrés (dans la fonction permettant de tracer un arc de cercle). Pour les distances, nous choisirons une longueur de référence dont la valeur sera conventionnellement imposée à 1. Par exemple, en étudiant les miroirs sphériques, nous pourrons choisir $R = 1$ pour le rayon de courbure du miroir. Une distance $x = 7$ correspond donc à une distance physique $7R$, soit 14 mètres si le rayon de courbure R vaut 2 mètres, ou 14 centimètres si le rayon de courbure R vaut 2 centimètres.

3 Formes géométriques

Précisons comment tracer des formes géométriques prédéfinies, polygones, cercles, arcs de cercle, ellipses, etc. Commençons par tracer un disque de rayon 0,3 et centré sur le point (0.5, 0.5) par

Fichier : `formes1.py` Prog. 6.5

```
import matplotlib.pyplot as plt
from matplotlib.patches import Circle

fig,ax=plt.subplots()
ax.add_patch(Circle((0.5, 0.5), 0.3))
plt.show()
```

qui donne la figure de gauche, ci-dessous.

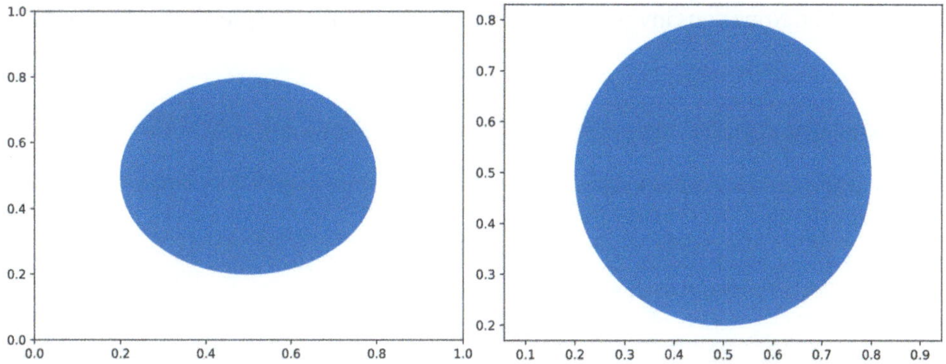

Fig. 32

La forme obtenue est une ellipse et non un cercle, ceci est dû aux échelles différentes des axes x et y. On y remédie (figure de droite) en imposant que les axes x et y soient dessinés à la même échelle, avec une des commandes `ax.axis('equal')`, `ax.set_aspect('equal')` ou `plt.axis('equal')`.

Fichier : `formes2a.py` Prog. 6.6

```
import matplotlib.pyplot as plt
from matplotlib.patches import Circle

fig,ax=plt.subplots()
ax.add_patch(Circle((0.5, 0.5), 0.3))
ax.axis('equal')
plt.show()
```

Une autre fonction, add_artist(), permet également d'ajouter une forme géométrique au graphe. Au niveau de cette introduction, elle peut être considérée comme équivalente à add_patch(), à une petite différence près que nous allons maintenant mettre en évidence. Changeons simplement la ligne 5 du programme précédent

Prog. 6.7 Fichier : formes2b.py

```
5 ax.add_artist(Circle((0.5, 0.5), 0.3))
```

Lorsqu'on change la taille de la fenêtre à la souris, une fois le graphe tracé, les échelles du tracé ne s'adaptent plus automatiquement à la taille de la fenêtre, alors que c'était le cas avec la version précédente utilisant add_patch (essayez).

Voici une liste de quelques commandes de formes géométriques :

- Circle((x_centre, y_centre), rayon)
- Ellipse((x_centre, y_centre), largeur, hauteur, color='wheat')
- Polygon(((x1, y1), (x2, y2), (x3, y3)))
- RegularPolygon((x_centre, y_centre), N, rayon)
- Arc((x_centre,y_centre), largeur, hauteur, rotation, angle_debut, angle_fin)

Voici un exemple qui les trace, avec quelques options de couleur. La commande ax.axis('off') permet de ne pas afficher les axes. La commande plt.axis('off') aurait eu le même effet. Nous vous invitons à jouer avec ce programme (**règle d'or numéro 4**) !

Prog. 6.8 Fichier : pycasso.py

```
import matplotlib.pyplot as plt
from matplotlib.patches import Circle, Ellipse, Polygon, Arc

fig, ax=plt.subplots()
ax.add_patch(Circle((0.5, 0.5), 0.5))
ax.add_patch(Ellipse((0.8, 0.7), 0.3, 0.4, color='wheat'))
ax.add_patch(Polygon(((0.1, 0.1), (0.4, 0.1), (0.4, 0.4)),  edgecolor
    ='black', facecolor='aquamarine'))
ax.add_patch(Arc((0.3, 0.7), 0.3, 0.3, 0, 45, 325, linewidth=2, color
    ='black'))
ax.axis('equal')
ax.axis('off')
plt.show()
```

Fig. 33

On peut changer les attributs d'une forme géométrique *a posteriori* avec la fonction `set()`, si on a pris soin d'assigner un nom de variable à l'objet au moment où on le crée

Fichier : `formes3.py` Prog. 6.9

```
import matplotlib.pyplot as plt
from matplotlib.patches import Circle

fig, ax=plt.subplots()
cercle1=Circle(( 0,       1.),  1.5)
cercle2=Circle(( 0.87, -0.5), 1.5)
cercle3=Circle((-0.87, -0.5), 1.5)
ax.add_patch(cercle1)
ax.add_patch(cercle2)
ax.add_patch(cercle3)
cercle1.set(color='blue',  zorder=3)
cercle2.set(color='red',   zorder=2)
cercle3.set(color='green', zorder=1)
plt.axis('equal')
plt.show()
```

où l'attribut `zorder` détermine la profondeur à laquelle se trouve l'objet (les objets ayant un `zorder` plus élevé sont dessinés par-dessus ceux ayant un `zorder` plus petit) et l'attribut `alpha` indique la transparence de l'objet. Le programme précédent donne la figure de gauche ci-dessous.

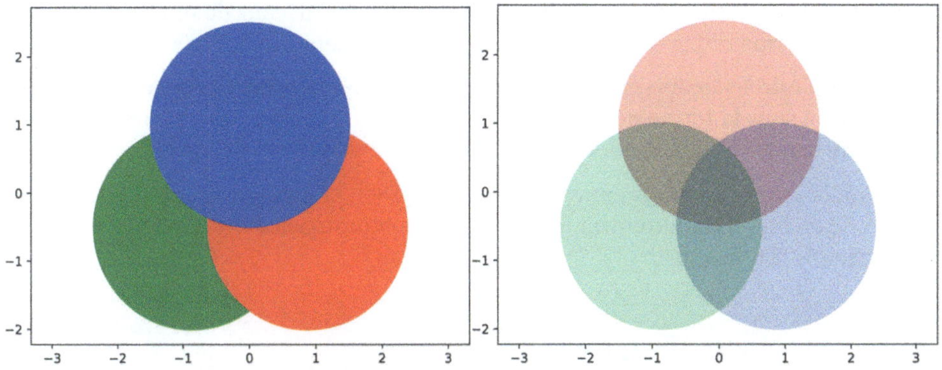

Fig. 34

Sur la figure de droite, les lignes suivantes ont été modifiées pour illustrer la synthèse soustractive des couleurs, en modifiant la transparence des objet. C'est leur paramètre `alpha` qui permet de le faire : il peut prendre une valeur comprise entre 0 (transparent) et 1 (opaque).

Fichier : `formes4.py` Prog. 6.10

```
cercle1.set(color='red',   alpha=0.3)
cercle2.set(color='blue',  alpha=0.3)
cercle3.set(color='green', alpha=0.3)
```

4 Les couleurs

La couleur d'un trait peut être spécifiée sous la forme d'une chaîne de caractère passée au paramètre `color`,

```
plt.plot(x, y, color='red')
```

La chaîne de caractères contient ici un nom entier, il peut également s'agir d'un simple caractère. Voici une liste plus complètes des possibilités offertes par python, chacun des objets ci-dessous pouvant être passé au paramètre `color`

- Une lettre : `'b'` pour bleu, `'g'` pour vert, `'r'` pour rouge, `'c'` pour cyan, `'m'` pour magenta, `'y'` pour jaune, `'k'` pour noir et `'w'` pour blanc ;
- un nom entier, par exemple `'white'`, `'blue'` ou `'black'`. Il existe 140 noms de couleurs, reprenant la convention du nom des couleurs en CSS (voir la figure ci-dessous) ;
- Un nombre entre guillemets compris entre 0 et 1 indiquant un niveau de gris, sous la forme `color="0.4"`, où `"0"` correspond au noir et `"1"` au blanc ;
- Un code html RGB entre guillemets donnant les niveaux de rouge, vert et bleu sous la forme `color="#00FF22"`, avec des valeurs hexadécimales comprises entre `00` et `FF` ;
- Un tuple de 3 valeurs (sans guillemets !) donnant les niveaux de rouge, vert et bleu sous la forme `color=(0., 1., 0.3)`, avec des valeurs comprises entre 0 et 1 ;
- Un tuple de 4 valeurs (sans guillemets !) donnant les niveaux de rouge, vert, bleu et opacité sous la forme `color=(0., 1., 0.3, 0.7)`, avec des valeurs comprises entre 0 et 1.

Les couleurs ayant des noms conventionnels en CSS et en python sont indiquées dans la figure 38 en fin de chapitre (voir le mini-projet 3 pour une activité portant sur le code permettant de la produire).

5 Les lignes, objets de type `Line2D`

Nous avons vu dans la section 2.2 du chapitre 5 que la commande `plot()` permet de gérer les attributs (épaisseur, couleur, etc.) des lignes qui sont tracées. Ces lignes, du point de vue de Python, sont des objets d'un type particulier, `Line2D`. Nous allons ici montrer comment modifier les attributs d'une ligne `Line2D` déjà créée, nous en aurons besoin plus loin.

La fonction `plot()` renvoie un `tuple` contenant des objets de type `Line2D`, chacun décrivant une ligne constituée de segments connectés entre eux. Par exemple, la commande suivante récupère les deux `Line2D` créés par la commande `plot()`.

```
ligne1, ligne2 = ax.plot([0, 1, 2], [0, 1, 0], [0, 0],[0,0.5])
```

où `ligne1` correspond à la ligne créée par `ax.plot([0, 1, 2], [0, 1, 0])` et `ligne2` correspond à celle créée par `ax.plot([0, 0],[0,0.5])`.

Pour récupérer le `Line2D` créé par un `plot()` simple généré par `ax.plot(x, y)`, il faut écrire

```
ligne1, = ax.plot([0, 1, 2], [0, 1, 0])
```

où la virgule permet d'indiquer que le terme de gauche est un tuple à un élément, dont l'unique élément est `ligne1`. On le vérifie par

Console

```
>>> type(ligne1)
<class 'matplotlib.lines.Line2D'>
```

alors que la syntaxe `ligne1 = ax.plot([0, 1, 2], [0, 1, 0])` sans la virgule aurait donné

Console

```
>>> type(ligne1)
<class 'list'>
```

Une fois correctement récupéré `ligne1`, un objet de type `Line2D`, on peut ensuite modifier ses attributs. Par exemple

Fichier : `Line2D.py` Prog. 6.11

```
import matplotlib.pyplot as plt
fig, ax = plt.subplots()
segment1, = ax.plot([0, 1, 2], [0, 1, 0], color='black')
segment2, = ax.plot([0, 1, 2], [1, 0, 1], color='black')
segment1.set_marker('+')      # ajoute des symboles au premier objet
segment1.set_markersize(20)  # change leur taille
segment2.set_color('red')     # change la couleur du second objet
segment2.set_linewidth(4)     # change son épaisseur
plt.show()
```

qui produit la figure suivante

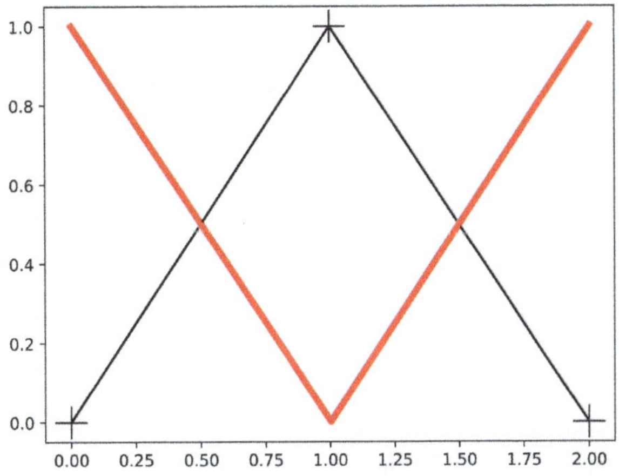

Fig. 35

6 Notion nouvelle : externalisation de fonctions

Lorsqu'on a écrit un programme effectuant une tâche que l'on souhaite pouvoir réutiliser dans d'autres programmes, il peut être utile de l'écrire dans un fichier à part. Le programme qui en a besoin peut ensuite inclure ce fichier. Nous présentons ici un exemple.

Dessinons un rapporteur, en écrivant la fonction `dessine_rapporteur()` qui le fait dans un fichier `rapporteur.py`

Prog. 6.12 Fichier : `rapporteur.py`

```
1  import matplotlib.pyplot as plt
2  from numpy import pi , cos , sin
3  from matplotlib.patches import Arc
4
5  def dessine_rapporteur(x, y, rayon):
6      N = 180
7      rayon = 1.
8      longueur_court = 0.1
9      longueur_long = 0.2
10
11     for n in range(N+1):
12         angle = pi*n/N
13         x, y = rayon*cos(angle), rayon*sin(angle)
14         longueur = longueur_court
15         if (n%10==0): longueur = longueur_long
16         plt.plot([x,(1+longueur)*x], [y, (1+longueur)*y], linewidth
               =1, color='black')
17     plt.gca().add_patch(Arc((0, 0), 2*rayon, 2*rayon, 0, 0, 180))
18     return
```

Remarque : la ligne 15 permet de n'effectuer une action (ici, dessiner des traits plus longs) qu'une fois sur 10. L'opérateur `%` dans la commande `n%10` désigne le reste de la division entière, si bien que `n%10` ne vaut 0 que lorsque `n` est un multiple de 10.

On peut ensuite utiliser la fonction `dessine_rapporteur()` en déclarant

```
from rapporteur import dessine_rapporteur
```

où le mot qui suit `from` est le nom du fichier (sans l'extension `.py`). Ceci est mis en œuvre dans le programme suivant.

Prog. 6.13 Fichier : `trace_rapporteur.py`

```
import matplotlib.pyplot as plt
from rapporteur import dessine_rapporteur

dessine_rapporteur(0,0,1.)
plt.axis('equal')
plt.show()
```

qui donne la figure suivante. Une version plus élaborée de cette fonction de tracé de rapporteur est proposée au mini-projet 1 ci-dessous.

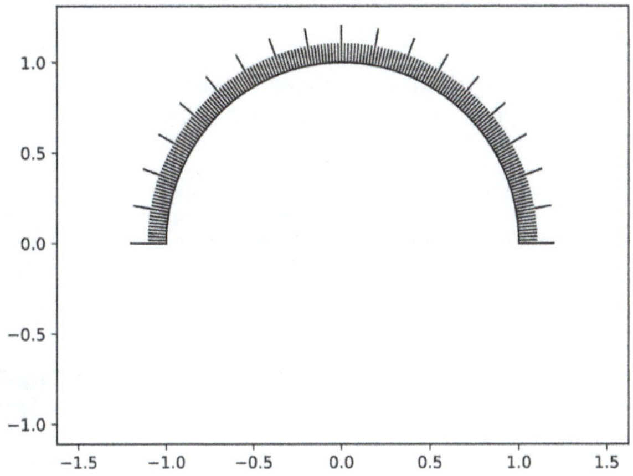

Fig. 36

7 Mini-projets

Mini-projet 1

Écrire une version plus élaborée de la fonction `dessine_rapporteur()` qui accepte deux paramètres supplémentaires `angle_depart` et `angle_tot` qui permettent de contrôler l'angle de départ et l'ouverture angulaire totale du rapporteur. En outre, cette nouvelle fonction ajoutera le texte des graduations. Un exemple de solution a été inclus dans le fichier boîte à outils `defs_optique.py`. Elle sera utilisée dans le chapitre 7.

Mini-projet 2

Écrivez un programme qui dessine la figure suivante. On trouvera une proposition de solution dans le programme `etoile.py`. Vous pourrez sans peine vous lancer vous-même des défis de dessins à réaliser !

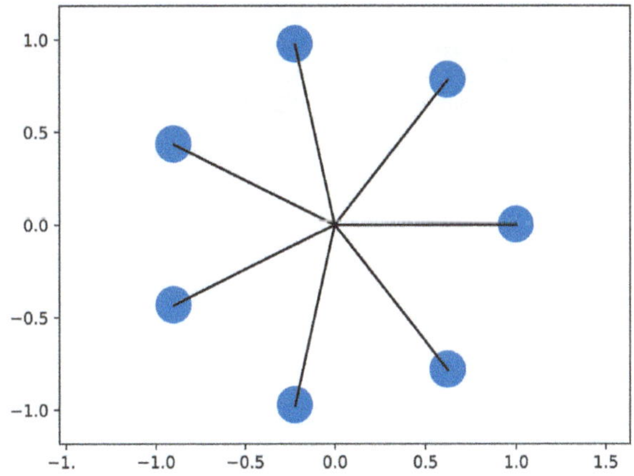

Fig. 37

Mini-projet 3

Étudier le programme permettant de tracer le tableau des couleurs CSS suivant, à l'adresse `https://matplotlib.org/gallery/color/named_colors.html`.

Fig. 38

Deuxième partie

Optique géométrique

Dans cette partie, nous allons appliquer ce que nous avons introduit dans la partie précédente à des problèmes d'optique géométrique. Il s'agira essentiellement de tracer des rayons lumineux dans des systèmes optiques. Les programmes pourront notamment servir à illustrer des notions pour les apprendre ou les enseigner, ou à automatiser le tracé des rayons dans un système optique. Ceci fournira l'occasion d'introduire plusieurs techniques, comme la gestion des événements (faire des figures cliquables) et la création d'éléments interactifs (boutons, curseurs). Nous présenterons également la notion de **classe** en python.

7 Réfraction

1 Théorie

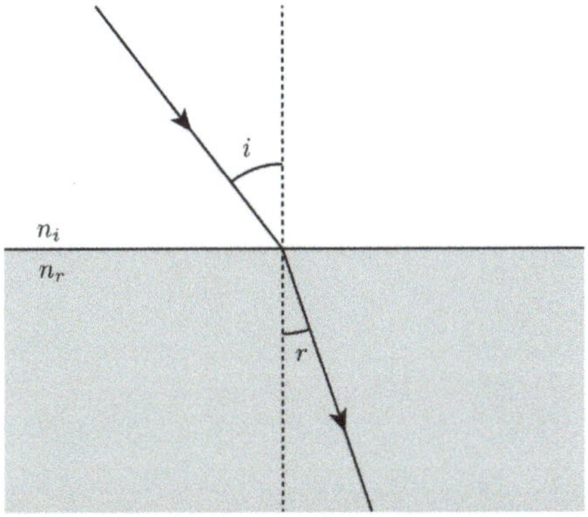

Fig. 39

Lorsqu'un rayon lumineux se propageant dans un milieu transparent d'indice n_i atteint un autre milieu d'indice n_r différent, sa direction peut être modifiée, il est en partie **réfléchi** et en partie **réfracté**. Nous ne nous intéresserons dans ce chapitre qu'un rayon réfracté. Il est contenu dans le plan formé par le rayon incident et la normale à la surface qui sépare les deux milieux (le **dioptre**). L'angle i entre le rayon incident et la normale est appelé l'**angle d'incidence**, tandis que l'angle r entre le rayon réfracté et la normale est appelé l'**angle de réfraction**. Ils sont reliés par la loi de Snell-Descartes

$$n_i \sin i = n_r \sin r$$

2 Illustration en python

2.1 Rappel de géométrie

Considérons un rayon incident, dans l'air (dont l'indice sera pris égal à 1), qui arrive sur un milieu d'indice n. Nous allons tracer le rayon incident et le rayon réfracté passant par l'origine, située sur l'interface. On calcule pour cela les coordonnées (x_i, y_i) et (x_r, y_r) de l'extrémité du point du rayon incident et de celle du rayon réfracté (voir la figure 40). En notant ℓ la longueur du segment que l'on veut tracer, ces coordonnées sont données par

$$\begin{cases} x_i = -\ell \sin i \\ y_i = \ell \cos i \end{cases} \quad \text{et} \quad \begin{cases} x_r = \ell \sin r \\ y_r = -\ell \cos r \end{cases}$$

2.2 Tracé des rayons lumineux

Le programme suivant trace le rayon incident et le rayon réfracté par une interface horizontale.

Prog. 7.1 Fichier : `refraction1a.py`

```
1  import matplotlib.pyplot as plt
2  from numpy import cos, sin, arcsin
3
4  i = 0.5 # angle d'incidence en radians
5  ni = 1
6  nr = 1.5
7  longueur = 1.5
8
9  r = arcsin(ni*sin(i)/nr)
10 xi = -longueur * sin(i)
11 yi =  longueur * cos(i)
12 xr =  longueur * sin(r)
13 yr = -longueur * cos(r)
14
15 plt.plot([xi, 0, xr], [yi, 0, yr])
16 plt.plot([-1.5, 1.5], [0, 0], linewidth=2, c='k')
17 plt.plot([0, 0], [-1, 1], linestyle='dashed', c='k')
18 plt.axis('equal')
19 plt.show()
```

- La ligne 9 calcule l'angle de réfraction `r` à partir de la loi de Snell-Descartes ;
- Les lignes 10 à 13 calculent les coordonnées des extrémités des rayons lumineux que l'on veut tracer (voir la figure de droite, ci-dessous) ;
- La ligne 15 dessine ces rayons ;
- La ligne 16 dessine une ligne horizontale représentant l'interface entre les deux milieux ;
- La ligne 17 dessine la normale en pointillés ;

On obtient la figure de gauche suivante. La figure de droite indique les notations utilisées dans le programme. Ce premier exemple illustre (tranquillement pour le moment) la **règle d'or numéro 2** énoncée dans l'introduction : la réflexion algorithmique s'accompagne généralement d'une préparation calculatoire, ici il a fallu exprimer l'angle r en fonction de i en utilisant la fonction `arcsin()` et calculer la position des extrémités des rayons en faisant appel aux fonctions trigonométriques.

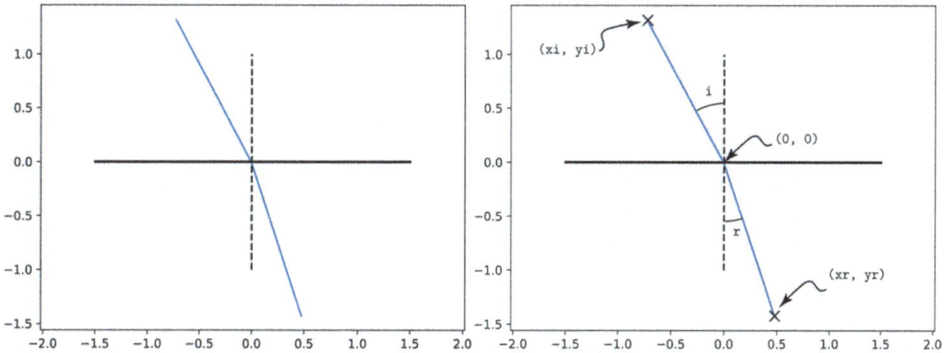

Fig. 40

2.3 Exemples de mauvaises pratiques

On aurait pu écrire le programme précédent de plusieurs autres façons. Tout d'abord, il utilise des variables intermédiaires `r`, `xi`, `yi`, `xr` et `yr` pour tracer les rayons lumineux, et on pourrait s'en passer en écrivant

Fichier : `refraction1c.py` Prog. 7.2

```
import matplotlib.pyplot as plt
from numpy import cos, sin, arcsin

i = 0.5 # angle d'incidence en radians
ni = 1
nr = 1.5
longueur = 1.5

plt.plot([-longueur * sin(i), 0, longueur * ni*sin(i)/nr], [longueur
    * cos(i), 0, -longueur * cos(arcsin(ni*sin(i)/nr))])
plt.plot([-1.5, 1.5], [0, 0], linewidth=2, c='k')
plt.plot([0, 0], [-1, 1], linestyle='dashed', c='k')
plt.axis('equal')
plt.show()
```

Ce programme est moins lisible et il sera plus difficile pour un autre utilisateur, ou pour vous-même si vous revenez dessus quelques jours après l'avoir écrit, de comprendre ce qu'il fait et de le modifier. À moins de faire de la programmation de compétition dans des domaines où la moindre nanoseconde compte, vous aurez tout intérêt à rapprocher le programme de la façon dont vous comprenez les choses.

Par ailleurs, on aurait pu intégrer directement les valeurs des indices et de l'angle i dans le reste du programme, sans leur donner de nom,

Fichier : `refraction1d.py` Prog. 7.3

```
import matplotlib.pyplot as plt
from numpy import cos, sin, arcsin

```

```python
r = arcsin(1*sin(0.5)/1.5)
xi = -1.5 * sin(0.5)
yi =  1.5 * cos(0.5)
xr =  1.5 * sin(r)
yr = -1.5 * cos(r)

plt.plot([xi, 0, xr], [yi, 0, yr])
plt.plot([-1.5, 1.5], [0, 0], linewidth=2, c='k')
plt.plot([0, 0], [-1, 1], linestyle='dashed', c='k')
plt.axis('equal')
plt.show()
```

Ceci est une mauvaise idée en général : si on voulait alors changer la valeur d'un des indices n_i ou n_r, il faudrait se replonger dans la structure du programme pour se rappeler où se trouve le nombre que l'on veut changer, avec un risque d'erreur d'autant plus grand que l'on a écrit le programme il y a longtemps. Cette dernière version du code serait quasiment inutilisable par un utilisateur qui ne l'a pas écrit.

2.4 Ajout des rapporteurs

Nous allons améliorer le tracé précédent pour obtenir la figure suivante, où l'on a ajouté un rapporteur et où le second milieu est grisé.

Fig. 41

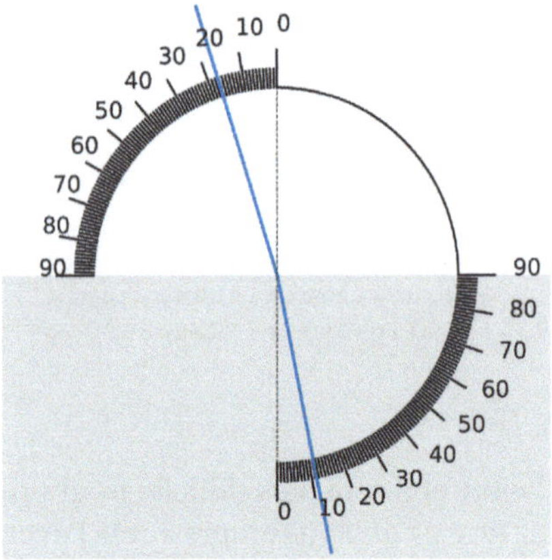

Pour cela, complétons le programme 7.1

Prog. 7.4

Fichier : `refraction2.py`

```python
import matplotlib.pyplot as plt
from numpy import *
from defs_optique import dessine_rapporteur
from matplotlib.patches import Rectangle

i = 0.3 # angle d'incidence
ni, nr, longueur = 1, 1.5, 1.5
```

```
8
9  r = arcsin(ni*sin(i)/nr)
10 xi, yi = -longueur * sin(i), longueur * cos(i)
11 xr, yr =  longueur * sin(r), -longueur * cos(r)
12
13 fig, ax = plt.subplots()
14 dessine_rapporteur(0,0,1., 90, 90)
15 dessine_rapporteur(0,0,1., 270, 90)
16 plt.plot([xi, 0, xr], [yi, 0, yr])
17 plt.plot([0, 0], [-1, 1], ls='dashed', c='black', lw=0.5)
18 ax.add_patch(Rectangle((-1.5, -1.5), 3, 1.5, color='lightgrey'))
19 plt.axis('off')
20 plt.axis('equal')
21 plt.show()
```

- Lignes 14 et 15 : on ajoute les rapporteurs décrits par la version élaborée du programme 6.12, proposée dans les mini-projets du chapitre 6 après avoir, à la ligne 3, importé le fichier qui contient la définition de la fonction `dessine_rapporteur()` ;
- Ligne 18 : on ajoute un rectangle grisé pour matérialiser le milieu dans lequel le rayon est réfracté ;
- Ligne 19 : les axes ne sont pas dessinés ;
- Lignes 7, 10 et 11 : nous utilisons l'astuce décrite au paragraphe 10 pour l'affectation de plusieurs valeurs en même temps.

3 Figures interactives : gestion des événements

Il est possible de détecter les clics de l'utilisateur dans la fenêtre graphique et de programmer une réaction à ce clic, en modifiant les propriétés de la figure par exemple. Nous allons mettre cette fonctionnalité en œuvre en faisant passer le rayon incident par le point cliqué. Ceci permettra à l'utilisateur de contrôler, à la souris, l'angle d'incidence.

Le clic de la souris est appelé un **événement** (« event » en anglais), terme qui regroupe toutes les actions que l'utilisateur peut effectuer pendant l'exécution du programme (appuyer sur une touche, garder appuyé un des boutons de la souris, déplacer la souris, etc.) et cette section montre comment gérer ces événements en Python.

Exemple minimal

L'idée de base est d'associer une fonction écrite par l'utilisateur, appelée `jeclique()` dans la suite, à un événement, ici `'button_press_event'` qui désigne le fait qu'un des boutons de la souris a été actionné (c'est votre système qui gère les aspects pratiques de la détection, vous n'aurez pas à vous en occuper). Cette association est réalisée par la commande

```
fig.canvas.mpl_connect('button_press_event', jeclique)
```

Le programme suivant trace un dessin tout simple (une ligne diagonale) puis détecte les clics de souris et affiche les informations relatives à ces clics (remarquez le formatage élaboré dans la fonction `print`).

Prog. 7.5 Fichier : `evenements1a.py`

```
import matplotlib.pyplot as plt

def jeclique(event):
    print("%s click: button=%d, x=%d, y=%d, xdata=%f, ydata=%f" % ("
        double" if event.dblclick else "simple", event.button, event.
        x, event.y, event.xdata, event.ydata))

fig = plt.figure()
plt.plot([0,1], [0,1])
fig.canvas.mpl_connect('button_press_event', jeclique)
plt.show()
```

qui produit par exemple, si on clique de différentes façons quatre fois sur la figure

Console

```
$ python evenements1.py
simple click: button=1, x=404, y=346, xdata=-0.027944, ydata=0.980774
simple click: button=1, x=860, y=647, xdata=0.022621, ydata=1.025565
double click: button=1, x=860, y=647, xdata=0.022621, ydata=1.025565
simple click: button=3, x=541, y=641, xdata=-0.012752, ydata=1.024673
```

Le programme utilise plusieurs attributs de l'`event` généré par l'action de l'utilisateur :

- `dblclick`, un `bool` qui vaut `True` dans le cas d'un double clic ;
- `button`, un `int` qui identifie le bouton utilisé pour cliquer (1 pour le clic gauche, 3 pour le clic droit) ;
- `x` et `y`, des `int` donnant les coordonnées physiques des pixels où se trouvait la souris lorsque l'utilisateur a cliqué ;
- `xdata` et `ydata`, des `float` contenant les coordonnées de ce même point, dans le repère utilisé pour tracer la figure. Ce sont généralement plutôt ces grandeurs que l'on veut récupérer.

Le programme suivant va un peu plus loin en dessinant des symboles aux endroits où l'utilisateur clique.

Prog. 7.6 Fichier : `evenements1b.py`

```
import matplotlib.pyplot as plt

def jeclique(event):
    plt.scatter(event.xdata, event.ydata, marker='+', s=150, c='b')
    plt.draw()

fig = plt.figure()
plt.plot([0,1], [0,1])
fig.canvas.mpl_connect('button_press_event', jeclique)
plt.show()
```

où la commande `draw()` de `pyplot` permet d'actualiser la figure. Après quelques clics, on obtient une figure qui ressemble à celle-ci (vous aurez probablement cliqué à des endroits différents)

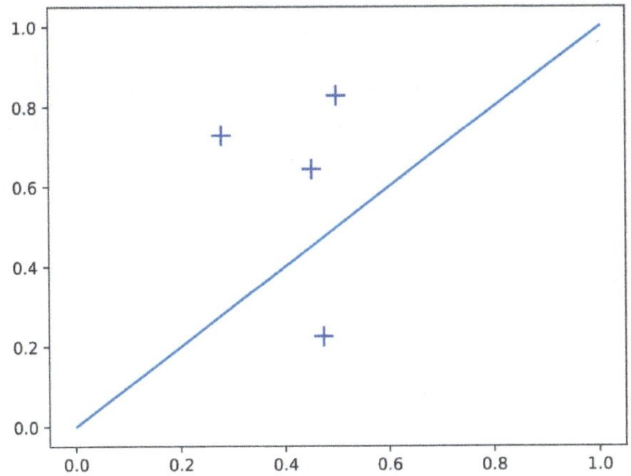

Fig. 42

Voici une liste d'autres événements qui peuvent être associés à une fonction par la commande `mpl_connect()` :

- `'button_press_event'` : un bouton de la souris est appuyé ;
- `'button_release_event'` : un bouton de la souris est relâché ;
- `'key_press_event'` : une touche du clavier est pressée ;
- `'key_release_event'` : une touche du clavier est relâchée ;
- `'motion_notify_event'` : la souris est bougée ;
- `'scroll_event'` : la molette de la souris est actionnée ;
- `'figure_enter_event'` : la souris entre dans une figure ;
- `'figure_leave_event'` : la souris sort d'une figure ;
- `'axes_enter_event'` : la souris entre dans un graphe ;
- `'axes_leave_event'` : la souris sort d'un graphe ;

Le programme suivant dessine une ligne dont une des extrémités suit le mouvement de la souris :

Fichier : `evenements1c.py`

Prog. 7.7

```
import matplotlib.pyplot as plt

def bouge(event):
    line.set_data([0,event.xdata], [0,event.ydata])
    plt.draw()

fig = plt.figure()
line, = plt.plot([0,1], [0,1])
fig.canvas.mpl_connect('motion_notify_event', bouge)
plt.show()
```

où la ligne 4 met à jour les coordonnées des points caractérisant le segment `line`, un `Line2D` défini à la ligne 8.

Pour préparer l'application du prochain paragraphe, le programme suivant dessine une ligne dont une des extrémités suit le mouvement de la souris lorsqu'un bouton est maintenu enfoncé. Pour cela, nous avons introduit une variable `clic_etat` qui garde en mémoire l'état du bouton de la souris, `True` lorsqu'il est enfoncé, `False` sinon, pour que la ligne ne soit modifiée avec le mouvement de la souris que lorsque sa valeur est `True`.

Prog. 7.8 Fichier : `evenements1d.py`

```
1  import matplotlib.pyplot as plt
2
3  def clic_on(event):
4      global clic_etat
5      clic_etat = True
6  def clic_off(event):
7      global clic_etat
8      clic_etat = False
9  def bouge(event):
10     if (clic_etat):
11         line.set_data([0,event.xdata], [0,event.ydata])
12         plt.draw()
13
14 fig = plt.figure()
15 clic_etat = False
16 line, = plt.plot([0,1], [0,1])
17 fig.canvas.mpl_connect('motion_notify_event', bouge)
18 fig.canvas.mpl_connect('button_press_event', clic_on)
19 fig.canvas.mpl_connect('button_release_event', clic_off)
20 plt.show()
```

- Lignes 3 à 5 : la fonction `clic_on()`, appelée lorsque le bouton de la souris est appuyé, grâce à la ligne 18, met le booléen `clic_etat` à `True` ;
- Lignes 6 à 8 : la fonction `clic_off()`, appelée lorsque le bouton de la souris est relâché, grâce à la ligne 19, met le booléen `clic_etat` à `False` ;
- Lignes 9 à 11 : la fonction `bouge)`, appelée lorsque la souris est déplacée, grâce à la ligne 17, actualise le tracé du segment `line` défini à la ligne 16.

Attention à une subtilité, les deux fonctions `clic_on()` et `clic_off()` ont besoin de modifier la valeur de la variable `clic_etat`, définie et utilisée en dehors de ces fonctions. Il faut alors préciser que c'est une variable globale (dont la portée dépasse celle des fonctions `clic_on()` et `clic_off()`), ce qui se fait aux lignes 4 et 7 avec le mot-clé `global` (voir le paragraphe 13.4 du chapitre 2). Le programme suivant propose une autre façon de régler ce problème, s'appuyant sur ce qui a été vu au paragraphe 7.3 du chapitre 4,

Prog. 7.9 Fichier : `evenements1e.py`

```
import matplotlib.pyplot as plt
```

```

def clic_on(event):   clic_etat[0] = True
def clic_off(event):  clic_etat[0] = False
def bouge(event):
    if (clic_etat[0]):
        line.set_data([0,event.xdata], [0,event.ydata])
        plt.draw()

fig = plt.figure()
clic_etat = [False]
line, = plt.plot([0,1], [0,1])
fig.canvas.mpl_connect('motion_notify_event', bouge)
fig.canvas.mpl_connect('button_press_event', clic_on)
fig.canvas.mpl_connect('button_release_event', clic_off)
plt.show()
```

où cette fois, `clic_etat` est un `list` à un élément, dont les fonctions `clic_on()` et `clic_off()` peuvent cette fois modifier le contenu.

Application à la figure de réfraction

Le programme suivant rend la figure 41 interactive en permettant de contrôler, à la souris, la position du rayon incident. En cliquant dans le quadrant supérieur de gauche, puis en déplaçant la souris en maintenant le clic, on peut déplacer le rayon incident. Le rayon émergent est retracé en conséquence.

Fichier : `refraction_event.py` Prog. 7.10

```
import matplotlib.pyplot as plt
from numpy import *
from defs_optique import dessine_rapporteur
from matplotlib.patches import Rectangle

ni, nr, longueur = 1, 1.3, 1.3

fig, ax = plt.subplots()
ax.set_xlim(-2, 2)
plt.axis('equal'), plt.axis('off')
line, = plt.plot([0,0,0], [1,0,-1])
clic_etat = [False]

def clic_on(event):   clic_etat[0] = True
def clic_off(event):  clic_etat[0] = False
def bouge(event):
    if (clic_etat[0]) and (event.xdata<0) and (event.ydata>0):
        i = arctan(event.ydata/event.xdata)-pi/2
        r = arcsin(ni*sin(i)/nr)
        xi, yi =  longueur * sin(i), -longueur * cos(i)
        xr, yr = -longueur * sin(r), -longueur * cos(r)
        line.set_data([xi, 0, xr], [yi, 0, yr])
        plt.draw()
```

```
24
25 dessine_rapporteur(0,0,1.,  90, 90)
26 dessine_rapporteur(0,0,1., 270, 90)
27 ax.add_patch(Rectangle((-1.5, -1.5), 3, 1.5, color='lightgrey'))
28 fig.canvas.mpl_connect('motion_notify_event',  bouge)
29 fig.canvas.mpl_connect('button_press_event',   clic_on)
30 fig.canvas.mpl_connect('button_release_event', clic_off)
31 plt.show()
```

- Lignes 1 à 4 : importation des modules ;
- Ligne 6 : définition des paramètres du problème ;
- Lignes 8 à 10 : mise en place du graphe. On montre à la ligne 10 une possibilité de faire tenir plusieurs instructions sur une même ligne (en utilisant des tuples) ;
- Ligne 11 : création de l'objet `line()`, la ligne dont les attributs seront modifiés lors de l'animation. Attention, la commande `plot()` est construite pour renvoyer une liste de lignes, même lorsqu'on n'en trace qu'une, d'où la virgule dans la commande ;
- Ligne 12 : initialisation de la variable `clic_etat` gardant la mémoire de l'état du bouton de la souris ;
- Lignes 14 à 23 : les fonctions associées aux événements de souris détectés par les lignes 28 à 30 ;
- Lignes 25 et 27 : dessin des rapporteurs et du rectangle grisé ;
- Lignes 28 à 30 : association des fonctions aux événements de souris ;

4 Mini-projets

Mini-projet 1

Modifier le programme 7.6 pour qu'il trace des points rouges aux endroits où se trouve la souris quand on appuie sur une touche du clavier et des points bleus quand on clique. On trouvera un exemple de solution dans le programme `evenements1b_miniprojet.py` dans l'ensemble des programmes téléchargeables.

Mini-projet 2

Reprendre le programme 7.10 en ajoutant le tracé du rayon réfléchi sur l'interface. On trouvera un exemple de solution dans `refraction_event_miniprojet.py` dans l'ensemble des programmes téléchargeables.

8 Le prisme

1 Théorie

On appelle **prisme** un milieu d'indice n (généralement du verre) délimité par deux dioptres plans faisant entre eux un angle A. La ligne où ces deux dioptres se rencontrent est appelée l'**arête** du prisme. On s'intéresse ici à un rayon incident contenu dans un plan perpendiculaire à l'arête du prisme et faisant un angle θ_1 avec la normale au premier dioptre. Ce rayon est en partie réfléchi et en partie réfracté. Le rayon réfracté est lui aussi réfléchi et éventuellement réfracté à travers le second dioptre, si le phénomène de réflexion totale n'a pas lieu. Nous allons nous intéresser aux rayons réfractés.

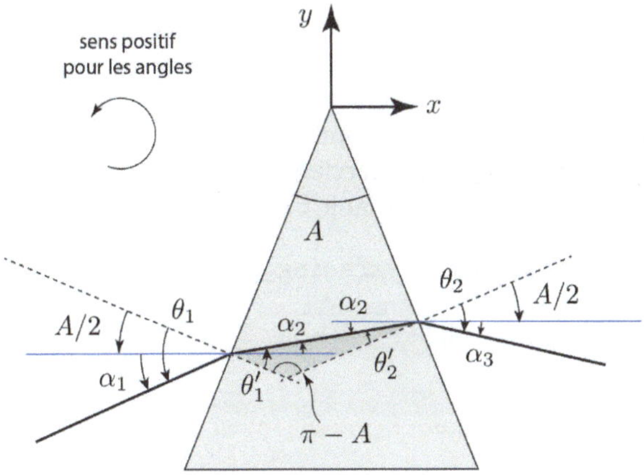

Fig. 43

Dans le plan d'étude, on choisit le repère en plaçant l'axe y selon la bissectrice de l'angle A et l'origine sur l'arête (voir le schéma). Les dioptres sont alors représentés par des droites d'équation $x = \pm y \tan(A/2)$. Nous noterons α_i les angles que font les différents rayons lumineux avec l'axe x. Les angles seront comptés positivement dans le sens trigonométrique et négativement dans le sens inverse.

Soit donc un rayon incident faisant l'angle α_1 avec l'axe x. Son angle d'incidence θ_1 est donné par $\theta_1 = \alpha_1 + A/2$, car la normale au premier dioptre fait un angle $A/2$ avec l'axe x. Ce rayon est réfracté avec l'angle de réfraction θ'_1 donné par la loi de Snell-Descartes. Il fait avec l'axe x l'angle $\alpha_2 = \theta'_1 - A/2$. Son angle d'incidence sur le second dioptre vaut $\theta'_2 = \alpha_2 - A/2$ (attention au signe, l'angle θ'_2 est négatif sur le dessin). Il est réfracté avec l'angle émergent θ_2 donné par la loi de Snell-Descartes. Le rayon émergent fait avec l'axe x l'angle $\alpha_3 = \theta_2 + A/2$ (bien étudier les signes, encore une fois).

Si on veut représenter graphiquement ces rayons, la seule petite difficulté consiste à déterminer les coordonnées (x_3, y_3) du point où le rayon intérieur atteint le second dioptre (voir la figure 44). Elles sont solution de

$$\begin{cases} x = -y\tan(A/2) & \text{équation du dioptre} \\ y = y_2 + (x - x_2)\tan\alpha_2 & \text{équation du rayon lumineux} \end{cases}$$

en notant (x_2, y_2) les coordonnées du point où le rayon incident atteint le premier dioptre. On trouve

$$x_3 = \frac{x_2\tan\alpha_2 - y_2}{\tan\alpha_2 + 1/\tan(A/2)} \quad \text{et} \quad y_3 = \frac{x_3}{\tan(A/2)} = y_2 + (x_3 - x_2)\tan\alpha_2$$

2 Programmation

Premier programme

Le programme suivant implémente ces calculs et trace le rayon incident, le rayon réfracté à l'intérieur du prisme et le rayon émergent, avec un angle d'ouverture du prisme $A = \pi/4$ et un rayon incident faisant l'angle $\alpha_1 = \pi/16$ avec l'axe x du graphe. Les points indiqués dans les commentaires correspondent aux annotations de la figure suivante. À la ligne 20, la quantité $\tan(\alpha_2)$ qui intervient trois fois dans la suite est calculée une bonne fois pour toute et affectée à la variable t2.

Prog. 8.1 Fichier : `raytracing_prisme.py`

```
1  from matplotlib import pyplot as plt
2  from matplotlib.patches import Polygon
3  from numpy import *
4  
5  n = 1.5              # indice de réfraction
6  A = pi/4             # angle d'ouverture du prisme
7  alpha1 = pi/16       # pente du rayon incident
8  p = tan(A/2)         # on aura besoin de cette grandeur plusieurs fois
9  
10 theta1 = alpha1 + A/2                  # angle d'incidence sur face 1
11 theta1prime = arcsin(sin(theta1)/n)    # angle de réfraction
12 alpha2 = theta1prime - A/2             # pente du rayon intérieur
13 theta2prime =   alpha2 - A/2
14 
15 y1 = -0.5                                      # point P2
16 x1 = y1*p                                      # point P2
17 x0, y0 = x1 - cos(alpha1), y1 - sin(alpha1)    # point P1
18 x = [x0, x1]                                   # rayon P1P2
19 y = [y0, y1]                                   # rayon P1P2
20 t2 = tan(alpha2)                               # raccourci
21 x += [(x[1] * t2-y[1])/(1/p+t2)]               # point P3
22 y += [y[1] + (x[2]-x[1])*t2]                   # point P3
23 theta2 = arcsin(n*sin(theta2prime)) # angle de réfraction
24 alpha3 = theta2 + A/2
25 x += [x[2] + cos(alpha3)]                      # point P4
```

```
26 y += [y[2] + sin(alpha3)]                          # point P4
27
28 fig, ax = plt.subplots()
29 plt.plot(x, y)
30 ax.add_patch(Polygon(([0,0], [-1*p,-1], [1*p,-1]), closed=True, fill=
       True, color='lightgrey'))
31 plt.axis('equal')
32 plt.show()
```

On obtient la figure suivante, où les annotations en bleu ont été rajoutées après coup avec un logiciel de dessin.

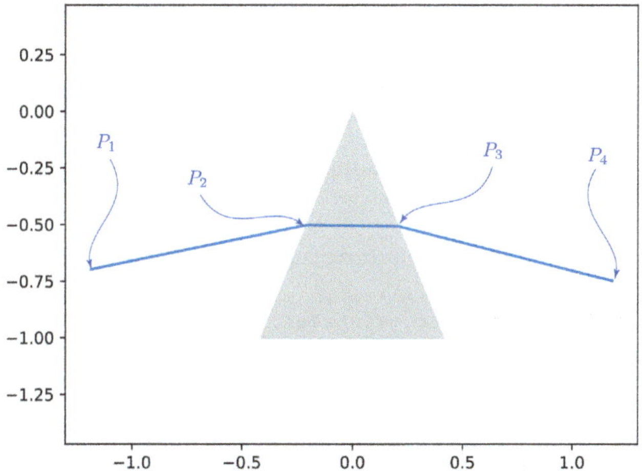

Fig. 44

Attention, nous ne tracerons ici aucun des rayons réfléchis sur les différentes interfaces air-verre, ceci fera l'objet du mini-projet final.

Test et amélioration du programme

Nous allons mettre en œuvre la **règle d'or numéro 3** énoncée dans l'introduction et tester le programme précédent. Changeons la valeur du paramètre A en prenant un prisme plus ouvert, avec $A = \pi/2$, soit en remplaçant la ligne 6 par `A = pi/2`. On obtient la figure ci-dessous ainsi que le message d'erreur

Console

```
$ python raytracing_prisme.py
raytracing_prisme.py:14: RuntimeWarning: invalid value encountered in
    arcsin
  theta2 = arcsin(n*sin(theta2prime))  # angle de réfraction
```

En effet, à la ligne 14 le programme ne sait pas calculer l'arcsinus de $n \sin\theta_2'$ car nous sommes dans une situation où $n \sin\theta_2' > 1$. Ceci s'interprète physiquement : la condition de **réflexion totale** est vérifiée sur le second dioptre et il n'y a pas de rayon réfracté.

Fig. 45

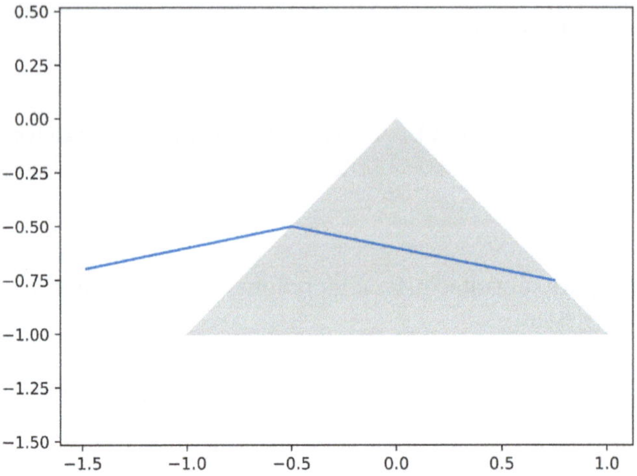

Pour prendre cette possibilité en compte, on remplace les lignes 23 et 26 du programme précédent par

Prog. 8.2 Fichier : `raytracing_prisme2.py`

```
23 if(abs(n*sin(theta2prime))<1):               # si pas de réflexion totale
24     theta2 = arcsin(n*sin(theta2prime))       # angle de réfraction
25     alpha3 = theta2 + A/2
26     x += [x[2] + cos(alpha3)]                 # point P4
27     y += [y[2] + sin(alpha3)]                 # point P4
```

En cas de réflexion totale le rayon émergent n'est ni calculé, ni tracé (il n'existe pas). On obtient la même figure que ci-dessus, mais sans message d'erreur : le problème a été identifié et résolu. Il est impératif de vérifier que la nouvelle version (programme 8.2) donne le même résultat que l'ancien (programme 8.1), dans les conditions où la réflexion totale n'a pas lieu : il faut vérifier que nous n'avons pas déshabillé Paul en habillant Jacques (voir la **règle d'or numéro 1** de l'introduction) ! Et en effet, en écrivant `A = pi/4` à la ligne 6 du programme 8.2, on retrouve bien la figure 44.

Continuons les tests, en augmentant encore l'ouverture du prisme. On obtient, en écrivant `A = 3*pi/4` dans le programme précédent, la figure de gauche ci-dessous, qui ne correspond manifestement pas à la réalité physique. Le problème vient cette fois du fait que le rayon réfracté par le dioptre d'entrée est trop incliné et n'atteint jamais le deuxième dioptre. Les lignes 21 et 22 programme calculent la position de P_3, l'intersection de la droite qui porte ce rayon avec celle qui porte le second dioptre, et trouve mathématiquement un point qui se trouve en haut à gauche, hors du prisme. Le programme suivant prend cette possibilité en compte, elle advient lorsque $\alpha_2 < A/2 - \pi/2$. Lorsque c'est le cas, on trace le rayon réfracté dans la bonne direction, celle du vecteur $(\cos\alpha_2, \sin\alpha_2)$ avec une longueur arbitraire, ici 1. On obtient la figure de droite ci-dessous et comme précédemment, vous pourrez vérifier que ce programme redonne les mêmes figures que précédemment en prenant $A = \pi/4$ puis $A = \pi/2$.

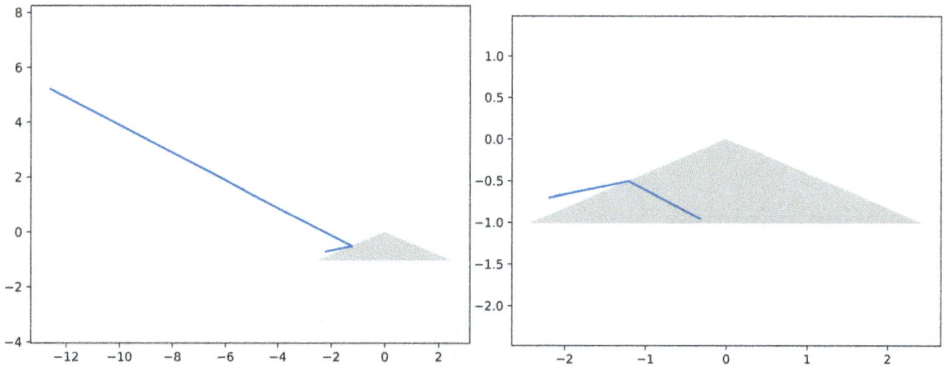

Fig. 46

Fichier : `raytracing_prisme3.py`

Prog. 8.3

```
from matplotlib import pyplot as plt
from matplotlib.patches import Polygon
from numpy import *

n = 1.5             # indice de réfraction
A = 3*pi/4          # angle d'ouverture du prisme
alpha1 = pi/16      # pente du rayon incident
p = tan(A/2)        # on aura besoin de cette grandeur plusieurs fois

theta1 = alpha1 + A/2                   # angle d'incidence sur face 1
theta1prime = arcsin(sin(theta1)/n)     # angle de réfraction
alpha2 = theta1prime - A/2              # pente du rayon intérieur
theta2prime =   alpha2 - A/2            # angle d'incidence sur face 2

y1 = -0.5                                   # point P2
x1 = y1*p                                   # point P2
x0, y0 = x1 - cos(alpha1), y1 - sin(alpha1) # point P1
x = [x0, x1]                                # rayon P1P2
y = [y0, y1]                                # rayon P1P2

if (alpha2<A/2-pi/2):               # si le rayon intérieur ne ressort pas
    x += [x[1] + cos(alpha2)]
    y += [y[1] + sin(alpha2)]
else:                               # si le rayon intérieur ressort
    t2 = tan(alpha2)
    x += [(x[1] * t2-y[1])/(1/p+t2)]        # point P3
    y += [y[1] + (x[2]-x[1])*t2]            # point P3
    if(abs(n*sin(theta2prime))<1):  # si pas de réflexion totale
        theta2 = arcsin(n*sin(theta2prime))
        alpha3 = theta2 + A/2
        x += [x[2] + cos(alpha3)]           # point P4
        y += [y[2] + sin(alpha3)]           # point P4

fig, ax = plt.subplots()
plt.plot(x, y)
```

```
ax.add_patch(Polygon(([0,0], [-1*p,-1], [1*p,-1]), closed=True, fill=
    True, color='lightgrey'))
plt.axis('equal')
plt.show()
```

3 Déviation minimale

Lorsque le rayon traverse les deux dioptres du prisme, il est dévié de sa direction initiale. On appelle **déviation angulaire** l'angle que fait la direction du rayon émergent avec celle du rayon incident. Avec les notations introduites en début de chapitre, la déviation est donnée par

$$\Delta = \alpha_3 - \alpha_1$$

On peut aussi montrer qu'elle est égale à

$$\Delta = \theta_2' - \theta_1 + A$$

Un exercice classique consiste à montrer que quand on fait varier l'angle d'incidence, cette déviation angulaire passe par un minimum donné par

$$\Delta_m = 2\theta_m - A$$

obtenu pour l'angle d'incidence

$$\theta_m = \arcsin\left(n \sin\left(\frac{A}{2}\right)\right)$$

Le programme suivant calcule et affiche la déviation angulaire totale pour plusieurs valeurs de l'angle d'incidence.

Prog. 8.4 Fichier : `prisme_deviation_min.py`

```
from numpy import *

n = 1.5 # indice de réfraction
A = pi/4 # angle d'ouverture du prisme
thetam =arcsin(n*sin(A/2))

liste_val = list(arange(-1.5, 1.6, 0.01))+[thetam]
liste_val.sort()      # on trie la liste des angles d'incidence

for theta1 in liste_val:
    alpha1       = theta1 - A/2
    theta1prime = arcsin(sin(theta1)/n) # angle de réfraction
    alpha2       = theta1prime - A/2
    theta2prime = alpha2 - A/2
    if alpha2>(A/2-pi/2) and abs(n*sin(theta2prime))<1 :
        theta2 = arcsin(n*sin(theta2prime))
```

```
17          alpha3 = theta2 + A/2
18          print("incident : %.3f emergent : %.3f dev : %.5f" % (theta1,
                theta2, alpha3-alpha1))
19  Dm = 2*thetam-A
20  print("déviation minimale théorique : %.5f\npour l'angle d'incidence
        %.3f radians" % (Dm, thetam))
```

- Ligne 7 : création d'une liste d'angles d'incidence de $-1{,}4$ radian à $+1{,}5$ radian par pas de 0,1 ;
- Ligne 8 : la valeur correspondant à la déviation minimum donnée par le calcul analytique est aussi ajoutée à la liste ;
- Ligne 9 : la liste est triée pour mettre la valeur théorique à sa place dans la liste ;
- Ligne 15 : on s'assure qu'on est bien dans une situation où le rayon émergent existe (voir la section précédente) ;

Son exécution donne le résultat suivant

Console

```
incident : 0.100 emergent : -1.414 dev : -0.72849
incident : 0.200 emergent : -1.145 dev : -0.55991
incident : 0.300 emergent : -0.981 dev : -0.49534
incident : 0.400 emergent : -0.846 dev : -0.46105
incident : 0.500 emergent : -0.729 dev : -0.44346
incident : 0.600 emergent : -0.623 dev : -0.43749
incident : 0.611 emergent : -0.611 dev : -0.43743
incident : 0.700 emergent : -0.526 dev : -0.44089
incident : 0.800 emergent : -0.438 dev : -0.45274
incident : 0.900 emergent : -0.358 dev : -0.47286
incident : 1.000 emergent : -0.287 dev : -0.50156
incident : 1.100 emergent : -0.225 dev : -0.53947
incident : 1.200 emergent : -0.173 dev : -0.58746
incident : 1.300 emergent : -0.132 dev : -0.64653
incident : 1.400 emergent : -0.103 dev : -0.71762
incident : 1.500 emergent : -0.087 dev : -0.80153
déviation minimale théorique : 0.43743
pour l'angle d'incidence 0.611 radians
```

Lorsque la déviation est minimale, l'angle de sortie est égal à l'angle d'entrée, en valeur absolue. C'est une propriété du prisme que l'on peut effectivement démontrer. La figure montrant les rayons lumineux est alors symétrique par rapport à l'axe vertical.

Remarque : les angles sont affichés avec 3 chiffres après la virgule, mais leur différence avec 5 chiffres, pour mieux voir la position du minimum. Le lecteur est invité à exécuter le programme en faisant parcourir les angles d'incidence avec un pas de 0,01 pour affiner la vérification.

4 Courbe de déviation et minimum de déviation

4.1 Courbe de déviation

Modifions le programme précédent pour tracer la courbe représentant la déviation en fonction de l'angle d'entrée. On dispose de tous les éléments pour créer la liste des angles d'incidence (ligne 15), la liste des déviations (ligne 16) puis tracer la courbe (ligne 18). Un symbole est dessiné à la position du minimum de déviation (ligne 24).

Prog. 8.5 Fichier : `prisme_deviation_courbe.py`

```
1  import matplotlib.pyplot as plt
2  from numpy import *
3  
4  n = 1.5 # indice de réfraction
5  A = pi/4 # angle d'ouverture du prisme
6  
7  x, y = [], []
8  for theta1 in arange(-1.5, 1.5, 0.02):
9      alpha1      = theta1 - A/2
10     theta1prime = arcsin(sin(theta1)/n) # angle de réfraction
11     alpha2      = theta1prime - A/2
12     theta2prime = alpha2 - A/2
13     if alpha2>A/2-pi/2 and abs(n*sin(theta2prime))<1:
14         theta2 = arcsin(n*sin(theta2prime))
15         x += [theta1]
16         y += [-(theta2-theta1+A)]
17 
18 plt.plot(x, y, color='black', linewidth=1)
19 plt.xlabel("angle d'incidence")
20 plt.ylabel("angle de déviation")
21 
22 thetamin_th = arcsin(n*sin(A/2))  # valeur théorique
23 thetamin_liste = min(y)
24 plt.scatter(thetamin_th, 2*thetamin_th-A, s=150)
25 print("minimum de déviation :\nvaleur théorique = {:.6f}\nvaleur
       mesurée    = {:.6f}".format(2*thetamin_th-A, thetamin_liste))
26 plt.show()
```

qui donne la figure suivante et l'affichage

Console

```
minimum de déviation :
valeur théorique = 0.437428
valeur mesurée   = 0.437462
```

Attention, la valeur dite « mesurée » donne le minimum de la courbe échantillonnée, pas de la fonction $\Delta(\theta_1)$: la valeur sera d'autant plus précise que la courbe est échantillonnée finement.

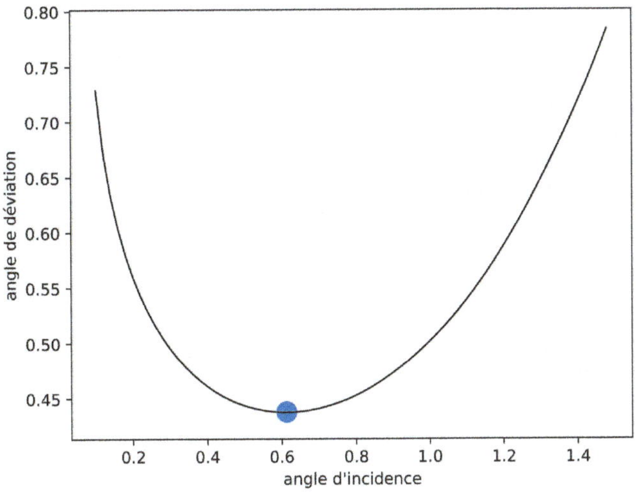

Fig. 47

4.2 Détermination du minimum d'une fonction

Le module `scipy` propose la commande `fmin()` pour déterminer numériquement le minimum d'une fonction. Il faut fournir comme argument, en plus de la fonction à minimiser, un point de départ d'où lancer la recherche du minimum. Cherchons le minimum de la fonction $f(x) = (x-1)^2$, qui à l'évidence se trouve en $x = 1$.

Console

```
>>> from scipy.optimize import fmin
>>> def mafonction(x): return (x-1)**2
...
>>> fmin(mafonction, 0.5)
Optimization terminated successfully.
         Current function value: 0.000000
         Iterations: 16
         Function evaluations: 32
array([1.])
```

Il s'agit d'une méthode itérative et l'affichage nous informe du nombre d'itérations effectuées. Elle renvoie un `ndarray` à un élément[1] contenant l'estimation de la valeur de x pour laquelle la fonction est minimale. On trouve bien la valeur attendue. Appliquons-là à la détermination du minimum de déviation.

Fichier : `prisme_deviation_min2.py` Prog. 8.6

```
from numpy import *
from scipy.optimize import fmin
n = 1.5 # indice de réfraction
```

1. Cette fonction peut être utilisée pour des fonctions de n variables, auquel cas elle renvoie un tableau à n éléments.

```
A = pi/4 # angle d'ouverture du prisme

def deviation(theta1):
    alpha1      = theta1 - A/2
    theta1prime = arcsin(sin(theta1)/n) # angle de réfraction
    alpha2      = theta1prime - A/2
    theta2prime = alpha2 - A/2
    theta2 = arcsin(n*sin(theta2prime))
    alpha3 = theta2 + A/2
    return alpha1-alpha3

thetam     = arcsin(n*sin(A/2))
Dm_th      = 2*thetam-A
thetam_num = fmin(deviation, 0.5)[0]
Dm_num     = deviation(thetam_num)
print("inc exact : {:.5f}, trouvé : {:.5f}, erreur relative : {:.5e}"
    .format(thetam, thetam_num, (thetam_num-thetam)/thetam))
print("dev exact : {:.5f}, trouvé : {:.5f}, erreur relative : {:.5e}"
    .format(Dm_th, Dm_num, (Dm_num-Dm_th)/Dm_th))
```

qui donne l'affichage suivant. On remarque que la détermination de l'ordonnée est beaucoup plus préciser que celle de l'abscisse, ce qui est toujours le cas au voisinage d'un extrémum.

Console

```
Optimization terminated successfully.
         Current function value: 0.437428
         Iterations: 12
         Function evaluations: 24
inc exact : 0.61141, trouvé : 0.61143, erreur relative : 2.07086e-05
dev exact : 0.43743, trouvé : 0.43743, erreur relative : 1.67221e-10
```

5 Mini-projets

Mini-projet 1

Modifier le programme 8.3 pour qu'il trace également le rayon réfléchi sur la première interface verre-air. On trouvera un exemple de solution dans le programme intitulé `raytracing_prisme3_miniprojet1.py` dans l'ensemble des programmes téléchargeables.

Mini-projet 2

Modifier le programme 8.3 pour qu'on puisse déplacer le rayon incident à la souris, comme au chapitre précédent. On trouvera un exemple de solution dans le programme intitulé `raytracing_prisme3_miniprojet2.py` dans l'ensemble des programmes téléchargeables.

9 Sphère réfractante

1 Présentation

Un faisceau de rayons parallèles arrive sur une sphère transparente de rayon R et d'indice n. Les rayons sont réfractés par la première interface, puis ils peuvent être réfractés sur la seconde, ou subir une réflexion interne sur la sphère. Ces derniers peuvent à leur tour être réfractés vers l'extérieur, ou subir une nouvelle réflexion, etc. Nous allons étudier successivement ces différentes situations, qui permettront d'aborder l'arc-en-ciel.

2 L'ordre zéro

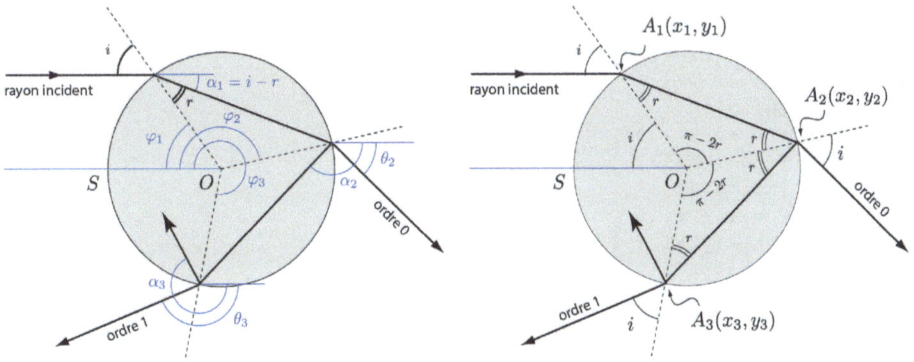

Fig. 48

Intéressons-nous tout d'abord aux rayons qui ne subissent aucune réflexion interne. Pour chaque rayon incident, nous noterons (x_1, y_1) les coordonnées du point A_1 où le rayon atteint la sphère (l'origine O du repère est choisie au centre de la sphère), puis (x_2, y_2) celles du point A_2 où le rayon réfracté atteint de nouveau la surface. En introduisant l'angle d'incidence i, on a

$$\begin{cases} x_1 = -R\cos i \\ y_1 = R\sin i \end{cases}$$

Le premier rayon réfracté A_1A_2 est incliné par rapport à l'axe optique d'un angle

$$\alpha_1 = i - r$$

où r désigne l'angle réfracté, lié à i par la relation de Snell-Descartes. Pour tracer ce rayon, il faut calculer les coordonnées (x_2, y_2). Le segment OA_2 fait un angle $\pi - 2r$ avec le segment OA_1, ce qui permet d'exprimer l'angle φ_2 que fait OA_2 avec OS comme

$$\varphi_2 = \varphi_1 + \pi - 2r = i + \pi - 2r$$

puis

$$\begin{cases} x_2 = -R\cos\varphi_2 \\ y_2 = R\sin\varphi_2 \end{cases}$$

Le rayon émergent part du point A_2 et son inclinaison est celle du rayon précédent, augmentée de $i - r$, ce qui donne tous les éléments pour le tracer. C'est ce que fait le programme suivant, dans lequel on a pris R comme unité de longueur (c'est-à-dire que $R = 1$ dans cette unité). Les lignes 10 à 20 reprennent les calculs exposés plus haut.

Prog. 9.1 Fichier : `arc_ordre_zero.py`

```
1  import matplotlib.pyplot as plt
2  from numpy import *
3  from matplotlib.patches import Circle
4
5  fig, ax = plt.subplots()
6  n = 1.33 # indice de réfraction
7  longueur = 2
8
9  for h in linspace(0, 1, 20):
10     i = arcsin(h)         # angle d'incidence sur la première face
11     r = arcsin(sin(i)/n)  # angle de réfraction
12     x = [-2, -cos(i)]     # rayon incident
13     y =  [h, h]           # rayon incident
14     phi2 = i + pi - 2*r
15     x += [-cos(phi2)]     # point A2
16     y += [sin(phi2)]      # point A2
17     alpha1 = i - r
18     theta2 = alpha1 + i - r
19     x += [-cos(phi2) + longueur*cos(theta2)]   # rayon émergent
20     y += [ sin(phi2) - longueur*sin(theta2)]   # rayon émergent
21     plt.plot(x, y, lw=1, color='black')        # tracé du rayon
22
23 ax.add_patch(Circle((0, 0), 1, color='lightgrey')) # tracé goutte
24 plt.axis('equal')
25 plt.show()
```

On obtient la figure de gauche ci-dessous. Si on augmente la densité de rayons en remplaçant la ligne 9 par `linspace(0, 1, 1000)`, la figure devient illisible, les rayons étant trop serrés, mais elle redevient intéressante et informative si en plus on applique un attribut d'opacité (`alpha`) aux rayons, la figure représentant alors bien la densité de rayons et donc la distribution de lumière. En modifiant la ligne 21, on obtient la figure de droite ci-dessus.

Prog. 9.2 Fichier : `arc_ordre_zero_dense.py`

```
21     plt.plot(x, y, lw=1, color='black', alpha=0.03) # tracé du rayon
```

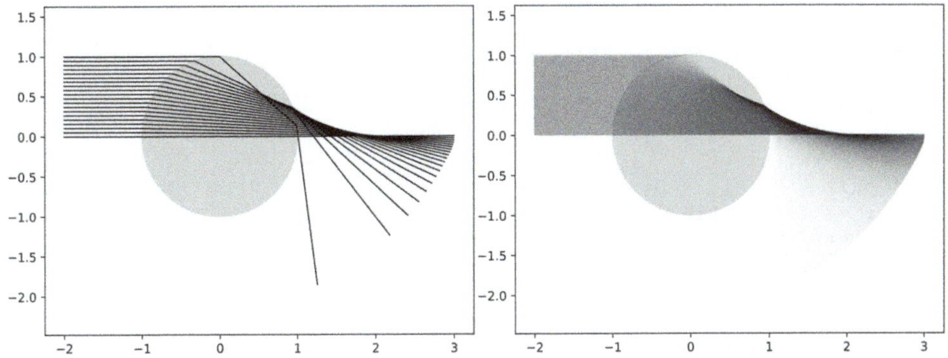

Fig. 49

3 L'ordre 1 : arc primaire de l'arc-en-ciel

Intéressons-nous maintenant au rayon qui subit une réflexion interne sur la goutte, en A_2. La réflexion le dévie d'un angle $\pi - 2r$, ce qui donne pour son inclinaison

$$\alpha_2 = \alpha_1 + \pi - 2r$$

Pour tracer ce rayon, on a besoin des coordonnées (x_3, y_3), que l'on calcule comme (x_2, y_2). Le segment OA_3 fait un angle $\pi - 2r$ avec le segment OA_2, ce qui permet d'exprimer l'angle φ_3 que fait OA_3 avec OS comme

$$\varphi_3 = \varphi_2 + \pi - 2r$$

puis

$$\begin{cases} x_2 = -R\cos\varphi_3 \\ y_2 = R\sin\varphi_3 \end{cases}$$

Le rayon émergent part du point A_3 et son inclinaison est celle du rayon précédent, augmentée de $i - r$, ce qui donne tous les éléments pour le tracer. C'est ce que réalise le programme suivant. En bonus, les inclinaisons des rayons émergents sont stockées dans une liste `deviation` et le minimum de la liste est affiché. Ce minimum donne la position dans le ciel de l'arc-en-ciel, pour la longueur d'onde correspondant à la valeur de l'indice indiquée dans le programme.

Fichier : `arc_primaire.py` Prog. 9.3

```
import matplotlib.pyplot as plt
from numpy import *
from matplotlib.patches import Circle

fig, ax = plt.subplots()
n = 1.33 # indice de réfraction
longueur = 2

```

```python
deviation = []
for h in linspace(0, 1, 20):
    i = arcsin(h)        # angle d'incidence sur la première face
    r = arcsin(sin(i)/n) # angle de réfraction
    x = [-2, -cos(i)]    # rayon incident
    y = [h, h]
    phi2 = i + pi - 2*r
    x += [-cos(phi2)]        # point A2
    y += [sin(phi2)]         # point A2
    alpha1 = i-r             # rayon réfléchi
    phi3 = phi2 + pi - 2*r
    x += [-cos(phi3)]        # point A3
    y += [sin(phi3)]         # point A3
    alpha2 = alpha1 + pi - 2*r
    theta3 = alpha2 + i - r
    x += [-cos(phi3) + longueur*cos(theta3)]  # rayon émergent
    y += [ sin(phi3) - longueur*sin(theta3)]  #
    plt.plot(x, y, lw=1, c='black')
    deviation += [theta3]
print("déviation minimale :", 180-min(degrees(deviation)), "degrés")
a = sqrt((4-n**2)/3)
print("val théorique      :", degrees(-2*arcsin(a) + 4*arcsin(a/n)), "degrés")
ax.add_patch(Circle((0, 0), 1, color='lightgrey')) # tracé de la goutte
plt.axis('equal')
plt.show()
```

qui donne la figure de gauche ci-dessous.

Fig. 50

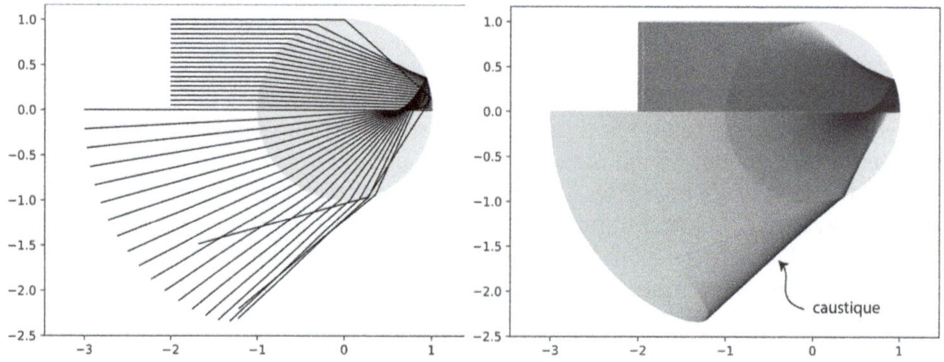

Le programme produit également l'affichage suivant

Console

```
déviation minimale : 42.408936632013905 degrés
val théorique      : 42.516381721084485 degrés
```

La valeur théorique, affichée par le programme, est donnée par (c'est un exercice classique sur ce thème)

$$\theta_1 = 2\,\mathrm{asin}(a) - 4\,\mathrm{asin}\left(\frac{a}{n}\right) \quad \text{avec} \quad a \equiv \sqrt{\frac{4-n^2}{3}}$$

Comme pour le prisme au chapitre précédent, la valeur minimale affichée est différente de la valeur théorique, c'est en effet la valeur la plus petite trouvée dans la liste et il n'y a pas de raison que dans la liste des rayons choisis figure celui qui a la déviation minimale. On peut affiner la recherche du minimum en prenant un pas beaucoup plus petit pour l'intervalle entre les valeurs de `h` à la ligne 10. En prenant par exemple `linspace(0, 1, 1000)`, on obtient l'affichage suivant.

Console

```
déviation minimale : 42.51631510128112 degrés
val théorique      : 42.516381721084485 degrés
```

On obtient également la figure de droite ci-dessus en appliquant un attribut d'opacité comme au paragraphe précédent. On voit clairement une accumulation de rayons dans la direction indiquée par une flèche (ajoutée après coup, par un logiciel de graphisme), accumulation qu'on appelle une **caustique**. Nous reviendrons sur cette notion au prochain chapitre.

4 L'ordre 2 : arc secondaire de l'arc-en-ciel

Il suffit d'ajouter une réflexion interne pour obtenir l'arc secondaire. Intéressons-nous au rayon qui subit une seconde réflexion interne sur la goutte, en A_3. La réflexion le dévie d'un angle $\pi - 2r$, ce qui donne pour son inclinaison

$$\alpha_3 = \alpha_2 + \pi - 2r$$

On calcule les coordonnées (x_4, y_4) du point A_4 comme précédemment. Le segment OA_4 fait un angle $\pi - 2r$ avec le segment OA_3, ce qui permet d'exprimer l'angle φ_4 que fait OA_4 avec OS comme

$$\varphi_4 = \varphi_3 + \pi - 2r$$

puis

$$\begin{cases} x_3 = -R\cos\varphi_4 \\ y_3 = R\sin\varphi_4 \end{cases}$$

Le rayon émergent part du point A_4 et son inclinaison est celle du rayon précédent, augmentée de $i - r$, ce qui donne tous les éléments pour le tracer. On obtient la figure de gauche ci-dessous.

Prog. 9.4 Fichier : arc_secondaire.py

```
import matplotlib.pyplot as plt
from numpy import *
from matplotlib.patches import Circle

fig, ax = plt.subplots()
n = 1.33 # indice de réfraction
longueur = 2

deviation = []
for h in linspace(0, 1, 20):
    i = arcsin(h) # angle d'incidence sur la première face
    r = arcsin(sin(i)/n) # angle de réfraction

    x1, y1 = -cos(i), sin(i)    # rayon incident
    x = [-2,x1]
    y = [h, y1]

    phi2 = i + pi - 2*r      # premier rayon réfracté
    x += [-cos(phi2)]        # point A2
    y += [ sin(phi2)]        # point A2

    alpha1 = i-r
    phi3 = phi2 + pi - 2*r
    x += [-cos(phi3)]        # point A3
    y += [ sin(phi3)]        # point A3

    alpha2 = alpha1 + pi - 2*r
    phi4 = phi3 + pi -2*r
    x += [-cos(phi4)]        # point A4
    y += [ sin(phi4)]        # point A4
    alpha3 = alpha2 + pi - 2*r
    theta4 = alpha3 + i - r # tracé du rayon émergent
    x += [-cos(phi4) + longueur*cos(theta4)]
    y += [ sin(phi4) - longueur*sin(theta4)]
    deviation += [theta4]
    plt.plot(x, y, linewidth=1, color='black')

print("déviation minimale :", min(degrees(deviation))-180, "degrés")
a = sqrt((9-n**2)/8)
print("val théorique      :", 180 + degrees(2*arcsin(a) - 6*arcsin(a/
    n)), "degrés")
ax.add_patch(Circle((0, 0), 1, color='lightgrey')) # tracé goutte
plt.axis('equal')
plt.show()
```

La valeur théorique du minimum, affichée par le programme, est donnée par

$$\theta_1 = \pi + 2\,\text{asin}(x) - 6\,\text{asin}\left(\frac{x}{n}\right) \quad \text{avec} \quad x \equiv \sqrt{\frac{9-n^2}{8}}$$

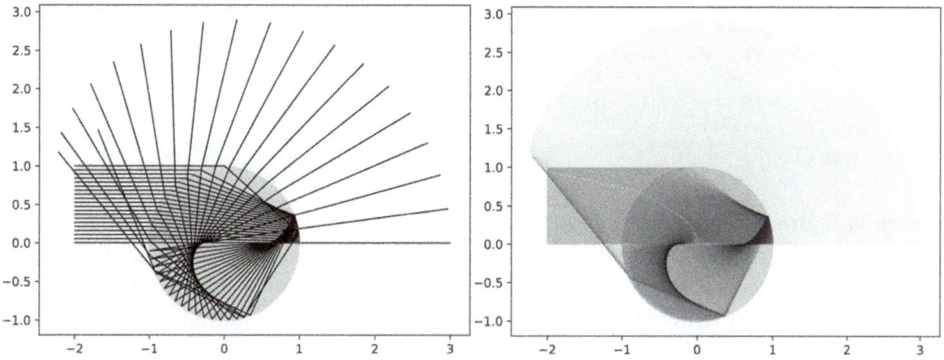

Fig. 51

En prenant comme précédemment une liste de valeurs `linspace(0, 1, 1000)` plus dense, on obtient l'affichage suivant, ainsi que la figure de droite ci-dessus en modifiant l'attribut de l'opacité comme au paragraphe précédent, par `alpha=0.02` à la ligne 36.

Console

```
déviation minimale : 50.11893975266196 degrés
val théorique      : 50.101248078384714 degrés
```

5 L'ordre N

On peut généraliser au cas de N réflexions internes successives, en remarquant que chaque réflexion interne ajoute la valeur $\pi - 2r$ aux angles θ et φ. Le programme

Fichier : `arc_ordre_N.py`

Prog. 9.5

```
import matplotlib.pyplot as plt
from numpy import *
from matplotlib.patches import Circle

fig, ax = plt.subplots()
n = 1.33 # indice de réfraction
N = 3 # nombre de réflexions internes
longueur = 2

liste_valeurs = linspace(0, 1, 30)
for h in liste_valeurs:
    i = arcsin(h) # angle d'incidence sur la première face
    r = arcsin(sin(i)/n) # angle de réfraction

    x=[-2]  # début des rayons incidents
    y=[h]   #
    for nn in range(0,N+2):
        x += [-cos(i + nn*(pi - 2*r))] # débuts rayons intérieurs
        y += [ sin(i + nn*(pi - 2*r))]
    theta = pi + 2*(i-r) + N*(pi - 2*r)
    x += [x[N+2] - longueur*cos(theta)] # fin rayons réfractés
```

```
22         y += [y[N+2] + longueur*sin(theta)]
23         plt.plot(x, y, linewidth=1, color='black')
24
25 ax.add_patch(Circle((0, 0), 1, color='lightgrey')) # goutte
26 plt.axis('equal')
27 plt.show()
```

donne la figure de gauche ci-dessous avec N=3 (3 réflexions internes). Comme précédemment, la figure de droite est obtenue en densifiant les rayons et en leur appliquant un attribut d'opacité. On voit que la caustique est dirigée vers la droite, dans le même sens que la lumière incidente : pour voir l'arc-en-ciel tertiaire, il faudrait regarder dans la direction du soleil et on ne le voit pas car on est ébloui.

Fig. 52

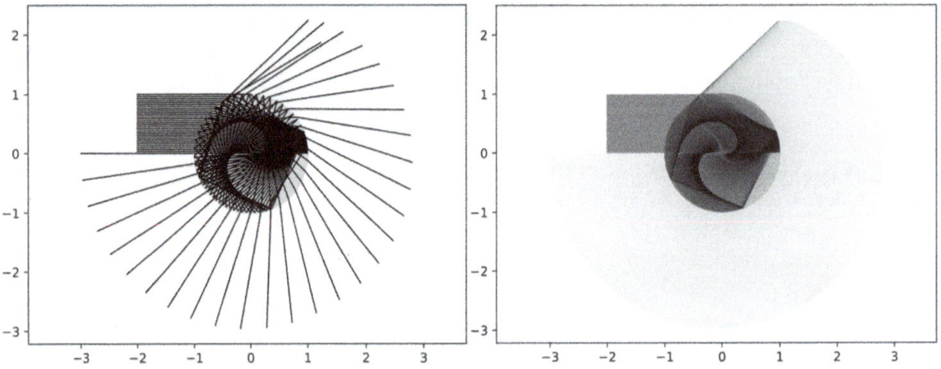

On peut remarquer que ce programme général est plus court que celui qui traçait explicitement les rayons subissant 2 réflexions internes. C'est un des aspects puissants de la programmation : la boucle des lignes 17 à 19 traite autant de réflexions internes qu'on veut.

6 Curseurs et boutons interactifs : les widgets

`Matplotlib` propose des outils permettant d'interagir avec une figure, appelés des **widgets** : des boutons cliquables et des curseurs permettant de régler la valeur d'un paramètre à la souris. Nous allons les présenter en reprenant l'exemple de la sphère réfractante, en introduisant un curseur permettant de régler continûment la valeur de l'indice de réfraction de la sphère puis un bouton permettant de changer le nombre de réflexions internes considérées.

6.1 `Slider` : exemple minimal

Commençons par le curseur. Il faut importer la fonctionnalité `Slider` (qui signifie « curseur » en anglais) de `matplotlib`, créer un graphe spécifique pour contenir le curseur puis créer le curseur par la commande

```
Slider(ax_curseur, "indice", 1, 3, valinit=1.5)
```

Dans cette commande, `ax_curseur` désigne le nom du graphe qui contiendra le curseur, la chaîne de caractère `"indice"` indique le texte qui sera affiché à côté du curseur, les deux nombres 1 et 3 indiquent les limites inférieures et supérieures du curseur et la grandeur passée dans le paramètre `valinit` indique la valeur initiale indiquée par le curseur.

Commençons par un exemple simple, qui permet de changer la longueur d'un segment à l'aide du curseur :

Fichier : `curseur.py` Prog. 9.6

```
1  import matplotlib.pyplot as plt
2  from matplotlib.widgets import Slider
3
4  ax = plt.axes([0.1, 0.15, 0.8, 0.8])
5  maligne, = ax.plot([0, 0.8], [0, 0.8], linewidth=1, color='black')
6
7  ax_curseur = plt.axes([0.25, 0.05, 0.6, 0.03])
8  moncurseur = Slider(ax_curseur, "longueur", 0, 1, valinit=0.8)
9
10 def update(event):
11     longueur = moncurseur.val
12     maligne.set_data([0, longueur], [0, longueur])
13     plt.draw()
14 moncurseur.on_changed(update)
15 plt.show()
```

- Lignes 4 et 5 : créent le graphe ax qui contient le dessin et y dessinent un segment de type `Line2D` appelé `maligne` ;
- Ligne 7 : on crée le graphe `ax_curseur` qui va contenir le curseur (voir la section 4 du chapitre 5 ;
- Ligne 8 : on crée le curseur proprement dit, dans le graphe créé à la ligne précédente, et on lui donne le nom `moncurseur` ;
- Lignes 10 à 13 : définition d'une fonction `update()` qui sera appelée à chaque fois que l'utilisateur interagit avec le curseur. Cette fonction doit absolument avoir `event` comme argument ;
- Ligne 12 : change les attributs de la ligne dessinée en modifiant les coordonnées des points qui la définissent ;
- Ligne 11 : `moncurseur.val` renvoie la valeur courante du curseur `moncurseur` ;
- Ligne 14 : on associe cette fonction `update()` au curseur `moncurseur` par la fonction `on_changed()` qui gère les interactions avec le curseur.

On peut noter une grande similitude des concepts invoqués ici avec ceux décrits au chapitre précédent, à propos de la gestion des événements. Rien d'étonnant, il s'agit aussi de gestion d'événements.

Le programme précédent produit une version interactive de la figure de gauche ci-dessous (bien évidemment, l'interactivité est absente du livre que vous avez devant les yeux, nous vous invitons à lancer le programme vous-même pour jouer avec le curseur).

Fig. 53

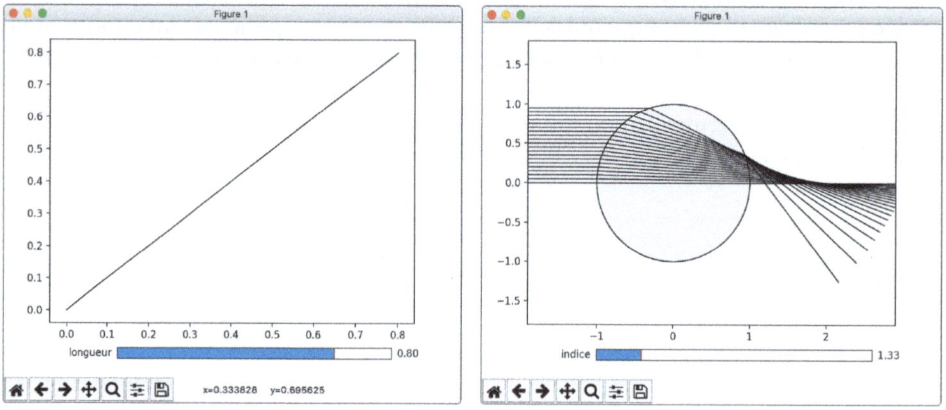

6.2 Application à la sphère réfractante

Appliquons ce qui précède au dessin de la sphère réfractante, où le curseur permettra de modifier l'indice de réfraction de la sphère. Le programme suivant reprend le prog. 9.1 en ajoutant le curseur. Il produit une version interactive de la figure de droite ci-dessus.

Prog. 9.7 Fichier : `arc_ordre_zero_slider.py`

```
import matplotlib.pyplot as plt
from numpy import *
from matplotlib.patches import Circle
from matplotlib.widgets import Slider

def trace(n):                         # n = indice de réfraction
    L = 2                             # L : longueur des segments
    goutte.set_alpha(0.5*(n-1)) # opacité du tracé
    for k, h in enumerate(liste_valeurs):
        i = arcsin(h)
        r = arcsin(h/n)
        phi2 = i + pi - 2*r
        theta2 = 2*(i - r)
        x = [-2, -cos(i), -cos(phi2), -cos(phi2) + L*cos(theta2)]
        y = [h, h, sin(phi2), sin(phi2) - L*sin(theta2)]
        rayons[k].set_data(x, y)

ax = plt.axes([0.1, 0.15, 0.8, 0.8])
ax.axis('equal')
ax.axis([-2, 3, -1.8, 1.8])
ax_curseur = plt.axes([0.25, 0.05, 0.6, 0.03])
moncurseur = Slider(ax_curseur, "indice", 1, 3, valinit=1.33)
liste_valeurs = linspace(0, 1, 20)
```

```
24 rayons = []
25 for h in liste_valeurs:
26     rayon1, = ax.plot([], [], linewidth=1, color='black')
27     rayons += [rayon1]
28 goutte = ax.add_patch(Circle((0, 0), 1, color='grey'))
29 goutte_bord = ax.add_patch(Circle((0, 0), 1, edgecolor='k', fill=
       False))
30 trace(moncurseur.val)
31
32 def update(event):
33     n = moncurseur.val
34     trace(n)
35     plt.draw()
36 moncurseur.on_changed(update)
37
38 plt.show()
```

- Lignes 24 à 27 : l'objet `rayons` est une liste de `Line2D`, appelées `rayon1` dans la boucle, chacune correspondant à une hauteur d'impact `h` donnée. Cet objet est créé avec des `Line2D` construits sans coordonnées, elles seront renseignées par la fonction `trace()` ;
- Lignes 6 à 16 : la fonction `trace()` calcule les coordonnées des points définissant les rayons lumineux et met à jour les attributs des `Line2D` à la ligne 16. Elle nécessite un paramètre `n`, la valeur de l'indice de réfraction qui sera modifiée par le curseur. Cette fonction reprend le programme 9.1, en compactant un peu le calcul ;
- Ligne 8 : redéfinit la valeur de l'opacité du disque grisé représentant la goutte, avec une opacité d'autant plus forte que l'indice est important, pour marquer visuellement le changement de l'indice lorsque l'on manipule le curseur ;
- Lignes 21 et 22 : création du curseur `moncurseur`, avec la valeur par défaut $n = 1{,}33$;
- Lignes 32 à 35 : définition de la fonction `update()` appelée à chaque interaction avec le curseur. Elle recalcule les attributs des lignes représentant les rayons lumineux, avec la valeur courante de l'indice indiquée par le curseur (ligne 33) ;
- Ligne 33 : `moncurseur.val` renvoie la valeur courante du curseur `moncurseur` ;
- Ligne 36 : associe la fonction `update()` au curseur `moncurseur`.

6.3 Button : exemple minimal

Matplotlib propose aussi un widget de bouton, un rectangle de texte cliquable qui peut être associé à une action, lorsqu'on clique dedans.

```
Button(ax_curseur, "texte")
```

où `"texte"` désigne le texte qui sera écrit dans le bouton.

Commençons par un exemple simple, qui permet de changer l'épaisseur d'une ligne lorqu'on clique sur le bouton. Une fois le bouton cliqué, ce court programme ne permet pas de retrouver la largeur initiale, le lecteur pourra le compléter en ajoutant un deuxième bouton intitulé « normal ».

Prog. 9.8

Fichier : `bouton.py`

```
1  import matplotlib.pyplot as plt
2  from matplotlib.widgets import Button
3
4  ax = plt.axes([0.25, 0.15, 0.7, 0.8])
5  ligne, = ax.plot([0, 0.8], [0, 0.8], linewidth=1, color='black')
6
7  ax_bouton = plt.axes([0.05, 0.8, 0.1, 0.1])
8  monbouton = Button(ax_bouton, "épais")
9
10 def jappuie(event):
11     ligne.set_linewidth(5)
12     plt.draw()
13 monbouton.on_clicked(jappuie)
14 plt.show()
```

- Ligne 7 : on crée le graphe `ax_curseur` qui va contenir le bouton par la commande `axes(xinf, yinf, largeur, hauteur)`. Les valeurs ont été ajustées pour que le bouton se trouve en haut à gauche de la figure ;
- Ligne 8 : on crée le bouton proprement dit, dans le graphe généré à la ligne précédente, et on lui donne le nom `monbouton` ;
- Lignes 10 à 12 : définition d'une fonction `jappuie()` qui sera appelée à chaque fois que l'utilisateur clique sur le bouton. Ici, cette fonction change les attributs de la ligne dessinée en modifiant son épaisseur. Cette fonction doit absolument avoir `event` comme argument ;
- Ligne 13 : on associe cette fonction `jappuie()` au curseur `monbouton` par la fonction `on_clicked()` qui gère les interactions avec le bouton.

On obtient la figure interactive suivante (à droite : après avoir cliqué sur le bouton).

Fig. 54

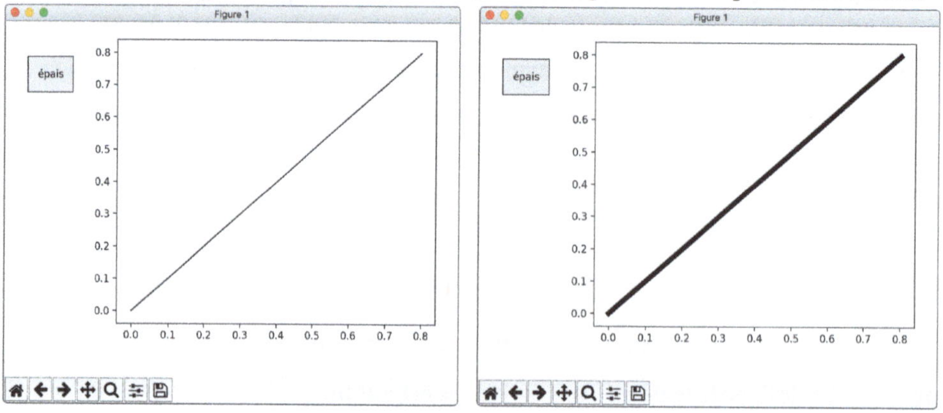

6.4 RadioButtons et CheckButtons : exemples minimaux

`Matplotlib` propose aussi un widget de boutons de type « radio », c'est-à-dire un ensemble de boutons cliquables qui ne peut avoir qu'un élément sélectionné à la fois (sélectionner l'un désélectionne les autres).

```
RadioButtons(ax_curseur, maliste)
```

où `maliste` désigne une liste de `str`, les éléments qui sont écrits à côté de chacun des boutons. Le nombre d'éléments de cette liste détermine le nombre de boutons créés.

Le programme suivant permet de changer l'épaisseur d'une ligne lorqu'on clique sur le bouton.

Fichier : `bouton_radio.py` Prog. 9.9

```python
import matplotlib.pyplot as plt
from matplotlib.widgets import RadioButtons

ax = plt.axes([0.25, 0.15, 0.7, 0.8])
ligne, = ax.plot([0, 0.8], [0, 0.8], linewidth=1, color='black')

ax_bouton = plt.axes([0.05, 0.8, 0.12, 0.1])
monbouton = RadioButtons(ax_bouton, ("normal", "épais"))

def jappuie(label):
    if label=="épais" : ligne.set_linewidth(2)
    else : ligne.set_linewidth(1)
    plt.draw()

monbouton.on_clicked(jappuie)

plt.show()
```

On obtient une version interactive de la figure de gauche suivante.

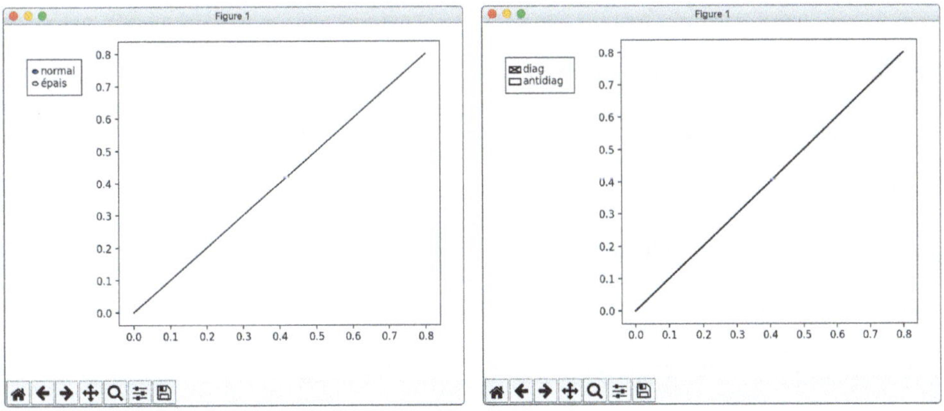

Fig. 55

Matplotlib propose aussi un widget de boutons de type « check », c'est-à-dire un ensemble de boutons cliquables dont plusieurs peuvent être sélectionnés simultanément

```
CheckButtons(ax_curseur, maliste)
```

où `maliste` désigne une liste de `str`, les éléments qui sont écrits à côté de chacun des boutons. Le nombre d'éléments de cette liste détermine le nombre de boutons créés.

Le programme suivant permet de dessiner ou cacher deux lignes selon que le bouton correspondant est activé ou non. Il produit une version interactive de la figure de droite ci-dessus.

Prog. 9.10 Fichier : `bouton_check.py`

```
import matplotlib.pyplot as plt
from matplotlib.widgets import CheckButtons

ax = plt.axes([0.3, 0.15, 0.65, 0.8])
ligne1, = ax.plot([0, 0.8], [0, 0.8],  visible=True, color='black')
ligne2, = ax.plot([0, 0.8], [0.8, 0.], visible=False, color='black')

liste_choix = ("diag", "antidiag")
ax_bouton = plt.axes([0.05, 0.8, 0.15, 0.1])
monbouton = CheckButtons(ax_bouton, liste_choix, (True, False))

def jappuie(label):
    num_bouton = liste_choix.index(label)
    if num_bouton==0 :
        vis = ligne1.get_visible()
        ligne1.set_visible(not vis)
    if num_bouton==1 :
        vis = ligne2.get_visible()
        ligne2.set_visible(not vis)
    plt.draw()

monbouton.on_clicked(jappuie)
plt.show()
```

6.5 Application à la sphère réfractante

Le programme suivant trace les rayons réfractés dans une goutte sphérique d'indice n et subissant N réflexions internes. La valeur de n est ajustable avec un curseur et celle de N avec un bouton.

Prog. 9.11 Fichier : `arc_exemple_complet.py`

```
import matplotlib.pyplot as plt
from numpy import *
from matplotlib.patches import Circle
from matplotlib.widgets import Slider, RadioButtons

```

```python
longueur = 2
liste_valeurs=arange(0., 1., 0.05) # valeurs de h des rayons tracés
def trace(n, N):
    for k, h in enumerate(liste_valeurs):
        i = arcsin(h)   # angle d'incidence sur la première face
        r = arcsin(h/n) # angle de réfraction
        x, y =[-2], [h]
        x += [-cos(i + nn*(pi - 2*r)) for nn in range(0,N+2)]
        y += [ sin(i + nn*(pi - 2*r)) for nn in range(0,N+2)]
        theta = i + (N+1)*(pi - 2*r)
        alpha = pi + 2*(i-r) + N*(pi - 2*r)
        x2, y2 = -cos(theta), sin(theta)
        x3, y3 = x2 - longueur*cos(alpha), y2 + longueur*sin(alpha)
        x += [x3]
        y += [y3]
        rayons[k].set_data(x, y)
    goutte.set_alpha(0.5*(n-1))

ax   = plt.axes([0.1, 0.25, 0.85, 0.7])
ax_n = plt.axes([0.25, 0.05, 0.6, 0.03])
s_n  = Slider(ax_n, 'indice', 1, 3, valinit=1.33)
ax_bouton = plt.axes([0.05, 0.02, 0.1, 0.15])
monbouton = RadioButtons(ax_bouton, ("N=0", "N=1", "N=2", "N=3"), 1)
ax.axis('equal')
ax.axis([-2, 3, -1.8, 1.8])
rayons=[]
for h in liste_valeurs:
    rayon1, = ax.plot([], [], linewidth=1, color='black')
    rayons += [rayon1]

goutte = ax.add_patch(Circle((0, 0), 1, color='grey', alpha=0.3*(s_n.
    val-1)))
goutte_bord = ax.add_patch(Circle((0, 0), 1, edgecolor='k', fill=
    False))
trace(s_n.val, int(monbouton.value_selected[-1]))

def update(event):
    N = int(monbouton.value_selected[-1])
    trace(s_n.val, N)
    plt.draw()
s_n.on_changed(update)

def jappuie(label):
    N = int(label[-1])   # le dernier caractère du label donne N
    trace(s_n.val, N)
    plt.draw()
monbouton.on_clicked(jappuie)

plt.show()
```

Ce programme illustre plusieurs points vus précédemment :

- Lignes 13 et 14 : utilisation des listes en compréhension ;
- Lignes 38, 42 et 48 : la valeur de l'indice n est obtenue par l'indication du curseur, via `s_n.val` ;
- Lignes 38, 41 et 47 : la valeur de N est obtenue par l'état courant des boutons (lignes 38, 41 et 47) : vu les noms choisis pour les chaînes de caractères associées à chaque bouton (`"N=0"`, `"N=1"`, `"N=2"` et `"N=3"`), cette valeur est donnée par le dernier caractère de la chaîne `monbouton.value_selected` (à laquelle on accède en demandant le caractère de rang `[-1]`) qu'il convient ensuite de convertir en `int`.

Il produit une version interactive de la figure suivante.

Fig. 56

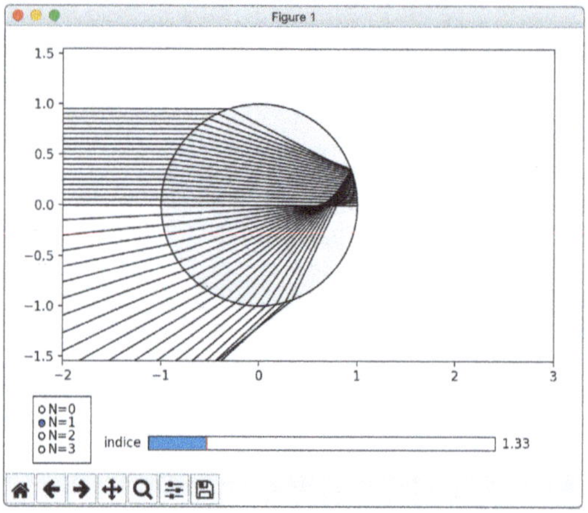

7 Programmer en mode tortue

La tortue est un mode de programmation plutôt destiné à l'apprentissage, pour sensibiliser des élèves à la notion de commande et d'algorithme, en donnant des instructions à un marqueur graphique (le stylo ou la tortue) que l'on peut faire avancer, tourner ou aller rejoindre un point défini en laissant derrière elle un trait qui marque sa trajectoire. Le module `turtle` permet de programmer en python en mode tortue. Une fois le module importé par `import turtle`, la première exécution d'une fonction de ce module (voir la suite ci-dessous) crée une zone graphique et un marqueur que l'on peut déplacer. Voici quelques instructions qui deviennent utilisables [1] :

- `up()` relève le crayon. Les déplacements ultérieurs ne conduisent pas à un tracé ;
- `down()` abaisse le crayon. Les déplacements ultérieurs conduisent à un tracé ;

1. Voir `docs.python.org/3/library/turtle.html` pour plus de détails.

- `goto(x, y)` déplace le curseur, en ligne droite depuis son emplacement courant, vers le point de coordonnées (x, y) dans la zone graphique. Attention, ces coordonnées sont exprimées en pixels. Selon l'état du crayon (`up` ou `down`), un trait est dessiné ou non;
- `left(a)` et `right(a)` font pivoter la tortue d'un angle a (en degrés par défaut), respectivement vers sa gauche (sens trigonométrique) ou vers sa droite (sens inverse);
- `circle(R, a)` décrit un arc de cercle de centre R et d'angle total a, à partir de la position courante. Il s'agit en fait d'un polygone constitué par de petits segments que décrit la tortue. Le paramètre optionnel `steps` permet d'imposer le nombre de ces segments.

Le programme suivant trace un cercle représentant une goutte, puis l'évolution d'un rayon lumineux qui arrive sur la goutte, subit une réfraction vers l'intérieur, puis une réflexion sur la face interne, puis une réfraction vers l'extérieur, en utilisant le fait qu'une réfraction fait tourner la direction du rayon lumineux de l'angle $i - r$ et qu'une réflexion la fait tourner de $180° - 2r$.

Fichier : `tortue1.py` Prog. 9.12

```
import turtle
from numpy import *

R, n  = 100, 1.33
xi, yi = -2*R, R/2
i = degrees(arcsin(yi/R))
r = degrees(arcsin(yi/n/R))

turtle.up()
turtle.goto(0,-R)
turtle.down()
turtle.circle (R,360, steps=90)
turtle.up()
turtle.goto(xi, yi)                      # début rayon incident
turtle.down()
turtle.goto(-sqrt(R**2 - yi**2) , yi )   # fin rayon incident
turtle.right(i-r)                        # réfraction

dist = R
while (dist <= R) :                 # on avance jusqu'à l'autre bord
    turtle.forward(1)
    x, y = turtle.pos()
    dist = sqrt(x**2 + y**2)

turtle.right(180 - 2*r)             # réflexion
dist = R
while (dist <= R) :                 # on avance jusqu'au bord
    turtle.forward(1)
    x, y = turtle.pos()
    dist = sqrt(x**2 + y**2)
```

```
31
32 turtle.right(i-r)                        # réfraction
33 dist = R
34 while (dist <= 3*R) :
35     turtle.forward(1)
36     x, y = turtle.pos()
37     dist = sqrt(x**2 + y**2)
38
39 turtle.done()
```

Il produit une version animée de la figure suivante, où l'on voit le curseur avancer en traçant chacun des traits visibles.

Fig. 57

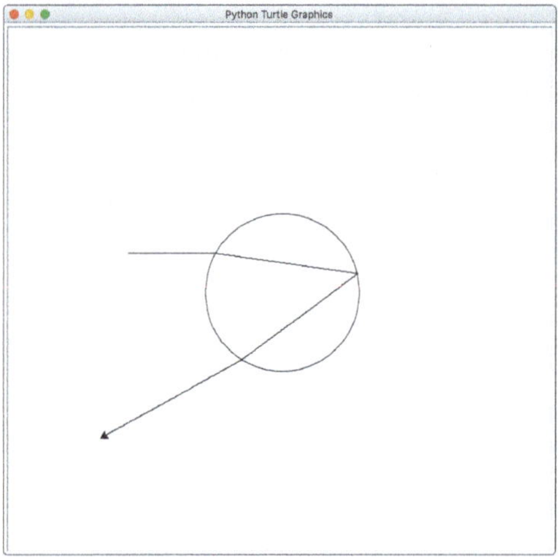

On voit que dans le programme précédent, plusieurs blocs d'instructions sont identiques ou très similaires (lignes 20-23, lignes 27-30 et lignes 34-37). Il est beaucoup plus efficace dans cette situation de « factoriser » ces blocs pour en faire des fonctions, comme le fait le programme suivant, qui produit le même résultat. En plus de diminuer la taille du programme, ceci présente l'avantage suivant : si on décide de modifier ce bloc (passer l'argument de `turtle.forward(1)` à 2 pour aller deux fois plus vite par exemple), il suffit de changer cette commande à un seul endroit.

Prog. 9.13 Fichier : `tortue2.py`

```
import turtle
from numpy import *

R, n  = 100, 1.33
xi, yi = -2*R, R/2
i = degrees(arcsin(yi/R))
r = degrees(arcsin(yi/n/R))

def avance_R(lim=R):
    dist = R
```

```
    while (dist <= lim) :
        turtle.forward(1)
        x, y = turtle.pos()
        dist = sqrt(x**2 + y**2)

turtle.up()
turtle.goto(0,-R)
turtle.down()
turtle.circle (R,360, steps=90)
turtle.up()
turtle.goto(xi, yi)
turtle.down()
turtle.goto(-sqrt(R**2 - yi**2) , yi )

turtle.right(i-r)
avance_R()
turtle.right(180 - 2*r)
avance_R()
turtle.right(i-r)
avance_R(3*R)
turtle.done()
```

8 Mini-projet : les couleurs de l'arc-en-ciel

Écrire un programme similaire à celui du paragraphe 6.5, montrant les rayons réfractés dans une goutte sphérique d'indice n et subissant `N` réflexions internes. Cette fois, le curseur permettra de faire varier continûment la longueur d'onde, ce qui affecte d'une part la valeur de n, et d'autre part la couleur du dessin des rayons. Le point délicat est ici de connaître le code de la couleur (une quantité liée à la physiologie de la vision) correspondant à une longueur d'onde donnée (une quantité physique). Ceci sera réalisé par la fonction suivante[2] où la longueur d'onde en nanomètres est notée `w` (attention, vous ne pouvez l'appeler `lambda` car c'est un mot-clé de python).

Fichier : `arc_couleurs_slider.py` Prog. 9.14

```
def wav2RGB(w):  # renvoie le code couleur pour un lambda donné
    R, G, B, A = 0, 0, 0, 1
    if   380<= w <440: R, B  = -(w-440)/(440-350), 1
    elif 440<= w <490: G, B =    (w-440)/(490-440), 1
    elif 490<= w <510: G, B = 1, -(w-510)/(510-490)
    elif 510<= w <580: R, G = (w-510)/(580-510), 1
    elif 580<= w <645: R, G = 1, -(w-645)/(645-580)
    elif 645<= w<=780: R, A = 1,  (780-w)/(780-645)
    return [R, G, B, A]
```

2. Source : `codingmess.blogspot.com/2009/05/conversion-of-wavelength-in-nanometers.html`

Il faut également savoir comment l'indice de réfraction varie avec la longueur d'onde. La fonction suivante propose une version simplifiée de la dispersion de l'eau.

Prog. 9.15 Fichier : `arc_couleurs_slider.py`

```
def indice(w):
    l = w/1000
    return 1.4333 - 0.4038*l + 0.5615*l**2 - 0.2766*l**3
```

Le programme `arc_couleurs_slider.py` disponible dans le dossier téléchargeable propose une solution. On obtient par exemple pour `N=1`, en utilisant le curseur, les deux figures suivantes (les directions émergentes sont légèrement différentes, ce n'est pas évident sur ces figures, mais on le voit clairement en agissant sur le curseur).

Fig. 58

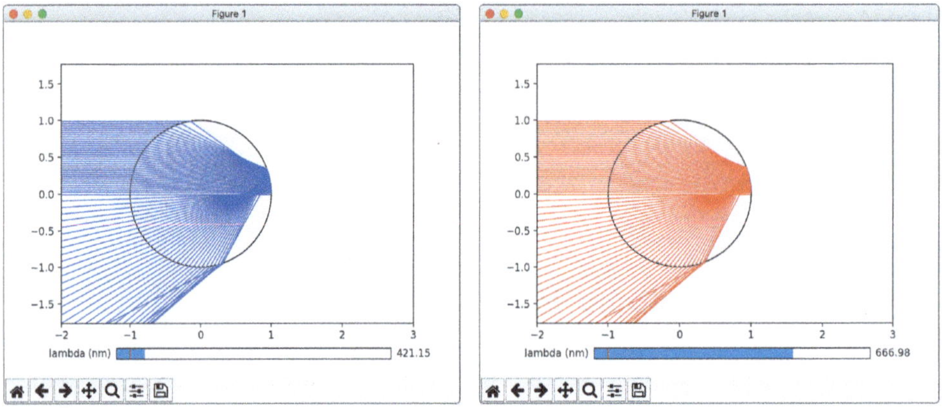

Vous pourrez modifier ce programme en densifiant les rayons comme on l'a fait précédemment, avec `arange(0., 1., 0.001)` à la ligne 18 et un attribut `alpha=0.05` à la ligne 49. On obtient les figures suivantes. Attention cependant, le programme est devenu moins réactif, car toute modification de la position du curseur entraîne un calcul suffisamment long pour ralentir la réponse du programme.

Fig. 59

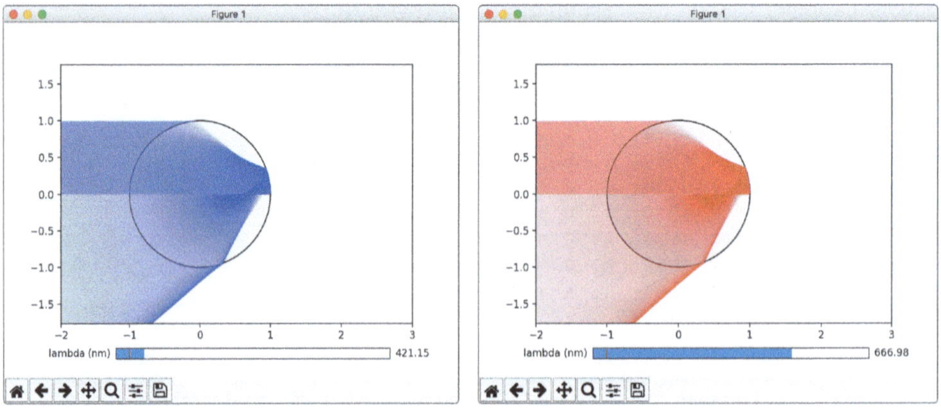

10 Miroirs et dioptres

Dans ce chapitre, nous allons présenter des programmes permettant de tracer les rayons réfléchis par des miroirs ou réfractés par des dioptres. Ils partagent une structure commune, qui sera détaillée au programme 10.1

1 Miroir sphérique

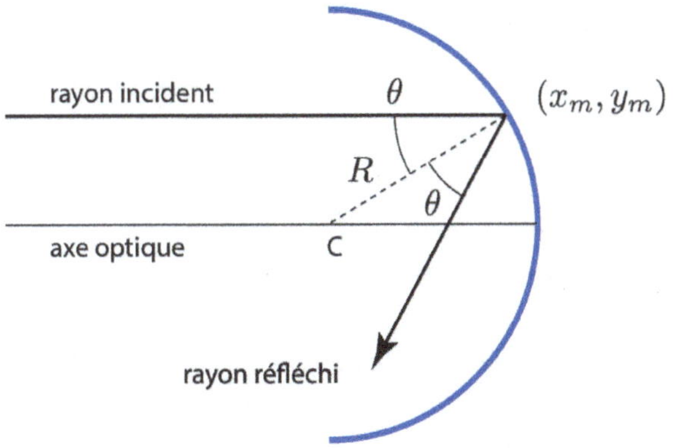

Fig. 60

Considérons par exemple le cas de la réflexion sur un miroir sphérique concave d'un faisceau incident parallèle à l'axe optique. Notons θ l'angle que font les rayons incidents avec la normale au miroir lorsqu'ils l'atteignent à l'ordonnée y_m. On a alors, en prenant le centre de courbure C comme origine du repère,

$$\begin{cases} x_m = R\cos\theta \\ y_m = R\sin\theta \end{cases}$$

Les rayons réfléchis font l'angle 2θ avec l'axe optique, chacun est porté par une droite d'équation paramétrique

$$\begin{cases} x = x_m + \lambda\cos 2\theta \\ y = y_m + \lambda\sin 2\theta \end{cases} \quad \text{où} \quad \lambda \in \mathbb{R} \tag{10.1}$$

Le paramètre λ est négatif pour les points situés à gauche de (x_m, y_m).

Le programme suivant trace un faisceau de rayons incidents parallèles à l'axe optique, ainsi que les rayons réfléchis, en donnant à ces derniers une longueur L arbitrairement fixée à 2, l'unité de longueur étant le rayon de courbure du miroir ($R = 1$ dans toute la suite). Ce programme ne cherche pas à vérifier si le rayon réfléchi atteint de nouveau le miroir ou non et peut le traverser. Le mini-projet 3 en fin de chapitre propose d'y remédier.

Prog. 10.1 Fichier : `miroir_spherique.py`

```
1  import matplotlib.pyplot as plt
2  from matplotlib.patches import Arc
3  from numpy import *
4
5  L = 2  # longueur du tracé des rayons réfléchis
6
7  for ym in arange(0, 0.95, 0.05):
8      theta = arcsin(ym)
9      xm = cos(theta)
10     x = [-2, xm, xm-L*cos(2*theta)]
11     y = [ym, ym, ym-L*sin(2*theta)]
12     plt.plot(x, y, linewidth=1, color='black')
13 plt.gca().add_patch(Arc((0, 0), 2, 2, 0, -90, 90, linewidth=2))
14 plt.axis('equal')
15 plt.axis('off')
16 plt.show()
```

- Lignes 1 à 3 : importation des bibliothèques utilisées ;
- Ligne 5 : initiation des paramètres (ici un seul, il y en aura davantage dans les programmes suivants) ;
- Lignes 7 à 11 : implémentation du calcul présenté plus haut pour déterminer les points définissant les extrémités des segments servant à tracer les rayons ;
- Ligne 12 : tracé des rayons ;
- Ligne 13 : tracé de l'arc de cercle représentant le miroir.

Fig. 61

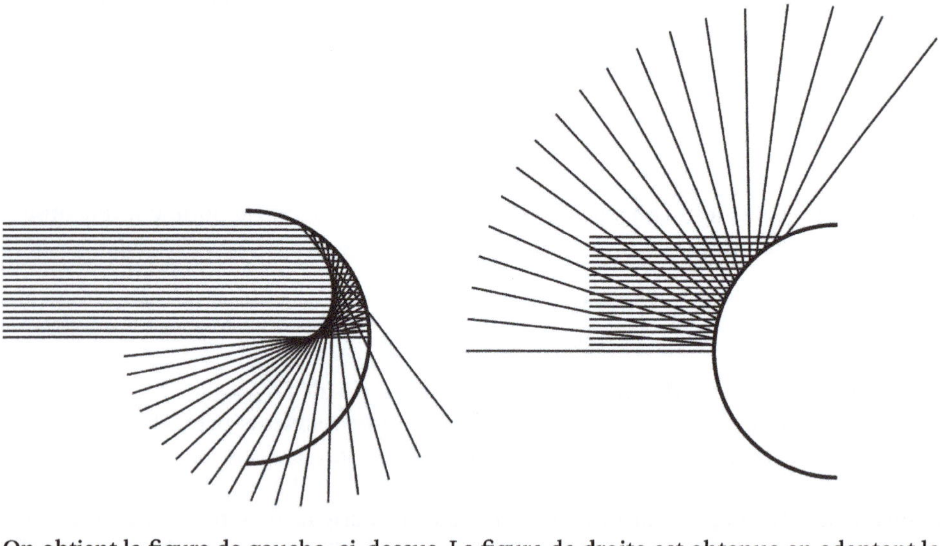

On obtient la figure de gauche, ci-dessus. La figure de droite est obtenue en adaptant le programme précédent pour le cas d'un miroir convexe :

Fichier : miroir_spherique2.py

Prog. 10.2

```
for ym in arange(0,0.95,0.05):
    theta = arcsin(ym)
    xm = -cos(theta)
    x = [-2, xm, xm-L*cos(2*theta)]
    y = [ym, ym, ym+L*sin(2*theta)]
    plt.plot(x, y, linewidth=1, color='black')
plt.gca().add_patch(Arc((0, 0), 2, 2, 0, 90, 270, linewidth=2))
```

2 Dioptres sphériques

Lorsqu'ils traversent un dioptre sphérique, les rayons incidents sont réfractés en suivant la loi de Snell-Descartes. Le tracé des rayons réfractés est alors très simple du point de vue numérique. Pour tout rayon incident arrivant sur le dioptre à l'ordonnée h, on détermine l'angle d'incidence i, on en déduit r par l'équation de Snell-Descartes, puis on trace le rayon obtenu. Nous aurons pour cela besoin de déterminer l'angle α' que fait ce rayon avec l'horizontale.

2.1 Faisceau incident parallèle

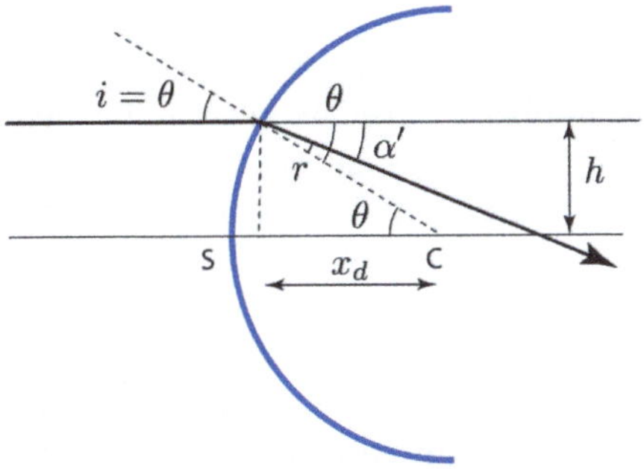

Fig. 62

Commençons par considérer le cas d'un faisceau incident parallèle à l'axe optique (situation très similaire à ce que nous avons vu au chapitre précédent). La géométrie est alors particulièrement simple et on a $\alpha' = i - r$.

Fichier : dioptre_spherique.py

Prog. 10.3

```
import matplotlib.pyplot as plt
from matplotlib.patches import Arc
from numpy import *

n = 1.5            # indice de réfraction
L = 3              # longueur du tracé des rayons réfractés

```

```
8  for h in linspace(-1, 1, 50):
9      theta = arcsin(h)
10     xd = -cos(theta)
11     r = arcsin(sin(theta)/n)  # loi de Snell-Descartes
12     x1 = xd + L*cos(theta-r)
13     y1 = h  - L*sin(theta-r)
14     plt.plot([-2, xd, x1], [h, h, y1], lw=1, c='black')
15 
16 plt.gca().add_patch(Arc((0, 0), 2, 2, 0, 90, 270, lw=2, color='red'))
17 a=plt.axis('equal')
18 a=plt.axis('off')
19 plt.show()
```

Fig. 63

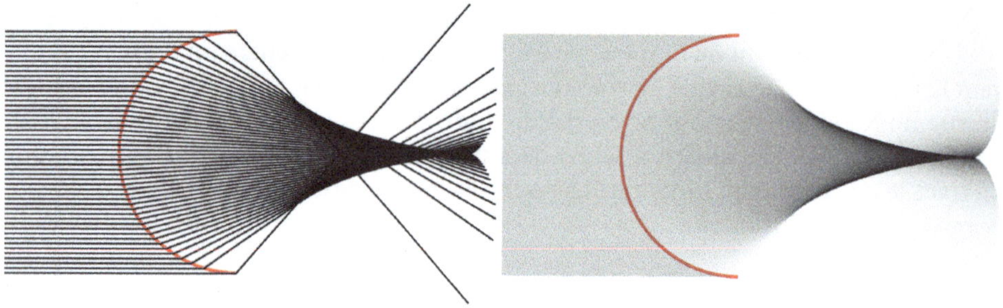

On obtient la courbe de gauche ci-dessus. Comme au chapitre précédent, on peut densifier les rayons avec `linspace(-1, 1, 1000)` à la ligne 8 et l'attribut `alpha=0.03` à la ligne 14. On obtient la figure de droite. Attention, la figure ainsi obtenue montre la distribution de lumière dans un plan $\mathscr{P}$, avec un faisceau incident contenu dans ce plan. Si on considère un faisceau tridimensionnel, ces figures correspondraient à une lentille cylindrique. Avec une lentille sphérique, certains rayons incidents situés hors du plan $\mathscr{P}$ donnent, après réfraction (ou réflexion pour les miroirs), des rayons qui traversent $\mathscr{P}$. On obtient alors deux caustiques. Celle localisée sur l'enveloppe des rayons lumineux, appelée **nappe tangentielle**, que l'on voit sur la figure précédente, et une autre située le long de l'axe optique, et qu'on appelle une **nappe saggitale**. Cette dernière est présente à chaque fois que le système présente une symétrie de révolution autour de l'axe optique. La lectrice est invitée à consulter les ouvrages d'optique pour plus de détails.

2.2 Source à distance finie

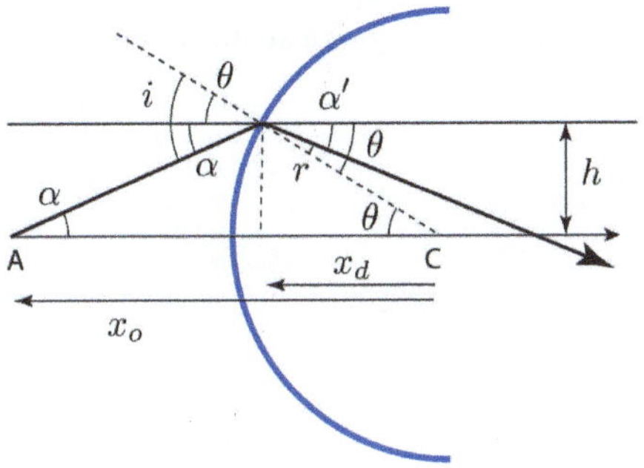

Fig. 64

Lorsque le point source se trouve à distance finie, au point A d'abscisse x_o, la géométrie est un peu plus compliquée. La figure ci-dessus montre les angles qui entrent en jeu. Connaissant la hauteur h à laquelle le rayon incident considéré atteint le dioptre, on peut calculer θ par $\sin\theta = h/R$, puis l'angle α par (attention, x_d et x_o sont négatifs)

$$\tan\alpha = \frac{h}{x_d - x_o}$$

La loi de Snell-Descartes permet alors de déterminer r car $n \sin r = \sin(\theta + \alpha)$. L'inclinaison du rayon réfracté vaut finalement $\alpha' = \theta - r$. C'est ce calcul que le programme suivant implémente (on rappelle que $R = 1$ avec l'unité choisie pour les longueurs).

Fichier : `dioptre_spherique_point.py` Prog. 10.4

```
import matplotlib.pyplot as plt
from matplotlib.patches import Arc
from numpy import *

n = 1.5             # indice de réfraction
L = 3               # longueur tracée des rayons réfractés
x_o = 1/(1-n)-1     # position SA de l'objet

for h in linspace(-0.95, 0.95, 30):
    theta = arcsin(h)
    xd = -cos(theta)
    alpha = arctan(h/(xd-x_o))
    r = arcsin(sin(theta+alpha)/n)  # loi de Snell-Descartes
    alphaprime = theta-r
    x1 = xd + L*cos(alphaprime)
    y1 = h  - L*sin(alphaprime)
    plt.plot([x_o, xd, x1], [0, h, y1], lw=1, c='black')
plt.gca().add_patch(Arc((0, 0), 2, 2, 0, 90, 270, lw=2, color='red'))
plt.axis('equal')
plt.axis('off')
plt.show()
```

On obtient la figure de gauche ci-dessous (la figure de droite est obtenue en densifiant les rayons comme précédemment). La position x_o est ici choisie à celle qui dans les conditions de Gauss devient le foyer objet du dioptre. On voit en effet que les rayons émergents forment quasiment un faisceau parallèle, si on se limite aux rayons incidents proches de l'axe optique.

Fig. 65

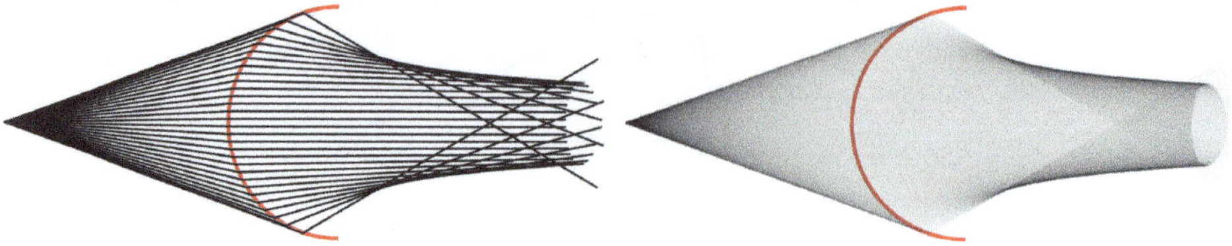

2.3 Points de Weierstrass

L'exemple qui suit permet de se confronter au cas d'un objet virtuel. Considérons un faisceau qui converge en un point situé après un dioptre sphérique concave, en $x_o > -R$. Le programme suivant trace les rayons incidents et les rayons réfractés, en traits pleins, ainsi que les prolongements des rayons incidents, en pointillés.

Prog. 10.5 Fichier : `Weierstrass1.py`

```
import matplotlib.pyplot as plt
from matplotlib.patches import Circle, Polygon
from numpy import *

n = 1.5            # indice de réfraction
L1, L2 = 0.5, 2    # longueur du tracé des rayons  incidents et réfractés
x_o = -0.7         # position de la source virtuelle

for h in arange (-0.7,0.7,0.1):
    theta = arcsin(h)
    xd = -cos(theta)
    alpha = arctan(h/(xd-x_o))
    r = arcsin(sin(theta+alpha)/n)  # loi de Snell-Descartes
    alphaprime = theta-r
    x0, y0 = xd - L1*cos(alpha), h  - L1*sin(alpha)
    x1, y1 = xd + L2*cos(alphaprime), h  - L2*sin(alphaprime)
    plt.plot([x0, xd, x1], [y0, h, y1], lw=1, c='black')
    plt.plot([xd, x_o], [h, 0], ls='dashed', lw=1, c='black')

plt.gca().add_patch(Circle((0, 0), 1, lw=1, edgecolor='black', facecolor='lightgrey'))
plt.gca().add_patch(Polygon(([0, 1], [1.2, 1], [1.2, -1], [0, -1]), 1, lw=1, facecolor='lightgrey'))
plt.axis('off')
plt.axis('equal')
plt.show()
```

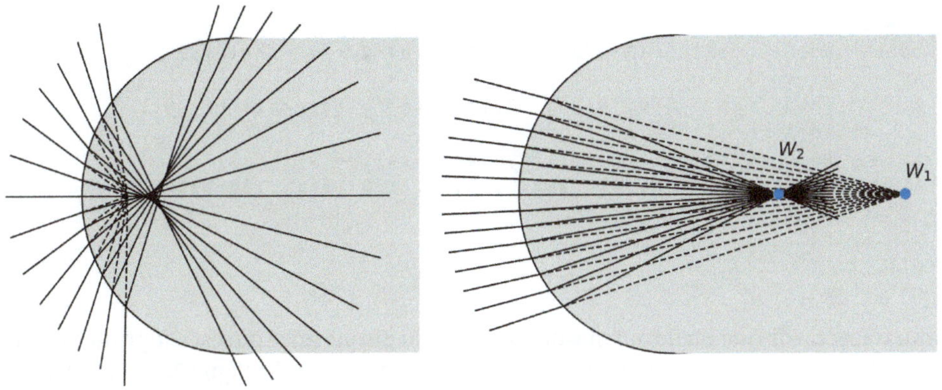

Fig. 66

On obtient la figure de gauche ci-dessus. Il existe une position W_1 de la source virtuelle pour laquelle tous les rayons du faisceau réfracté convergent en un même point W_2. Ces deux points W_1 et W_2 sont appelés les **points de Weierstrass** du dioptre. Leur position est donnée par

$$\overline{CW_1} = n\overline{SC} \quad \text{et} \quad \overline{CW_2} = \frac{1}{n}\overline{SC}$$

ce qui donne ici $x_o = n$ avec le choix conventionnel $SC = R = 1$. C'est ce que montre la figure de droite ci-dessus, obtenue en changeant la position de l'objet à la ligne 7 par `x_o=n` et en ajoutant après la ligne 21,

Fichier : `Weierstrass2.py`

Prog. 10.6

```
22 plt.scatter([n, 1/n], [0, 0], zorder=3)
23 plt.text(n,   0.1, r"$W_1$", fontsize=12)
24 plt.text(1/n, 0.24, r"$W_2$", fontsize=12)
```

2.4 Obtention d'une lentille

À partir de la situation suivante, on peut obtenir une lentille en ajoutant un dioptre verre-air sphérique de rayon de courbure $R > 1$ et dont le centre de courbure coïncide avec W_2. Les rayons réfractés par le premier dioptre ne sont alors pas déviés par le second (ils sont dirigés selon la normale au second dioptre et les rayons lumineux issus du point source convergent vers le point W_2. On obtient une lentille qui fait converger en x_i tous les rayons incidents qui convergeaient vers x_o. On dit qu'elle vérifie la propriété de **stigmatisme rigoureux** pour le couple de points W_1, W_2. Pour illustrer cette situation, il suffit de modifier les quelques lignes suivantes dans le programme 10.5

Fichier : `Weierstrass3.py`

Prog. 10.7

```
2 from matplotlib.patches import Circle, Arc
```

pour inclure la fonction permettant de tracer des arcs de cercle et à partir de la ligne 20

```
20 R = 1 + 1/n - 0.3                         # lentille d'épaisseur 0.3
21 beta = degrees(arccos(1/n/R - n/2/R*(1/n**2 + 1 - R**2)))
22 ax = plt.gca()
23 ax.add_patch(Circle((0, 0), 1, linewidth=1, edgecolor='black',
       facecolor='lightgrey'))
24 ax.add_patch(Circle((1/n, 0), R, lw=1, color='white'))
25 ax.add_patch(Arc((1/n, 0), 2*R, 2*R, 0, 180-beta, 180+beta, lw=1,
       color='black'))
26 plt.axis('equal')
27 plt.axis('off')
28 plt.show()
```

pour tracer un disque blanc qui masque la partie du disque grisé qui est supprimée par le second dioptre. Les limites angulaires de l'arc qui ferme la lentille (ligne 25) sont calculée analytiquement (ligne 21) mais si vous n'avez pas le courage, vous pouvez déterminer ces valeurs par tâtonnements. Le calcul analytique permet de pouvoir modifier la valeur de R (ligne 20) sans devoir réajuster manuellement les limites de l'arc (voir la **règle d'or numéro 2**). L'expression de la ligne 21 est obtenue en cherchant l'intersection d'un cercle de centre $(0,0)$ et de rayon 1 avec un cercle de centre $(1/n,0)$ et de rayon R.

Fig. 67

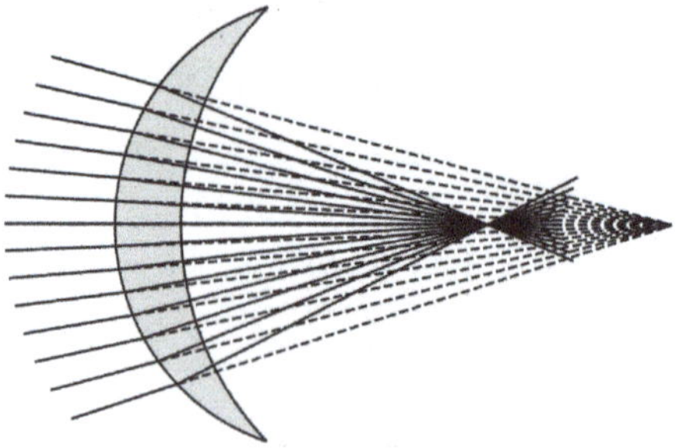

3 Dioptre elliptique

Nous allons maintenant nous intéresser à une situation peu souvent abordée dans les cours d'optique élémentaire : un dioptre dont la forme est décrite par une fonction $x(y)$. Nous commençons par les dioptres elliptiques, avant de passer vraiment à une forme quelconque. Nous ne considérons que le cas d'un faisceau incident parallèle à l'axe optique, vous disposez de tous les éléments pour généraliser à un objet situé à distance finie.

Analyse

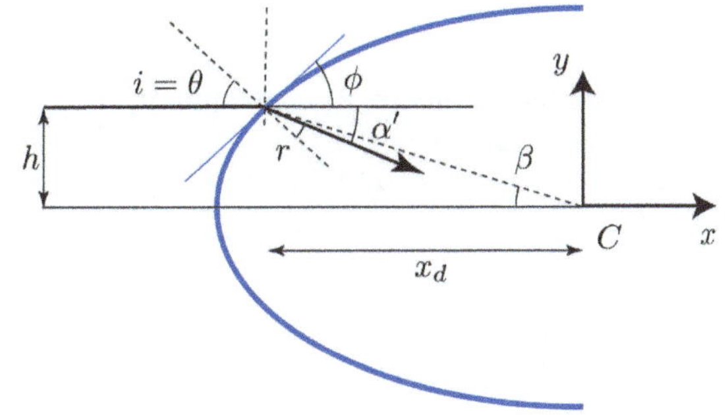

Fig. 68

Une ellipse peut être décrite de deux façons équivalentes, par les deux équations suivantes

$$\frac{x^2}{a^2}+\frac{y^2}{b^2}=1 \quad \text{ou} \quad \begin{cases} x = a\cos\beta \\ y = b\sin\beta \end{cases}$$

où a et b désignent le demi-grand axe et le demi-petit axe de l'ellipse. L'aplatissement est défini comme $\epsilon = b/a$. La seule chose qui change ici par rapport au dioptre sphérique, c'est la relation entre l'angle θ que fait la normale au dioptre avec l'horizontale et la hauteur h à laquelle le rayon incident atteint le dioptre. Or, cet angle est le complémentaire de ϕ, l'angle que fait la tangente au dioptre avec l'horizontale (voir le schéma). Calculons-le. La dérivée de la fonction $y(x)$ est égale à la tangente (au sens des fonctions) de la pente que fait la tangente (au sens des courbes) avec l'axe x, soit

$$\tan\phi = \frac{dy}{dx} \tag{10.2}$$

Or, en différenciant l'équation de l'ellipse,

$$\frac{2x\,dx}{a^2}+\frac{2y\,dy}{b^2}=0 \quad \text{soit} \quad \frac{dy}{dx}=-\frac{b^2}{a^2}\frac{x}{y}=-\epsilon^2\frac{x}{y}$$

et donc

$$\tan\phi = -\epsilon^2\frac{a\cos\beta}{b\sin\beta} = -\frac{\epsilon}{\tan\beta}$$

Comme θ et ϕ sont complémentaires, on a

$$\tan\theta = \frac{1}{\tan\phi} = -\frac{1}{\epsilon}\tan\beta \tag{10.3}$$

Voici qui illustre à merveille la **règle d'or numéro 2** !

Programme

Ceci est mis en œuvre dans le programme suivant, calqué sur les précédents en modifiant le calcul de θ.

Prog. 10.8 Fichier : `dioptre_elliptique.py`

```
import matplotlib.pyplot as plt
from matplotlib.patches import Ellipse
from numpy import *

n, L = 1.5, 2          # indice n et longueur des traits
e = sqrt(1-1/(n*n)) # aplatissement epsilon, cf équation (10.4)

for yd in linspace(-0.7, 0.7, 20):
    alpha = arcsin(yd/e)
    xd = -cos(alpha)
    theta = arctan(tan(alpha)/e)  # voir équation (10.3)
    r = arcsin(sin(theta)/n)      # relation de Snell-Descartes
    x, y = [-2, xd], [yd, yd]
    x += [xd+L*cos(theta-r)]
    y += [yd-L*sin(theta-r)]
    plt.plot(x, y, lw=1, c='black')

plt.gca().add_patch(Ellipse((0, 0), 2, 2*e, lw=1, edgecolor='black',
    facecolor='lightgray'))
plt.axis('equal')
plt.show()
```

Dans le cas du dioptre elliptique, on peut montrer qu'en choisissant judicieusement les paramètres de l'ellipse, on peut rendre le système **rigoureusement stigmatique** pour des rayons à l'infini, c'est-à-dire faire en sorte que les rayons réfractés convergent tous en un même point. Ceci a été montré dès 1637 par Descartes, c'est l'objet du chapitre 8 de sa *Dioptrique*. Plus précisément, c'est le cas si l'aplatissement $\epsilon = b/a$ est tel que

$$\epsilon^2 = \left(\frac{b}{a}\right)^2 = 1 - \frac{1}{n^2} \tag{10.4}$$

Cette expression est implémentée dans le code ci-dessus, on trouve numériquement un aplatissement $b/a \sim 0{,}75$. On peut montrer que le point de convergence des rayons réfractés est alors le foyer de l'ellipse le plus éloigné du dioptre, à la position

$$x_F = \frac{a}{n} \tag{10.5}$$

On obtient la figure de gauche ci-dessous. On voit qu'effectivement, les rayons réfractés convergent en un même point.

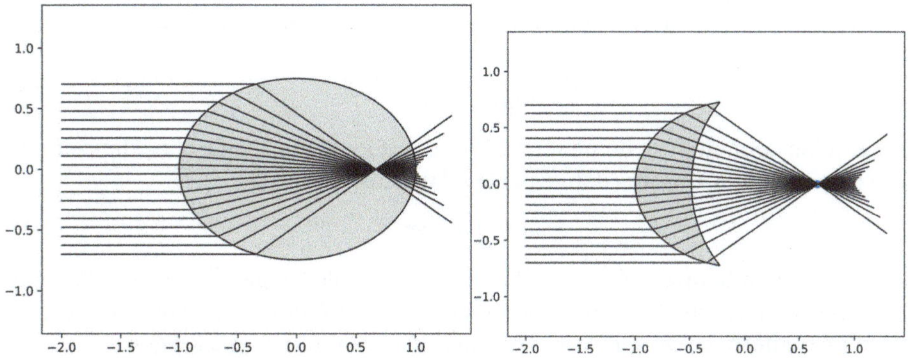

Fig. 69

Comme précédemment, on peut obtenir une lentille (figure de droite) en ajoutant un dioptre sphérique, centré sur le second foyer de l'ellipse, d'abscisse x_F. Il suffit de modifier le programme précédent en ajoutant `Circle` et `Arc` aux fonctions importées à la ligne 2 et de remplacer les lignes 18 et suivantes par

Fichier : `dioptre_elliptique_lent.py` Prog. 10.9

```
18 x_f = 1/n  # position du second foyer, eq. (10.5)
19 R = 1.15
20 beta = degrees(arccos((x_f-n*(1-R))/R))
21 plt.scatter(1/n, 0, zorder=2)
22 plt.gca().add_patch(Ellipse((0, 0), 2, 2*e, lw=1, edgecolor='black',
       facecolor='lightgray'))
23 plt.axis('equal')
24 plt.gca().add_patch(Circle((x_f, 0), R, lw=1, color='white'))
25 plt.gca().add_patch(Arc((x_f, 0), 2*R, 2*R, 0, 180-beta, 180+beta, lw
       =1, color='black'))
26 plt.show()
```

où comme précédemment, les limites angulaire de l'arc ont été calculées analytiquement en cherchant cette fois l'intersection entre un cercle et une ellipse. On obtient la figure de droite ci-dessus. On trouvera dans la *Dioptrique* de Descartes plusieurs figures très semblables à celle-ci. Vous pourrez modifier la valeur de ϵ à la ligne 6 pour réaliser que cette propriété de stigmatisme n'est réalisée que lorsque la relation 10.4 est vérifiée. Le point de convergence théorique a été matérialisé par la commande de la ligne 21.

4 Dioptre de profil quelconque

4.1 Détermination et dessin des rayons réfractés

On peut traiter le cas d'un dioptre de forme quelconque, décrit par une équation $x = f(y)$. On considère ici un faisceau incident parallèle à l'axe optique, avec les mêmes notations que dans la section précédente (voir la figure 68). L'angle d'incidence θ d'un tel rayon qui atteint le dioptre à l'ordonnée y est donné par l'équation 10.2

$$\tan\theta = \frac{1}{\tan\phi} = \frac{dx}{dy} = f'(y) \tag{10.6}$$

Une fois qu'on connaît $f(y)$, on peut en déduire $f'(y)$ et donc l'angle d'incidence $i = \theta$. L'angle de réfraction r est alors donné par la loi de Snell-Descartes

$$\sin\theta = n\sin r$$

et la droite portant le rayon réfracté fait avec l'horizontale l'angle $\alpha' = \theta - r$. L'exemple suivant considère le cas du dioptre elliptique, déjà traité plus haut, pour vérification (**règle d'or numéro 1**). On a dans ce cas la dérivée suivante, codée à la ligne 8

$$f(y) = x = -\sqrt{1 - \frac{y^2}{\epsilon^2}} \quad \text{et} \quad f'(y) = \frac{y}{\epsilon^2}\left(1 - \frac{y^2}{\epsilon^2}\right)^{-1/2} \tag{10.7}$$

Prog. 10.10

Fichier : `dioptre_profil.py`

```
1  import matplotlib.pyplot as plt
2  from numpy import *
3
4  n, L = 1.5, 2       # indice de réfraction et longueur des traits
5  e = sqrt(1-1/n/n)   # équation (10.4)
6
7  def profilx(y): return -sqrt(1-y*y/e/e)
8  def profilx_der(y): return y/sqrt(1-y*y/e/e)/e/e
9
10 for yd in linspace(-e*0.99, e*0.99, 30):
11     xd = profilx(yd)
12     theta = arctan(profilx_der(yd))   # équation (10.6)
13     r = arcsin(sin(theta)/n)          # loi de Snell-Descartes
14     x = [-2, xd, xd+L*cos(theta-r)]
15     y = [yd, yd, yd-L*sin(theta-r)]
16     plt.plot(x, y, lw=1, color='black') # tracé des rayons
17
18 surface_y = linspace(-e*0.99, e*0.99, 100)
19 plt.plot(profilx(surface_y),surface_y) # tracé du dioptre
20 plt.axis('equal')
21 plt.show()
```

- La ligne 7 définit la fonction `profilx()`, qui pour toute valeur de y renvoie la valeur $x = f(y)$;
- La ligne 8 définit la fonction `profilx_der()`, qui pour toute valeur de y renvoie la valeur $x = f'(y)$;
- Ligne 10 : la gamme des valeurs de yd est très légèrement réduite, car en $y_d = \pm e$, la dérivée $f'(y_d) \to \infty$, ce qui produit un message d'erreur ;
- La ligne 12 implémente la relation (10.6).

On obtient la figure suivante, semblable à celle que l'on avait obtenue précédemment.

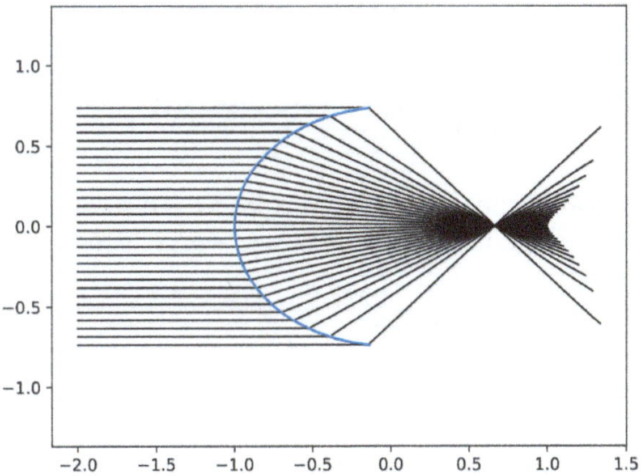

Fig. 70

4.2 Calcul numérique d'une dérivée

Dans le programme précédent, la dérivée de la fonction donnant le profil du dioptre est calculée de façon analytique. Il existe aussi des méthodes permettant d'évaluer numériquement des dérivées. Nous en présentons brièvement le principe général, puis nous utiliserons une de ses implémentations en python. Le point de départ est la notion de **développement limité** selon laquelle, au voisinage d'un point x, on a pour des fonctions f suffisamment dérivables

$$f(x+\Delta x) \approx f(x) + f'(x)\,\Delta x + \frac{1}{2} f''(x)\,(\Delta x)^2 + \cdots$$

où l'égalité est d'autant mieux vérifiée que Δx est petit. On en déduit par exemple que

$$f'(x) \approx \frac{f(x+\Delta x) - f(x)}{\Delta x} - \frac{1}{2} f''(x)\,\Delta x + \cdots$$

ce qui fournit une première façon d'évaluer numériquement la dérivée $f'(x)$. En prenant Δx suffisamment petit, le dernier terme devient de plus en plus petit et on peut évaluer la dérivée au point x par [1]

$$f'(x) \approx \frac{f(x+\Delta x) - f(x)}{\Delta x}$$

Cette expression donne le résultat avec une erreur de l'ordre de Δx. On peut faire mieux, en remarquant que l'on a également

$$\begin{cases} f(x-\Delta x) \approx f(x) - f'(x)\,\Delta x + \frac{1}{2} f''(x)\,(\Delta x)^2 - \frac{1}{6} f'''(x)\,(\Delta x)^3 + \cdots \\ f(x+\Delta x) \approx f(x) + f'(x)\,\Delta x + \frac{1}{2} f''(x)\,(\Delta x)^2 + \frac{1}{6} f'''(x)\,(\Delta x)^3 + \cdots \end{cases}$$

1. Rien d'étonnant a priori, c'est l'approximation d'une dérivée en un point P_0 par la pente de la droite passant par deux points de la courbe infinitésimalement proches de P_0.

et donc

$$f'(x) \approx \frac{f(x+\Delta x) - f(x-\Delta x)}{2\Delta x} + \frac{1}{6} f'''(x)\,(\Delta x)^2$$

et on voit que l'expression

$$f'(x) \approx \frac{f(x+\Delta x) - f(x-\Delta x)}{2\Delta x}$$

fournit une évaluation avec une erreur de l'ordre de $(\Delta x)^2$, d'autant meilleure par rapport à la précédente que Δx est petite. En notant $x_n \equiv x_0 + n\Delta x$, le résultat précédent s'écrit

$$f'(x_0) \approx \frac{f(x_1) - f(x_{-1})}{2\Delta x}$$

On peut améliorer encore la précision en tirant parti de développements limités à des ordres plus élevés, ce qui donne des expressions faisant appel à plus de points x_n. De façon générale, la dérivée d'ordre p peut s'obtenir avec des expressions similaires, faisant intervenir au minimum les $2p+1$ points $x_{-p}, x_{-p+1}, \dots, x_p$.

Remarque sur le choix de Δx : la procédure fait intervenir des différences de nombres très proches, d'autant plus proches que Δx est petit. Ceci peut engendrer des erreurs numériques si la précision sur les deux chiffres que l'on soustrait est moins bonne que le nombre que l'on veut calculer. Ceci est illustré par le programme suivant qui évalue la dérivée de la fonction $f(x) = e^{x-1}$ en $x_0 = 1$ avec plusieurs choix de Δx

Prog. 10.11 Fichier : `derivee_numerique1.py`

```
from numpy import exp

def f(x): return exp(x-1)

x0 = 1
for n in range(1,18):
    Delta_x = 10**(-n)
    der = (f(x0+Delta_x) - f(x0-Delta_x))/2/Delta_x
    print("Delta_x = %.1e, dérivée = %.9e" % (Delta_x, der))
```

qui produit le résultat

Console

```
Delta_x = 1.0e-01, dérivée = 1.001667500e+00
Delta_x = 1.0e-02, dérivée = 1.000016667e+00
Delta_x = 1.0e-03, dérivée = 1.000000167e+00
Delta_x = 1.0e-04, dérivée = 1.000000002e+00
Delta_x = 1.0e-05, dérivée = 1.000000000e+00
Delta_x = 1.0e-06, dérivée = 1.000000000e+00
Delta_x = 1.0e-07, dérivée = 1.000000001e+00
Delta_x = 1.0e-08, dérivée = 9.999999995e-01
Delta_x = 1.0e-09, dérivée = 1.000000027e+00
Delta_x = 1.0e-10, dérivée = 1.000000083e+00
Delta_x = 1.0e-11, dérivée = 1.000000083e+00
```

```
Delta_x = 1.0e-12, dérivée = 1.000033389e+00
Delta_x = 1.0e-13, dérivée = 9.997558337e-01
Delta_x = 1.0e-14, dérivée = 9.992007222e-01
Delta_x = 1.0e-15, dérivée = 1.054711873e+00
Delta_x = 1.0e-16, dérivée = 5.551115123e-01
Delta_x = 1.0e-17, dérivée = 0.000000000e+00
```

Le résultat exact est $f'(x_0) = 1$ et on voit que le choix optimal de Δ_x se situerait vers $\Delta x \sim 10^{-6} - 10^{-5}$, pour cette fonction et ce point particulier. Pour des fonctions ne présentant pas de variations pathologiques, le choix $\Delta x \sim 10^{-5} x_0$ est un bon point de départ.

4.3 Calcul numérique de la dérivée par scipy

La procédure décrite précédemment est mise en œuvre par la fonction `derivative()` fournie par le module `misc` de la bibliothèque `scipy`. Sa syntaxe est la suivante : si `fun` désigne une fonction connue de python (une fonction appartenant à une bibliothèque ou une fonction définie par l'utilisateur), alors la commande

```
scipy.misc.derivative(fun, x, dx, n=1, order=3)
```

estime la valeur de la dérivée n-ème de `fun` au point x, estimation basée sur l'évaluation de la fonction au voisinage de x, à des points séparés de dx. Pour la dérivée première, on peut omettre l'argument n=1 et écrire simplement

```
scipy.misc.derivative(fun, x, dx)
```

Ainsi, le programme

Fichier : `derivee_numerique2.py` Prog. 10.12

```
from scipy.misc import derivative
from numpy import exp

def f(x): return exp(x-1)

x0 = 1
for n in range(1,18):
    Delta_x = 10**(-n)
    der = derivative(f, 1, Delta_x, n=1, order=3)
    print("Delta_x = %.1e, dérivée = %.9e" % (Delta_x, der))
```

donne exactement le même résultat que le programme 10.11. On peut tester l'influence du nombre de points utilisés pour évaluer la dérivée,

Fichier : `derivee_numerique3.py` Prog. 10.13

```
from scipy.misc import derivative
from numpy import exp

def f(x): return exp(x-1)

```

```
x0 = 1
Delta_x = 0.1
for p in range(3,15,2):
    der = derivative(f, 1, Delta_x, n=1, order=p)
    print("order =",p, ", dérivée =",der)
```

qui produit

Console

```
order = 3 , dérivée = 1.0016675001984403
order = 5 , dérivée = 0.9999966626960974
order = 7 , dérivée = 1.00000000715676
order = 9 , dérivée = 0.9999999999840832
order = 11 , dérivée = 1.0000000000000362
order = 13 , dérivée = 1.000000000000002
```

4.4 Application au dioptre de forme quelconque

On peut maintenant adapter le programme 10.10 en important la fonction `derivative`

Prog. 10.14 Fichier : `dioptre_profil2.py`

```
from scipy.misc import derivative
```

et en changeant la définition de la dérivée par

```
def profilx_der(y): return derivative(profilx, y, dx=0.001)
```

On obtient bien de nouveau la figure 70, dans ce cas du dioptre elliptique. Ceci illustre de nouveau la **règle d'or numéro 1**.

4.5 Réfraction par des vagues

Appliquons ce qui précède pour une interface de forme sinusoïdale (ligne 8)

Prog. 10.15 Fichier : `profil_vagues.py`

```
1  import matplotlib.pyplot as plt
2  from numpy import *
3  from scipy.misc import derivative
4
5  L = 2                  # longueur des rayons
6  n1, n2 = 1, 1.5        # indices de réfraction
7
8  def profilx(y):       return 0.1*sin(10*y)
9  def profilx_der(y): return derivative(profilx, y, dx=0.001)
10
11 for h in linspace(-1, 1, 50):          # boucle sur les rayons lumineux
12     x = profilx(h)
```

```
13     theta = arctan(profilx_der(h))    # équation (10.6)
14     r     = arcsin(sin(theta)*n1/n2) # loi de Snell-Descartes
15     line1_x = [-2, x, x + L*cos(theta-r)]
16     line1_y = [h,  h, h - L*sin(theta-r)]
17     plt.plot(line1_x, line1_y, linewidth=1, color='black')
18 plt.axis('equal')
19 plt.ylim(-1, 1)
20 surface_y = linspace(-1, 1, 50)
21 plt.plot(profilx(surface_y), surface_y) # surface réfractante
22 plt.show()
```

qui donne la figure de gauche ci-dessous. Comme précédemment, la figure de droite est obtenue en densifiant les rayons et en leur appliquant une faible opacité. On observe la formation de caustiques.

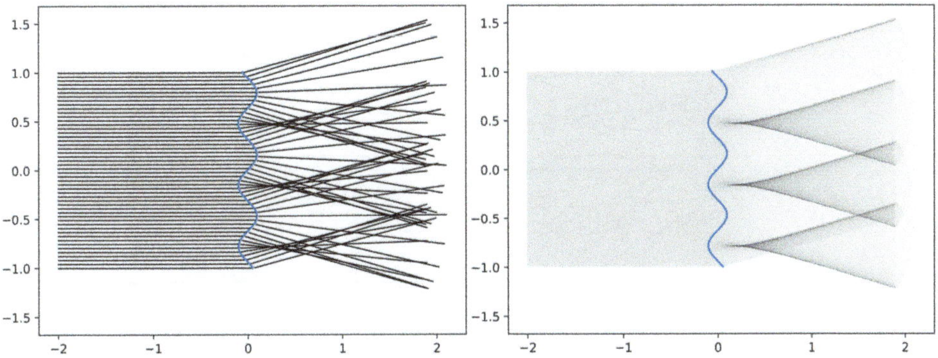

Fig. 71

Les quelques programmes qui précèdent ne permettent pas de traiter tous les cas d'interfaces réfractantes : si le milieu initial est plus réfringent que le milieu final, la condition de réflexion totale peut être vérifiée et le calcul du rayon émergent conduit à une erreur. Par exemple, en intervertissant les valeurs de `n1` et `n2` dans le programme précédent (ligne 6), on obtient le message d'erreur suivant

Console

```
profil_vagues.py:17: RuntimeWarning: invalid value encountered in
    arcsin
  thetaprime=arcsin(sin(theta)*n1/n2)
```

La fonction `arcsin()` n'est pas définie lorsque son argument est supérieur à 1, c'est la condition de réflexion totale. On y remédie en testant cette condition et ne traçant le rayon émergent que si on peut le faire. On remplace les lignes 11 à 17 du programme précédent par

Fichier : `profil_vagues3.py`

Prog. 10.16

```
11 for h in linspace(-1, 1, 50):   # boucle sur les rayons lumineux
12     x = profilx(h)
13     theta=arctan(profilx_der(h))
```

```
    s =sin(theta)*n1/n2
    line1_x, line1_y =[-2,x],[h, h]
    if (-1<s<1):
        r = arcsin(s)          # loi de Snell-Descartes
        line1_x += [x+longueur*cos(theta-r)]
        line1_y += [h-longueur*sin(theta-r)]
    plt.plot(line1_x, line1_y, lw=1, c='black')
```

On obtient la figure de gauche, où l'on voit que les rayons qui arrivent avec une incidence trop grande ne se prolongent pas en des rayons émergents. La figure de droite est obtenue, comme précédemment, en densifiant les rayons.

Fig. 72

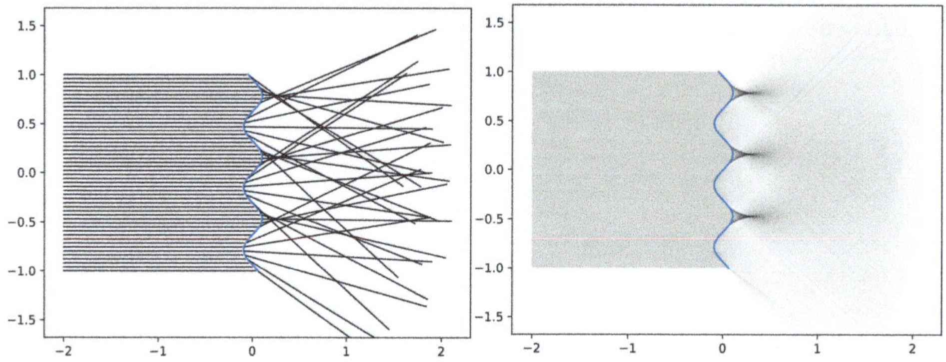

5 Caustiques : nappes tangentielles

5.1 Théorie

Sur plusieurs figures tracées dans ce chapitre, on distingue nettement l'enveloppe formée par le faisceau réfléchi ou réfracté. Sur cette enveloppe, l'intensité lumineuse est plus forte qu'ailleurs, on l'appelle une **caustique**, il s'agit plus précisément de la nappe tangentielle de la caustique (voir la section 2.1). Nous allons dans cette section tracer celle obtenue par réflexion par un miroir sphérique.

Considérons un faisceau de rayons lumineux, par exemple les rayons réfléchis des figures 61, décrit par la famille de droites d'équations

$$y = ax + b$$

où les valeurs des coefficients a et b varient continûment d'une droite du faisceau à l'autre, on peut les noter $a(\theta)$ et $b(\theta)$ si on connaît leur expression en fonction d'un paramètre θ. Deux droites infiniment voisines sont décrites par les équations

$$y = ax + b \quad \text{et} \quad y = (a + da)x + (b + db)$$

Ces droites se croisent au point dont les coordonnées (X, Y) sont obtenues en égalisant les x et y des deux équations précédentes, soit (voir également la paragraphe 4 du chapitre 12)

$$X = -\frac{db}{da} \quad \text{et} \quad Y = -a\frac{db}{da} + b$$

Ces deux expressions donnent l'équation paramétrique de la caustique. Lorsqu'on dispose des expressions de $a(\theta)$ et $b(\theta)$, on peut les réécrire

$$X = -\frac{b'}{a'} \quad \text{et} \quad Y = -a\frac{b'}{a'} + b$$

5.2 Exemple : réflexion sur un miroir sphérique concave

Dans le cas de la réflexion sur un miroir sphérique concave d'un faisceau incident parallèle à l'axe optique, les rayons réfléchis sont portés par des droites dont l'équation, donnée en (10.1), peut se mettre sous la forme

$$y = -x\tan(2\theta) - \frac{R\sin\theta}{\cos(2\theta)} \quad \text{soit} \quad a = -\tan(2\theta) \quad \text{et} \quad b = -\frac{R\sin\theta}{\cos(2\theta)}$$

et donc

$$\begin{cases} a' = -\dfrac{2}{\cos^2(2\theta)} \\ b' = -\dfrac{R\cos\theta\cos(2\theta) + 2R\sin\theta\sin(2\theta)}{\cos^2(2\theta)} \end{cases}$$

et finalement, après calcul et simplification, les points de la caustique ont pour coordonnées.

$$\begin{cases} X = -\dfrac{R}{2}(\cos\theta\cos 2\theta + 2\sin\theta\sin 2\theta) \\ Y = +\dfrac{R}{2}(\cos\theta\sin 2\theta - 2\sin\theta\cos 2\theta) \end{cases} \tag{10.8}$$

Le programme suivant implémente ces équations. Pour plus de lisibilité, on a défini à la ligne 11 des variables intermédiaires pour $\cos\theta$, $\sin\theta$, $\cos 2\theta$ et $\sin 2\theta$.

Fichier : `caustique_miroir_conc.py` Prog. 10.17

```
1  import matplotlib.pyplot as plt
2  from matplotlib.patches import Arc
3  from numpy import *
4
5  longueur = 2  # longueur tracée des rayons réfractés
6  caustique_x, caustique_y = [], []
7  ymax=0.95
8  for y in linspace(0, ymax, 20):
9      theta=arcsin(y)
10     x = cos(theta)
11     c, s, c2, s2 = cos(theta), sin(theta), cos(2*theta), sin(2*theta)
```

```
        x1 = x - longueur*c2
        y1 = y - longueur*s2
        plt.plot([-2, x, x1], [y, y, y1], c='black', lw=1)
        caustique_x += [0.5*(c*c2 + 2*s*s2)]
        caustique_y += [0.5*(c*s2 - 2*s*c2)]
plt.axis('equal')
plt.gca().add_patch(Arc((0, 0), 2, 2, 0, -90, 90, lw=1, color='blue')
    )
plt.plot(caustique_x, caustique_y, lw=2, color='red')
plt.show()
```

On obtient la figure de gauche suivante, où la caustique est tracée en rouge et le miroir en bleu. La figure de droite est obtenue en supprimant le tracé de la caustique et en densifiant les rayons, comme précédemment.

Fig. 73

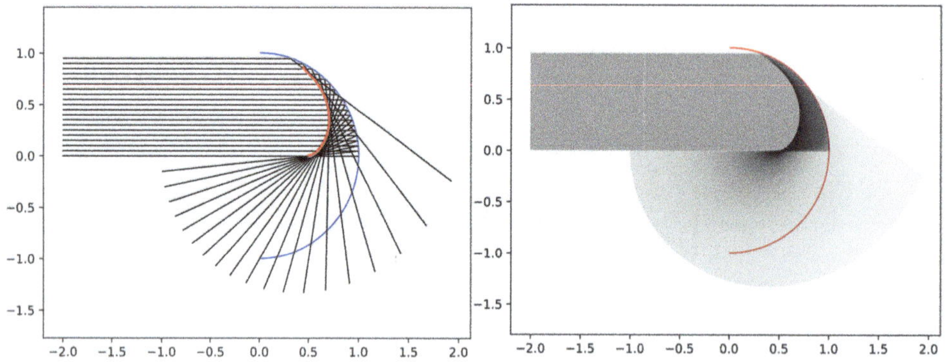

6 Mini-projets

6.1 Mini-projet 1 : caustique du miroir sphérique convexe

Adapter le programme 10.17 pour remplacer le miroir concave par un miroir convexe. En guise de solution, le programme `miroir_spherique_miniprojet1.py` dans l'ensemble des programmes téléchargeables produit la figure de gauche ci-dessous. Il a fallu ajouter le tracé des prolongements des rayons réfléchis, la caustique est virtuelle dans ce cas : il n'y a pas d'accumulation de lumière le long de cette courbe, mais c'est de cette courbe que semblent provenir de nombreux rayons lumineux.

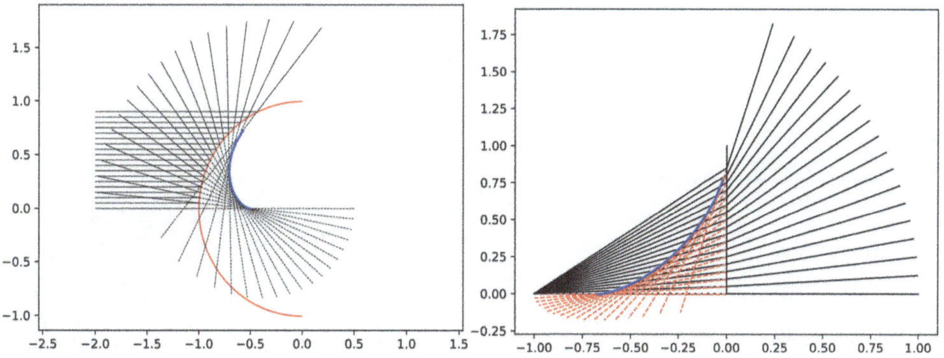

Fig. 74

6.2 Mini-projet 2 : caustique du dioptre plan

Écrire un programme qui trace la caustique créée lors de la réfraction par un dioptre plan (d'équation $x = 0$) d'un faisceau issu d'un point source de coordonnées $(-x_0, 0)$. On pourra montrer qu'en notant θ et θ' l'angle d'incidence et l'angle de réfraction, elle a pour équation

$$X = -\frac{x_o}{n}\frac{\cos^3\theta'}{\cos^3\theta} \quad \text{et} \quad Y = X\tan,\theta + x_0\tan\theta'$$

En guise de solution, la figure de droite ci-dessus est obtenue avec le programme intitulé `caustique_dioptre.py` dans l'ensemble des programmes téléchargeables.

6.3 Mini-projet 3 : réflexions multiples sur un miroir concave

Reprendre le programme 10.1 de la section 1 et le modifier pour qu'il prenne en compte le fait que les rayons réfléchis peuvent eux-mêmes atteindre de nouveau le miroir et être de nouveau réfléchis.

En guise de solution, voir `miroir_spherique_multiple.py` dans l'ensemble des programmes téléchargeables. Pour chaque rayon incident, atteignant le miroir au point M de coordonnées (x_m, y_m), il calcule la pente a du rayon réfléchi. Ce rayon est porté par une droite d'équation $y - y_m = a(x - x_m)$. Cette droite coupe le cercle de rayon R en un autre point que M et on peut montrer que ce point a pour coordonnées

$$\begin{cases} x'_m = \dfrac{a^2-1}{a^2+1}x_m - \dfrac{2a}{a^2+1}y_m \\ y'_m = y_m + a\left(x'_m - x_m\right) \end{cases}$$

Le programme calcule ces coordonnées et si $x'_m > 0$, reprend la procédure au début (c'est que le rayon atteint de nouveau le miroir). On obtient les figures suivantes en prenant à la ligne 7 :

- `linspace(0.95, 0.95, 1)` pour tracer un unique rayon incident ;
- `linspace(0, 0.95, 20)` pour tracer 20 rayons.

Fig. 75

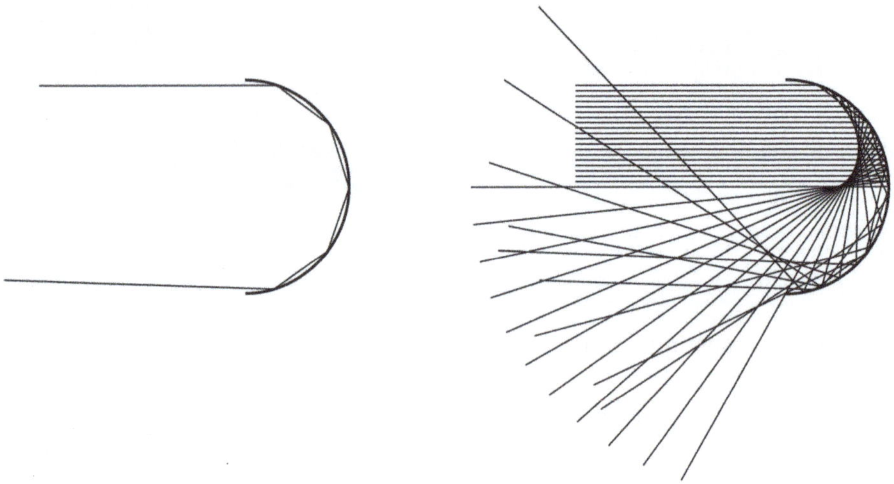

Les figures suivantes sont obtenues en densifiant les rayons, comme précédemment, avec

- `linspace(0, 0.95, 1000)` pour celle de gauche ;
- `linspace(-0.95, 0.95, 1000)` pour celle de droite ;

en appliquant un attribut d'opacité `alpha=0.02` aux tracés à la ligne 23.

Fig. 76

11 Stigmatisme

1 Stigmatisme approché, conditions de Gaus

Stigmatisme approché du miroir sphérique

Reprenons le programme 10.17 en considérant des rayons lumineux incidents plus proches de l'axe optique, en diminuant la valeur du paramètre y_max et en modifiant la ligne 17 en

Fichier : caustique_miroir_conc1a.py Prog. 11.1

```
17 plt.ylim(-ymax, ymax)
```

afin que les rayons restent discernables. On obtient la figure de gauche. Avec des rayons lumineux encore plus proches de l'axe optique en faisant ymax=0.1 à la ligne 7, on obtient la figure de droite (remarquez le changement d'échelle verticale).

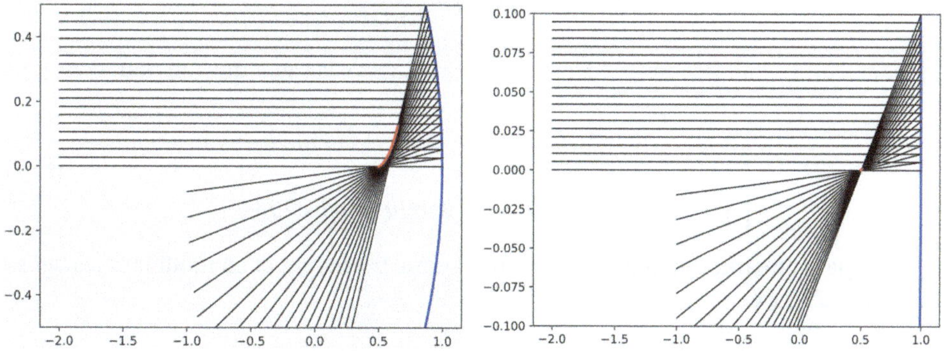

Fig. 77

On peut faire plusieurs commentaires à propos de la figure de droite. D'une part, la courbure du miroir devient très peu perceptible et on aurait aussi bien pu le dessiner comme un segment. D'autre part, tous les rayons réfléchis semblent converger en un même point. Ce n'est pas tout à fait exact, comme le montre la figure suivante obtenue en zoomant sur la précédente.

Fig. 78

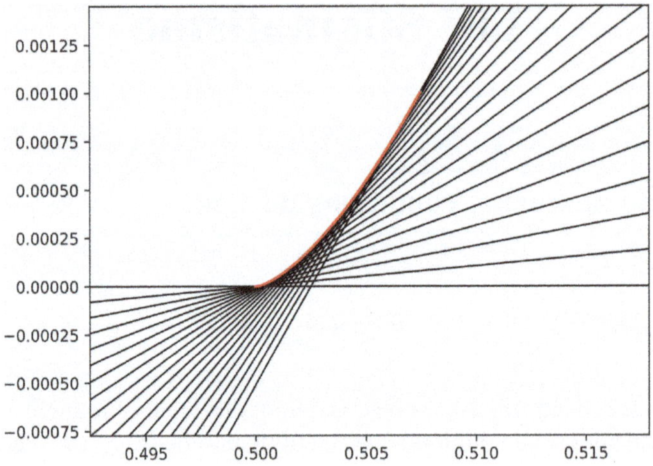

On remarque cependant que la région de convergence (la taille de la caustique) est 100 fois plus petite pour $y_{max} = 0{,}1$ que pour $y_{max} = 0{,}5$. cette propriété est appelée le **stigmatisme approché**. Si on calcule la taille de la caustique en fonction du paramètre y_{max}, on s'aperçoit qu'elle évolue comme y_{max}^2 lorsque $y_{max} \ll R$. Cette propriété est souvent énoncée comme « Les rayons convergent au voisinage du même point s'ils sont initialement proches de l'axe optique ».

Considérons maintenant des rayons incidents parallèles tous inclinés d'un angle i par rapport à l'axe optique, le calcul du paragraphe 5.2 du chapitre précédent devient

$$y = -x\tan(2\theta + i) - \frac{R\sin(\theta + i)}{\cos(2\theta + i)}$$

Après calcul et simplification, on trouve que les points de la caustique ont pour coordonnées.

$$\begin{cases} X = -\dfrac{R}{2}\left[\cos\theta\cos(2\theta + i) + 2\sin(\theta + i)\sin(2\theta + i)\right] \\ Y = +\dfrac{R}{2}\left[\cos\theta\sin(2\theta + i) - 2\sin(\theta + i)\cos(2\theta + i)\right] \end{cases} \tag{11.1}$$

Ceci peut être tracé en reprenant le programme précédent et en modifiant les lignes indiquées en grisé.

Prog. 11.2 Fichier : `caustique_miroir_conc1c.py`

```
import matplotlib.pyplot as plt
from matplotlib.patches import Arc
from numpy import *

longueur = 2  # longueur tracée des rayons réfractés
caustique_x, caustique_y = [], []
ymax=0.1
i = 0.5
for y in linspace(0,ymax,20):
```

```python
    theta=arcsin(y)
    x = cos(theta)
    c, s, c2, s2 = cos(theta+i), sin(theta+i), cos(2*theta+i), sin(2*theta+i)
    x1 = x - longueur*c2
    y1 = y - longueur*s2
    plt.plot([-2*cos(i), x, x1], [2*sin(i), y, y1], c='black', lw=1)
    caustique_x += [0.5*(c*c2 + 2*s*s2)]
    caustique_y += [0.5*(c*s2 - 2*s*c2)]
plt.axis([0.5, 1.1 ,-0.25, 0.15])
plt.gca().add_patch(Arc((0, 0), 2, 2, 0, -90, 90, lw=2, color='blue'))
plt.plot(caustique_x, caustique_y, lw=2, color='red')
plt.show()
```

On obtient la figure de gauche et en zoomant, la figure de droite.

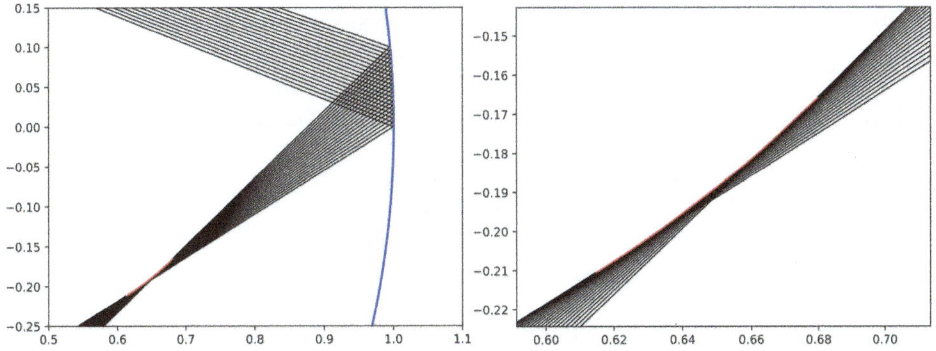

Fig. 79

Conditions de Gauss et optique paraxiale

On voit sur la figure précédente que même pour un faisceau lumineux étroit, la caustique s'allonge lorsque ce faisceau devient plus incliné par rapport à l'axe optique (vous pouvez changer l'inclinaison dans les programme précédents et le vérifier). Si on veut que le miroir concave focalise les rayons au voisinage d'un même point, il faut donc que deux conditions soient vérifiées, on les appelle les **conditions de Gauss** : les rayons lumineux doivent :

- être faiblement inclinés par rapport à l'axe optique ;
- atteindre le miroir au voisinage de son sommet.

Lorsque ces conditions sont vérifiées, un faisceau incident issu d'un point A donne, après réflexion, un faisceau qui converge au voisinage d'un point A' qu'on appelle l'**image** de A (A étant lui-même appelé l'**objet**). Si le faisceau incident (ou réfléchi) est constitué de rayons parallèles, on dit que l'objet A (ou l'image A') est à l'infini. Ces définitions se généralisent aux dioptres en remplaçant « réfléchis » par « réfractés ». Mathématiquement, dans les conditions de Gauss, plusieurs angles caractérisant les rayons lumineux ou les points d'intérêt sont petits et on peut les confondre avec leur sinus et leur tangente (si on les exprime en radians). Ceci rend linéaires les lois de la réflexion et de la réflexion. Par exemple, la loi de la réfraction prend la forme $r = ni$ au lieu de $\sin r = n \sin i$ pour la réfraction sur un dioptre sphérique dans les conditions de Gauss.

Ces conditions définissent ce qu'on appelle l'**optique paraxiale.** La position le long de l'axe optique de l'image A' est reliée à celle de l'objet A par une **relation de conjugaison**. Pour le miroir sphérique, elle est donnée par

$$\frac{1}{\overline{SA'}} + \frac{1}{\overline{SA}} = \frac{2}{\overline{SC}}$$

où S désigne la position du sommet et C celle du centre de courbure du miroir. Les barres désignent des distances algébriques, qui peuvent être négatives ou positives selon que le premier point se trouve avant ou après le second, après avoir convenu d'un sens positif le long de l'axe. Lorsque A est à l'infini, on voit que A' est situé à la position $\overline{SA'} = \overline{SC}/2$. On note F' cette position, c'est le **foyer image** du miroir sphérique ; il est situé au milieu du segment SC. On définit de même le **foyer objet** F dont l'image par le miroir est à l'infini. Pour les miroirs sphériques, les deux foyers F et F' sont confondus, mais ce n'est pas le cas pour d'autres systèmes, les dioptres et les lentilles en particulier.

2 Images dans les conditions de Gauss

Position des images et grandissement

Nous allons maintenant nous placer dans les conditions de Gauss et étudier la position et la taille des images formées par un miroir sphérique concave. Le programme suivant trace $\overline{SA'}$ en fonction de $\overline{SA}$ (variables `xi` et `xo`, respectivement) en utilisant la relation de conjugaison qui indique que $x_i = x_o f/(x_o - f)$. Le choix `f=-1` revient à prendre la distance focale comme unité de référence, c'est-à-dire à exprimer toutes les distances en unités de la focale. On notera également que la courbe est tracée en deux fois, pour éviter l'asymptote verticale à la valeur $\overline{SA} = f$ qui conduit à $\overline{SA'} \to \infty$.

Prog. 11.3 Fichier : `relation_conjugaison.py`

```
import matplotlib.pyplot as plt
from numpy import *

f = -1
def position_image(x): return xo*f/(xo-f)

fig, ax= plt.subplots()
ax.spines['left'].set_position(('data', 0.))
ax.spines['bottom'].set_position(('data', 0.))
ax.spines['right'].set_visible(False)
ax.spines['top'].set_visible(False)
xo = linspace(-8, -1.2, 100)
plt.plot(xo, position_image(xo), lw=2, color='b')
```

```
xo = linspace(-0.85, 8, 100)
plt.plot(xo, position_image(xo), lw=2, color='b')
plt.plot([-8, 8], [f, f], lw=1, c='k', ls='dashed')
plt.plot([f, f], [-6, 6], lw=1, c='k', ls='dashed')
plt.axis('equal')
plt.show()
```

qui donne la figure de gauche ci-dessous, où les lignes pointillées représentent les positions remarquables $x_o = f$ (droite verticale) et $x_i = f$ (droite horizontale).

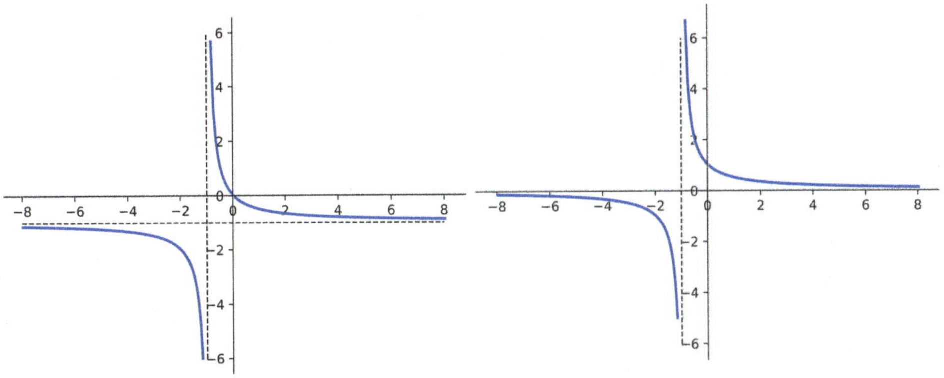

Fig. 80

La figure de droite représente le grandissement (on peut montrer qu'il est égal à $\gamma = -\overline{SA'}/\overline{SA}$ pour les miroirs sphériques) en fonction de la position $\overline{SA}$ de l'objet, vous pouvez vérifier qu'on l'obtient en modifiant le programme précédent, par exemple en introduisant la fonction

Fichier : `relation_conjugaison2.py` — Prog. 11.4

```
def grandissement(x): return f/(f-xo)
```

On peut aussi, plus visuellement, construire l'image d'une série d'objets identiques et régulièrement espacés. On peut transformer chacun des points de l'objet pour obtenir autant d'images, selon

$$x_i = \frac{f' x_o}{x_o - f'} \quad \text{et} \quad y_i = -y_o \frac{x_i}{x_o}$$

Fichier : `miroir_concave_images.py` — Prog. 11.5

```
import matplotlib.pyplot as plt
from numpy import *

y_o =  1.    # taille des objets
f   = -5.    # focale du miroir
liste_xo = list(range(-26, -5, 2)) + list(range(-4, 0, 2))
alphabet="ABCDEFGHIJKLMNOPQRSTUVWXYZ"
for i, x_o in enumerate(liste_xo):
```

```
9       x_i =  x_o*f/(x_o-f)   # coord. x de l'image
10      y_i = -x_i/x_o*y_o     # coord. y de l'image (grandissement)
11      couleur_o, couleur_i = 'blue', 'lightblue'
12      if x_o > f:
13          couleur_o, couleur_i = 'green', 'lightgreen'
14      plt.plot([x_o, x_o], [0, y_o], lw=2, color=couleur_o)
15      plt.plot([x_i, x_i], [0, y_i], lw=2, color=couleur_i)
16      plt.text(x_o-0.3, 1.1*y_o, alphabet[i], size=8, c=couleur_o)
17      plt.text(x_i-0.3, y_i-0.1+sign(y_i)*0.3, alphabet[i], size=8, c=
            couleur_o)
18
19  plt.plot([-0.4, 0, 0,-0.4], [2.2, 2, -2, -2.2], c='k') # miroir
20  plt.plot([-30,20], [0, 0], lw=1, c='black')            # axe optique
21  plt.scatter(f, 0, c = 'red')                           # foyer
22  plt.show()
```

Ce programme donne la figure de gauche ci-dessous. Les objets sont en bleu ou en vert, selon qu'ils sont situés avant ou après le foyer (le point rouge), les images sont respectivement en bleu clair ou en vert clair. Nous avons également affiché des lettres (lignes 16 et 17) pour identifier les objets et leurs images respectives, en utilisant une astuce basée sur le fait qu'une chaîne de caractères (ligne 7) a les propriétés d'une liste, en Python. Les objets situés plus près du foyer ont leur image plus éloignée du foyer.

Fig. 81

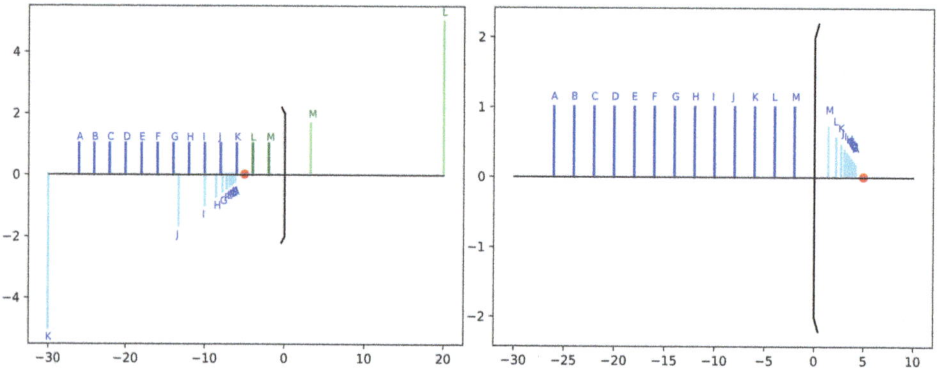

Pour un miroir convexe, il sufit de changer le signe de la focale à la ligne 5, avec `f=5`. et de modifier le tracé du symbole du miroir optique (et de raccourcir l'axe optique)

Prog. 11.6 Fichier : `miroir_convexe_images.py`

```
19  plt.plot([0.4, 0, 0,0.4], [2.2, 2, -2, -2.2], c='k') # miroir
20  plt.plot([-30,10], [0, 0], lw=1, c='black')          # axe optique
```

Image d'un objet plus complexe

L'ordinateur n'aura pas d'états d'âme à calculer la transformée d'un très grand nombre de points plutôt que de 3 ou 4 et nous allons maintenant considérer un objet un peu plus complexe qu'une forme géométrique élémentaire, constitué de 200 points. La fonction

```
souris(pos_x, echelle)
```

écrite pour cet ouvrage et placée dans le fichier `souris.py`, renvoie les coordonnées de points qui, quand on les relie, dessinent une souris. Cette fonction demande deux arguments, pos_x l'abscisse de la position des pattes et `echelle` l'échelle du tracé. Elle renvoie deux listes x et y contenant les coordonnées de l'objet. Le programme suivant l'utilise pour dessiner une souris ainsi que son image, dans les conditions de Gauss, par un miroir concave.

Fichier : `souris_miroir_concave.py` Prog. 11.7

```
import matplotlib.pyplot as plt
import numpy as np
from matplotlib.patches import Arc
from souris import souris

f = -5.                               # focale du miroir
x, y = souris(-2, 1.)                 # coordonnées de l'objet
x, y = np.array(x), np.array(y)

X = x*f/(x-f)                         # relation de conjugaison
Y = -y*X/x                            # grandissement

fig, ax = plt.subplots(figsize=(8,3))
plt.axis([-5, 15, -2, 2])
ax.set_aspect('equal')
plt.plot(x, y, linewidth=2, color='blue')
plt.plot(X, Y, linewidth=2, color='black')
ax.add_patch(Arc((2*f, 0), 4*f, 4*f, 0, 90, 270, lw=2, color='red'))
plt.show()
```

On obtient la figure de gauche ci-dessous. En changeant le signe de la focale, on obtient la figure de droite montrant l'image de la souris par un miroir convexe.

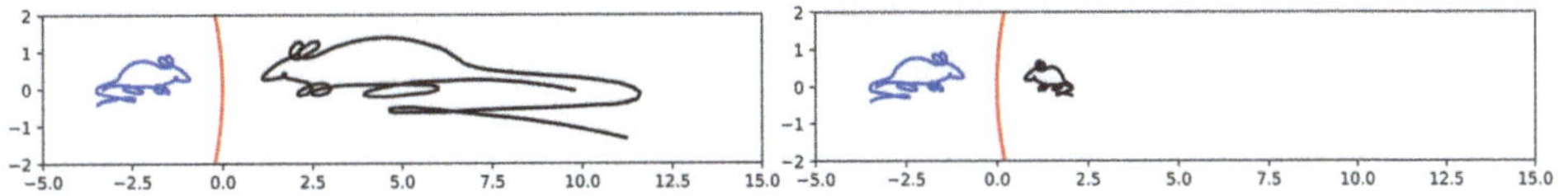

Fig. 82

3 Aberrations du miroir sphérique

Reprenons de nouveau le programme 10.17 en modifiant la ligne 7 pour limiter davantage la taille du miroir à $R/10$ et en faisant apparaître les rayons qui atteignent la moitié inférieure du miroir

Fichier : `caustique_miroir_conc1d.py` Prog. 11.8

```
9 for y in linspace(-ymax,ymax,20):
```

Nous avons également adapté les limites du graphe par

```
plt.axis([0, 1.05,  -0.2, 0.2])
ax.set_aspect('equal')
```

On obtient la figure suivante (à gauche pour l'original, à droite pour un zoom), où l'on voit de nouveau que le faisceau parallèle incident n'est pas exactement réfléchi vers un unique point.

Fig. 83

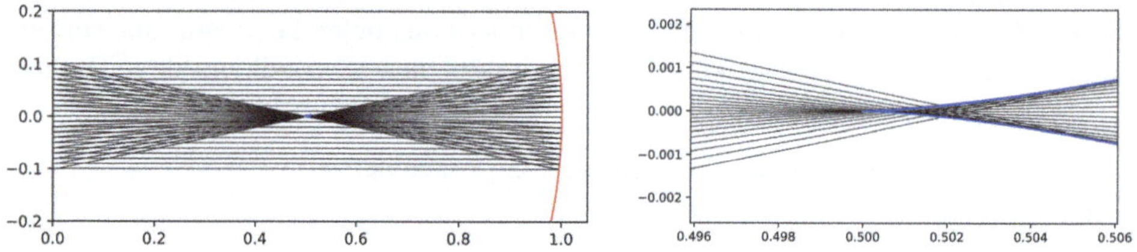

Pour observer l'image formée par le miroir, on place un écran dans le plan orthogonal à l'axe optique. Dans cette section, nous allons calculer la distribution de lumière sur un tel écran. Pour cela, nous allons :

- considérer l'ensemble des rayons lumineux issus d'un point source A (l'objet) qui atteignent le miroir en des points que l'on notera M, sans restreindre l'étude à un plan : les rayons lumineux formeront un faisceau tridimensionnel conique ;
- calculer la direction du rayon réfléchi ;
- en déduire le point de l'écran atteint par chacun de ces rayons.

Jusqu'à maintenant, nous avons utilisé le fait que le rayon réfléchi fait avec la normale au miroir le même angle que le rayon incident, en limitant les études à un ensemble de rayons contenus dans un même plan. Ici, nous présentons une autre description de la réflexion qui sera très simple à généraliser à un faisceau lumineux tridimensionnel.

Fig. 84

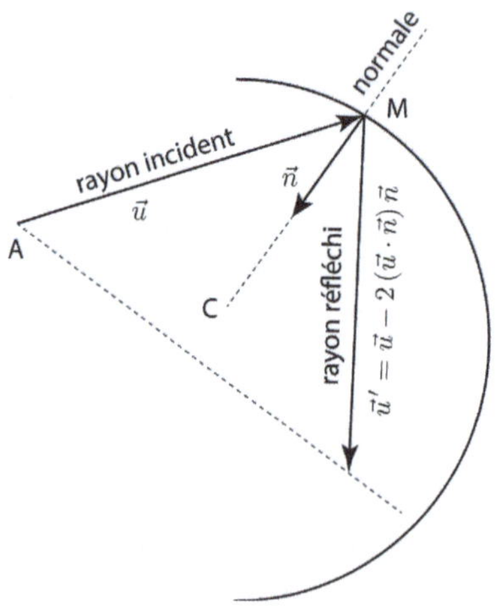

Notons $\vec{n}$ le vecteur unitaire normal à la surface réfléchissante et $\vec{u} = \overrightarrow{AM}$ un vecteur dirigé le long du rayon incident. Si on note $\vec{u}_n$ la projection de $\vec{u}$ sur $\vec{n}$, l'effet de la réflexion est de transformer le rayon incident en un rayon réfléchi dans la direction $\vec{u}'$ obtenue en inversant le sens de $\vec{u}_n$, soit

$$\vec{u}' = \vec{u} - 2(\vec{u} \cdot \vec{n})\,\vec{u}_n \tag{11.2}$$

Le programme suivant considère un rayon incident issus du point S de coordonnées (x_S, y_S, z_S) et atteignant le miroir à un point de coordonnées (x_m, y_m, z_m) où l'axe z est dirigé selon l'axe optique. Le miroir s'appuyant sur une sphère de rayon R, on a

$$z_m^2 = R^2 - (x_m^2 + y_m^2)$$

Le vecteur unitaire $\vec{n}$ normal au miroir au point (x_m, y_m) est dirigé vers le centre de courbure C du miroir. On a donc, en prenant comme origine le sommet du miroir et en notant R son rayon de courbure,

$$\vec{n} = \begin{pmatrix} x_m \\ y_m \\ z_m - R \end{pmatrix} \quad \text{et} \quad \vec{u} = \begin{pmatrix} x_m - x_A \\ y_m - y_A \\ z_m - z_A \end{pmatrix}$$

Il reste à déterminer les coordonnées (x_e, y_e) du point auquel chaque rayon atteint l'écran, celui-ci étant placé par exemple à la position z_e donnée par la relation de conjugaison

$$\frac{1}{z_e} = \frac{-2}{R} - \frac{1}{z_A}$$

Le long du rayon réfléchi, les coordonnées vérifient (équation paramétrique d'une droite)

$$\begin{cases} x - x_m = \lambda u'_x \\ y - z_m = \lambda u'_y \\ z - z_m = \lambda u'_z \end{cases} \quad \text{soit} \quad \begin{cases} x = x_m + (z_e - z_m)\dfrac{u'_x}{u'_z} \\ y = y_m + (z_e - z_m)\dfrac{u'_y}{u'_z} \end{cases}$$

Ceci est mis en œuvre dans le programme suivant qui trace les rayons incidents qui atteignent le miroir sur une grille régulière de taille 10 × 10 à une distance du sommet du miroir inférieure à une valeur `rlim` (la taille physique du miroir) et qui place un symbole à chacun des points où les rayons réfléchis atteignent l'écran. La ligne 16 implémente l'expression (11.2) et la fonction `dot()` calcule le produit scalaire de deux `ndarray`.

Fichier : `aberrations_scatter1a.py` Prog. 11.9

```
1 import matplotlib.pyplot as plt
2 from numpy import *
3
4 R=1
5 xA, yA, zA = 0., 0., -1E6
6 ze = 1/(-2/R-1/zA)
7 rlim = 0.1*R
8 x, y = [], []
9 for xm in linspace(-rlim, rlim, 10):
```

```
10      for ym in linspace(-rlim, rlim, 10):
11          rm2 = xm**2 + ym**2
12          if (rm2<rlim**2):
13              zm = sqrt(R**2-(xm**2 + ym**2))-R
14              normale = array([-xm, -ym, -R-zm])
15              u = array([xm-xA, ym-yA, zm-zA])
16              u = u - 2*dot(u,normale)*normale
17              x += [xm + u[0]/u[2]*(ze-zm)]
18              y += [ym + u[1]/u[2]*(ze-zm)]
19  plt.scatter(x, y, s=2)
20  plt.axis('equal')
21  plt.show()
```

On obtient la figure de gauche. La figure de droite est obtenue en prenant beaucoup plus de points, en remplaçant la valeur 10 par 200 aux lignes 9 et 10 (le programme met donc 4000 fois plus de temps à s'exécuter) et en les affichant avec une taille beaucoup plus petite, `s=0.001` à la ligne 19.

Fig. 85

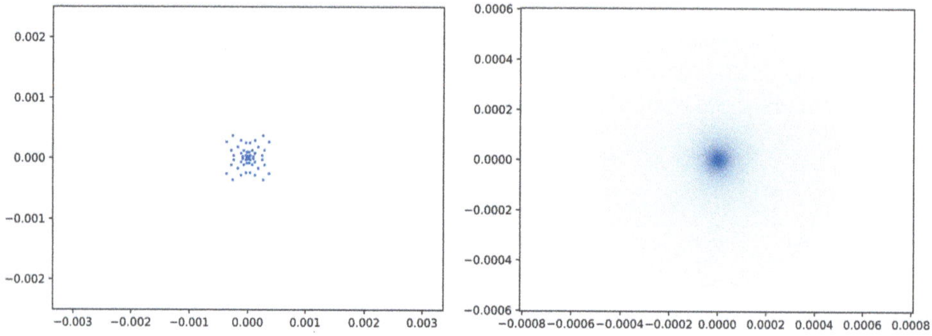

3.1 Cartes de densité : histogrammes bidimensionnels

La représentation graphique présentée ci-dessus présente un inconvénient : avec des symboles trop gros, les zones de l'écran atteintes par beaucoup de rayons sont saturées en symboles représentatifs, tandis qu'avec des symboles trop petits, les zones peu denses sont difficiles à voir. Pour y remédier, python propose des outils pour représenter la densité de points. Le module `pyplot` propose la fonction

```
matplotlib.pyplot.histo2D(x, y, nbins=mataille)
```

qui comme son nom l'indique produit un histogramme à deux dimensions, qui est visualisé par une échelle de couleurs, affichée par la commande `plt.colorbar()`. Plus précisément, cette fonction découpe la région du graphe en pixels (`mataille` pixels selon x, autant selon y), compte le nombre de points qui dans les listes x et y sont contenus dans chaque pixel et représente enfin le contenu de chaque pixel par un code couleur. Ceci est illustré dans le programme suivant.

Fichier : `aberrations_histo2d_1.py` Prog. 11.10

```
1  import matplotlib.pyplot as plt
2  from numpy import *
3  
4  R=1
5  xA, yA, zA = 0., 0., -1e6
6  ze = 1/(2/R-1/zA)
7  rlim = 0.1*R
8  x, y = [], []
9  for xm in linspace(-rlim, rlim, 2000):
10     for ym in linspace(-rlim, rlim, 2000):
11         rm2 = xm**2 + ym**2
12         if (rm2<rlim**2):
13             zm = sqrt(R**2-(xm**2 + ym**2))
14             normale = array([-xm, -ym, -zm])
15             u = array([xm-xA, ym-yA, zm -zA])
16             u = u -2*dot(u,normale)*normale
17             x += [xm + u[0]/u[2]*(ze-zm)]
18             y += [ym + u[1]/u[2]*(ze-zm)]
19 plt.axis('equal')
20 plt.hist2d(x, y, bins=200)
21 plt.colorbar()
22 plt.show()
```

- La ligne 6 définit la position de l'objet. Pour placer un objet « à l'infini », nous avons pris un `zA` négatif (objet réel) de valeur absolue très grande, ici -10^6 ;
- Lignes 9 à 18 : ce bloc calcule les propriétés des rayons réfléchis en reprenant exactement celui du programme précédent ;
- La ligne 20 produit l'histogramme bidimensionnel et le trace ;
- Ligne 21 : la commande `plt.colorbar()` dessine le dégradé de couleur utilisé avec les valeurs numériques correspondantes.

Attention, les temps d'exécution des programmes qui suivent sont significativement plus longs que dans les chapitres précédents, si on veut obtenir des figures bien définies. Ici, les boucles des lignes 9 et 10 contiennent 2000 points, ce qui fait calculer 2000^2 soit 4 millions de points. Ne vous inquiétez pas si au bout de quelques secondes rien ne semble se passer, il vous faudra patienter quelques minutes. Si vous préférez vérifier rapidement que le programme fonctionne, remplacez 2000 par 200 dans les lignes 9 et 10, ce qui divise par 100 le temps de calcul. On obtient la figure suivante.

Fig. 86

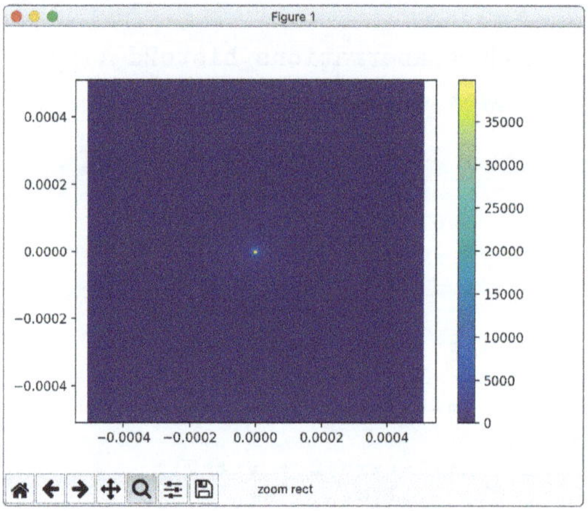

L'échelle linéaire adoptée ici pour le code couleur n'est pas adaptée si on veut visualiser des variations importantes de valeurs dans l'histogramme : ici les pixels recevant moins de 5000 rayons sont tous tracés de la même couleur. Il est préférable d'utiliser une échelle logarithmique pour le code couleur. C'est d'autant plus judicieux que la sensibilité de l'œil se trouve être logarithmique. La carte ainsi obtenue est donc plus proche avec cette échelle de ce que l'on verra effectivement à l'écran. Modifions légèrement le programme précédent :

Prog. 11.11 Fichier : `aberrations_histo2d_2.py`

```
import matplotlib.pyplot as plt
from matplotlib.colors import LogNorm
from numpy import *

R=1
xA, yA, zA = 0., 0., -1e6
ze = 0.5    # ze = 1/(2/R-1/zA)  pour la position de l'image
rlim = 0.1*R
x, y = [], []
for xm in linspace(-rlim, rlim, 2000):
    for ym in linspace(-rlim, rlim, 2000):
        rm2 = xm**2 + ym**2
        if (rm2<rlim**2):
            zm = sqrt(R**2-(xm**2 + ym**2))
            normale = array([-xm, -ym, -zm])
            u = array([xm-xA, ym-yA, zm -zA])
            u = u -2*dot(u,normale)*normale
            x += [xm + u[0]/u[2]*(ze-zm)]
            y += [ym + u[1]/u[2]*(ze-zm)]
plt.axis('equal')
plt.gca().set_facecolor((0., 0., 0.))  # fond noir
plt.hist2d(x, y, bins=200, norm=LogNorm(), cmap='gray')
plt.axis([-0.0006, 0.0006, -0.0006, 0.0006])
plt.colorbar()
plt.title("z = "+str(ze))
```

```
26 plt.show()
```

- Ligne 2 : on importe le module LogNorm qui permet d'utiliser l'échelle logarithmique;
- Ligne 22 : l'option norm=LogNorm() indique d'utiliser une échelle logarithmique pour le code couleur de la carte de densité. L'option cmap="gray" sélectionne un dégradé de couleurs en noir et blanc, le blanc représentant les valeurs élevées (plus de lumière) ;
- Ligne 23 : on impose les limites en x et en y, pour préparer l'utilisation de ce programme dans le prochain paragraphe.
- Ligne 25 : on écrit la valeur de ze dans le titre, pour préparer l'utilisation de ce programme dans le prochain paragraphe.

On obtient la figure suivante.

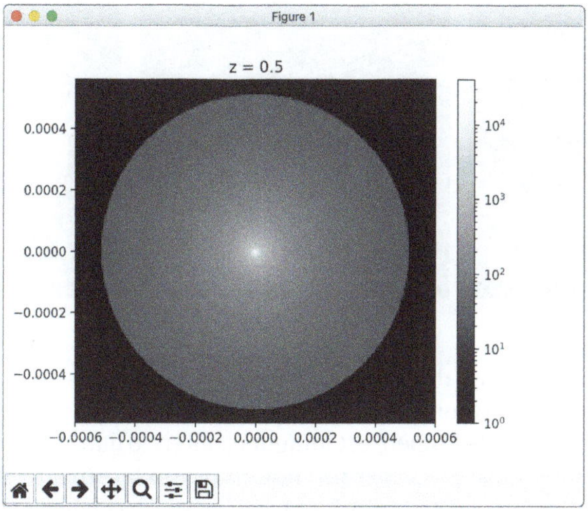

Fig. 87

Pour l'anecdote, Matplotlib propose une autre commande pour tracer les cartes de densité, en découpant le graphe en pixels hexagonaux plutôt que rectangulaires. Vous pourrez la tester en remplaçant la ligne 22 du programme précédent par

Fichier : aberrations_hexabin.py Prog. 11.12

```
22 plt.hexbin(x, y, gridsize=200, norm=LogNorm(), cmap='gray')
```

3.2 Cercle de moindre confusion

Calculons la distribution de lumière que l'on observerait sur un écran placé à une position donnée de l'axe optique. L'image paraxiale (celle obtenue dans les conditions de

Gauss) est située au foyer, en $z = 0.5$ avec la valeur $R = 1$ choisie dans ce chapitre. Dans le programme 11.11, modifions plusieurs fois la ligne 7 pour obtenir les figures suivantes.

Fig. 88

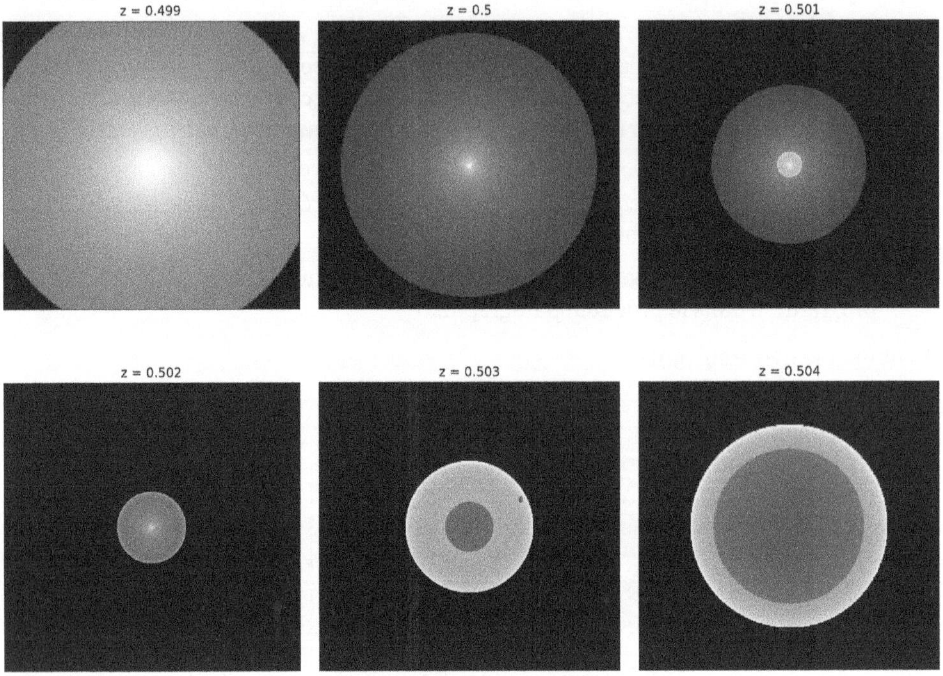

L'analyse de la figure 83 (pan de droite) permet d'interpréter ces six distributions de lumière. Nous laissons au lecteur le soin de le faire, à titre d'exercice. Remarquons tout de même que la distribution de lumière est toujours contenue dans un cercle (symétrie circulaire oblige) dont la taille passe par un minimum vers `ze=0.502`, là où la caustique croise les rayons marginaux (les rayons les plus déviés). Ce cercle de taille minimum est appelé le **cercle de moindre confusion**.

Autres aberrations

Le programme précédent permet d'étudier la distribution de lumière à l'écran pour des objet hors de l'axe optique (en changeant la valeur de `xA` ou `yA`) et à distance finie (en changeant celle de `zA`). Nous vous laissons le soin de faire vos propres expériences. Ceci pourrait déboucher, au-delà de l'objectif de cet ouvrage, sur une étude plus systématiques des aberrations géométriques (sphéricité, coma, courbure de champ et distorsion).

4 Mini-projets : étude d'une lentille plan-convexe

Mini-projet 1 : règle du « plus plat plus près »

Reprendre la section 1 et l'adapter pour une lentille plan-convexe, puis pour une lentille convexe-plan : on considérera un faisceau incident parallèle à l'axe optique et on tracera les rayons émergents de la lentille. L'étude est simplifiée dans le cas de la lentille plan-convexe du fait que les rayons ne sont pas déviés en traversant le dioptre plan qui délimite la face d'entrée de la lentille.

Les programmes `lentille_plan_convexe.py` et `lentille_convexe_plan.py`, par exemple, produisent les figures ci-dessous. Comme précédemment, la figure de droite est obtenue en densifiant les rayons et en appliquant une opacité faible aux rayons. Pour produire une image de meilleure qualité, on préconise généralement de placer la face plane de la lentille du côté de l'image à distance finie. Cette propriété est appelée **règle du plus plat plus près** ou **règle des 4 P**. Nous vous laissons méditer sur cette règle en examinant les figures ci-dessous.

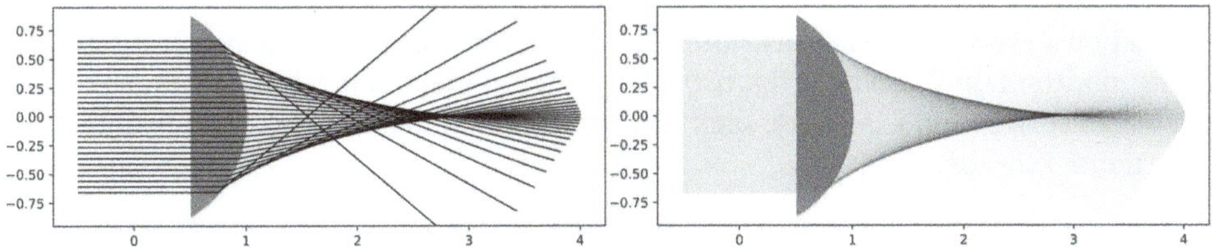

Fig. 89

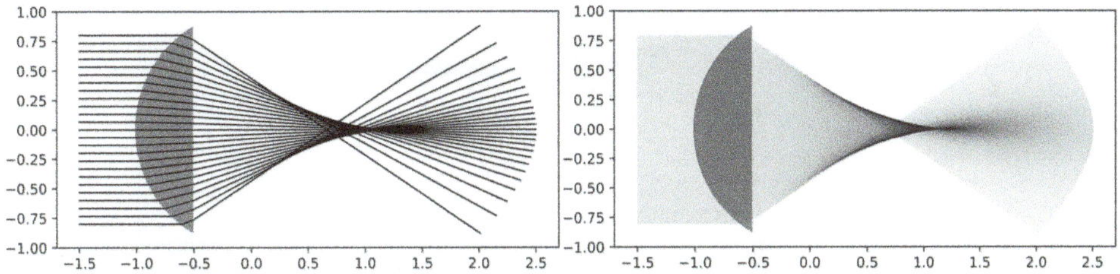

Fig. 90

Mini-projet 2

Reprendre la section 3 et l'adapter pour une lentille plan-convexe : on considérera un faisceau incident parallèle à l'axe optique et on tracera la distribution de lumière sur un écran placé perpendiculairement à l'axe optique au voisinage de la position de l'image paraxiale. On peut montrer que dans le cas de la réfraction, l'équation 11.2 devient

$$\vec{u}' = \vec{u} + \left(\sqrt{\left(\frac{n'}{n}\right)^2 - \sin^2 i} - \cos i \right) \vec{u}_n \quad \text{et} \quad \cos i = \vec{u} \cdot \vec{u}_n \tag{11.3}$$

en notant n l'indice du milieu incident et n' celui du milieu émergent, $\vec{u}$ le vecteur unitaire dirigé selon le rayon incident et $\vec{u}_n$ le vecteur unitaire dirigé selon la normale au dioptre. Le vecteur $\vec{u}'_n$ est dirigé selon le rayon réfracté, il n'est pas unitaire.

En guise de solution, le programme `aberrations_histo2d_3.py` est obtenu en adaptant légèrement le programme 11.11. Il produit les figures suivantes, avec différents choix de la position `ze` de l'écran.

Fig. 91

On pourra vérifier que ces distributions de lumière sont en accord avec la figure suivante, montrant un zoom de la figure 90. Le point lumineux central visible pour $z = 2{,}98$ et $z = 2{,}99$ correspond à la nappe sagittale, qui n'apparaît pas sur la figure suivante (voir la section 2.1 du chapitre 10).

Fig. 92

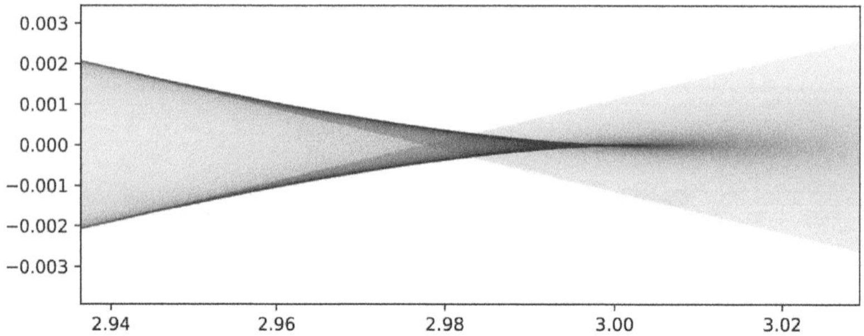

12 Lentilles

1 Théorie

Les lentilles sont des systèmes optiques constitués d'un dioptre air-verre suivi d'un dioptre verre-air. Dans les conditions de Gauss, la propriété de stigmatisme approché est vérifiée. Un faisceau incident parallèle donne naissance, après traversée de la lentille, à des rayons qui convergent vers un même point, ou dont les prolongements convergent vers un même point. Ce point est le **foyer image** souvent noté F'. De même, il existe un **foyer objet** F tel que les rayons incidents issus de ce point, ou les rayons dont les prolongements passent par ce point, donnent après traversée de la lentille un faisceau parallèle à l'axe optique. Pour une **lentille mince** (épaisseur négligeable devant les autres longueurs caractéristiques du problème), les deux foyers occupent des positions symétriques par rapport au centre O de la lentille. On note $f' = \overline{OF'}$ la **distance focale** de la lentille.

Les positions d'un objet et de son image sont reliées par une relation de conjugaison. La position d'une image peut également être déterminée géométriquement en utilisant les trois rayons remarquables suivants (voir le mini-projet 1 en fin de chapitre) :

- Un rayon incident parallèle à l'axe optique est dévié par la lentille et donne un rayon porté par une droite passant par F' ;
- Un rayon incident porté par une droite passant par F donne un rayon parallèle à l'axe optique ;
- Un rayon passant par le centre O de la lentille n'est pas dévié.

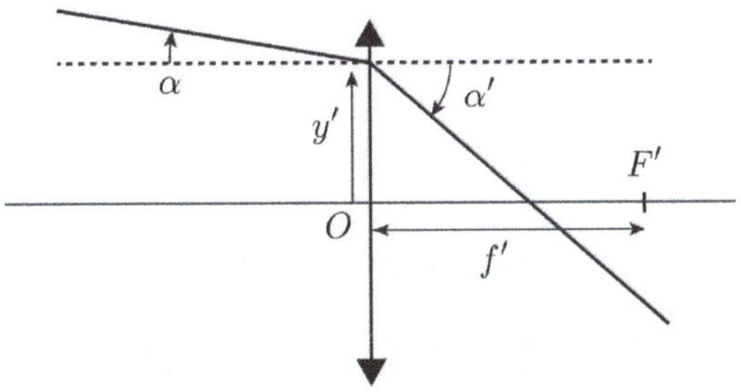

Fig. 93

Dans ce chapitre, nous allons tracer des rayons en nous appuyant sur une troisième approche, plus adaptée au calcul numérique, en s'intéressant à la déviation qu'ils subissent lorsqu'ils atteignent la lentille. On peut montrer que dans les conditions de Gauss, en notant α l'inclinaison du rayon incident ($\alpha \ll 1$) et α' celle du rayon émergent, on a

$$\alpha' = \alpha - \frac{y}{f'} \tag{12.1}$$

en notant y l'ordonnée à laquelle le rayon atteint la lentille. Cette règle est illustrée par la figure ci-dessus, où il faut prêter attention au signe des angles. Avec les conventions de signe pour les angles exposées au chapitre 8, les angles α et α' sont négatifs sur la figure. Cette relation linéaire marque le point de départ de l'**optique matricielle**, si vous êtes curieux d'aspects théoriques plus poussés.

2 Application à une lentille

Dans ce chapitre, nous allons développer un programme qui permet de tracer les rayons qui traversent une ou plusieurs lentilles, depuis un objet. Il faudra distinguer plusieurs cas.

- Si l'objet est réel ($x_o < x_\ell$), les rayons incidents vont de l'objet à la lentille ;
- Si l'objet est virtuel ($x_o > x_\ell$), les rayons incidents vont de l'infini à la lentille, sans jamais atteindre l'objet et on trace en pointillés leurs prolongements jusqu'à l'objet.

Il faut faire une distinction similaire entre l'image réelle et l'image virtuelle. Commençons par le cas le plus simple, celui d'une lentille convergente qui donne une image réelle d'un objet réel.

Prog. 12.1 Fichier : `raytracing_lentille.py`

```
1  from matplotlib import pyplot as plt
2  from numpy import linspace
3
4  f = 1                     # focale
5  x_o, y_o = -4, 0.1        # position de l'objet
6  longueur = 3              # longueur tracée des rayons
7
8  for h in linspace(-0.14, 0.14, 9):
9      alpha = (y_o-h)/x_o              # inclinaison
10     alphaprime = alpha - h/f         # relation (12.1)
11     x = [x_o, 0, 0 + longueur]
12     y = [y_o, h, h + longueur*alphaprime]
13     plt.plot(x, y, linewidth=1, color='black')
14
15 plt.arrow(0,0, 0,  0.2, head_width=0.1, head_length=0.02, lw=2, color
       ='blue') # lentille
16 plt.arrow(0,0, 0, -0.2, head_width=0.1, head_length=0.02, lw=2, color
       ='blue') # lentille
17 plt.scatter([-f, f], [0, 0], color='red')                # foyers
18 plt.plot([-3,3],[0, 0], lw=1, ls='dashed', c='black') # axe optique
19 plt.ylim(-0.25, 0.25)
20 plt.show()
```

- Ligne 8 : la gamme de valeurs de h dans la boucle a été choisie pour que soient présents les trois rayons remarquables mentionnés plus haut ;
- Ligne 10 : implémentation de la relation 12.1 ;
- Lignes 15 et 16 : dessin de la lentille par deux flèches verticales ;

► Ligne 17 : dessin des foyers F et F'.

On obtient la figure de gauche ci-dessous.

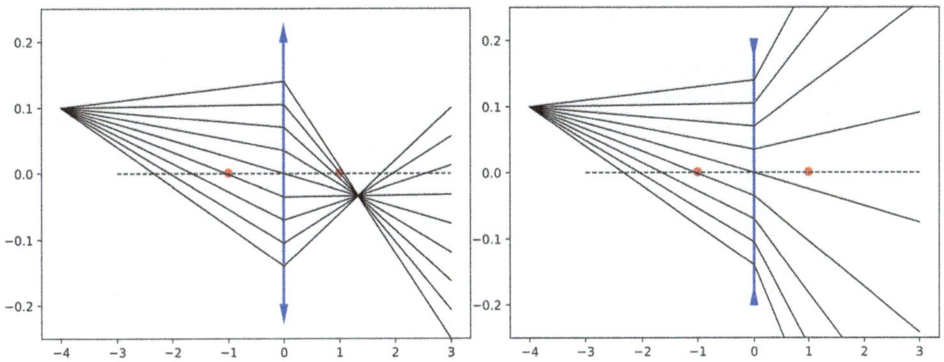

Fig. 94

On peut remarquer, sur la figure de droite, que le tracé des rayons reste correct pour une lentille divergente, comme vous pouvez le vérifier en replaçant la ligne 4 du code précédent par `f = -1` et en modifiant le sens des flèches sur le symbole des lentilles.

Fichier : `raytracing_lentille_div.py` Prog. 12.2

```
15 plt.arrow(0,0, 0,  0.2, head_width=0.1, head_length=-0.02, lw=2,
       color='blue') # lentille
16 plt.arrow(0,0, 0, -0.2, head_width=0.1, head_length=-0.02, lw=2,
       color='blue') # lentille
```

3 Définir de nouvelles classes d'objets

Python permet de définir de nouveaux objets, des **classes**, dont on peut programmer le comportement pour améliorer sensiblement la lisibilité (et la fiabilité) du code. On peut voir une classe comme un type d'objet possédant des attributs définis par le programmeur.

Exemple minimal

Voici tout d'abord une classe minimale qui pourrait servir à décrire des nombres complexes. Les objets de type `moncomplexe` contiendront deux `float`, pour la partie réelle et la partie imaginaire.

Pour définir une classe, on utilise le mot-clé `class`, suivi du nom qu'on veut lui donner, suivi de « `:` », avec le corps de la définition indenté comme on le fait pour définir les fonctions. Ce corps doit nécessairement comporter la définition d'une fonction `__init__()` qui sera appelée lors de la création d'un objet de la classe (chacun de ces objets est appelé une **instance** de la classe).

Prog. 12.3 Fichier : `classe_exemple.py`

```
1  class moncomplexe:
2      def __init__(self, arg_r, arg_i):
3          self.r = arg_r
4          self.i = arg_i
5      def conjugue(self):
6          self.i *= -1
7
8  a = moncomplexe(1, 2)
9  print("classe de a :", type(a))
10 print("[avant] a =", a.r, "+", a.i, "i")
11 a.conjugue()
12 print("[après] a =", a.r, "+", a.i, "i")
```

- Lignes 1 à 6 : définition de la classe `moncomplexe`. Dans toute la définition de la classe, la variable *`self`* désigne l'instance qui sera créée ;
- La fonction d'initialisation `__init__()` doit contenir au moins l'argument *`self`*. Ici, elle prend deux autres arguments qui définissent les attributs `r` et `i` de l'objet ;
- Lignes 3 et 4 : les attributs de l'objet sont initialisés aux valeurs passées en paramètre de la fonction `moncomplexe` ;
- Lignes 5 et 6 : définition d'une méthode agissant sur les objets de type `moncomplexe`. Elle doit contenir au moins l'argument `self`. Ici, cette fonction change le signe de l'attribut `i` de l'objet, ce qui revient à changer le nombre complexe en son conjugué ;
- Ligne 8 : on inaugure notre nouvelle classe en créant notre premier objet `a` de type `moncomplexe` ! La variable `a` décrit le nombre complexe $1+2i$;
- Ligne 9 et 10 : on affiche le type de cet objet ainsi que ses attributs `r` et `i` ;
- Ligne 11 : on utilise la méthode définie aux lignes 5 et 6. Les attributs de `a` sont alors modifiés, comme on le vérifie avec la ligne suivante.

L'exécution de ce programme affiche

Console

```
classe de a : <class '__main__.moncomplexe'>
[avant] a = 1 + 2 i
[après] a = 1 + -2 i
```

Classe adaptée au tracé de rayons

Revenons à l'optique géométrique en créant deux classes,

- `rayon` qui décrira un rayon lumineux et permettra de le tracer plus facilement. Un rayon lumineux est déterminé par un point P dans le plan, par lequel il passe, et un angle donnant son inclinaison par rapport à l'axe optique. Pour le tracer, il faut connaître deux informations supplémentaires : le point auquel il commence (nous ferons en sorte que ce soit le point *P*) et celui auquel il se termine, si ce rayon lumineux a rencontré un élément optique qui l'a dévié. Nous définissons les attributs suivants pour un objet de type `rayon` :

- `x` et `y` qui donnent les coordonnées du début du rayon (la position de la source qui l'émet ou l'endroit d'où il vient d'être dévié ou réfléchi) ;
- `angle` qui donne son inclinaison par rapport à l'horizontale ;
- `fini`, un `bool` qui indique si le rayon a rencontré un élément optique (`True`) ou s'il continue à l'infini dans la direction x (`False`, valeur par défaut) ;
- `xf` l'abscisse de la fin du rayon, si le rayon est fini ;
- `retrograde`, un `bool` qui indique si le rayon est parcouru de gauche à droite (`False`, valeur par défaut) ou de droite à gauche (`True`).
- `reel`, un `bool` qui indique si le rayon est réel (`True`, valeur par défaut) ou virtuel (`False`). La fonction chargée de tracer le rayon devra choisir l'apparence de la ligne tracée en fonction de ce paramètre ;
- une méthode `termine()` qui termine un rayon à l'abscisse passée en argument (utilisée dans la fonction `atteint()` ci-dessous) ;
- une méthode `atteint()` qui prend en paramètre un objet de type `lentille`, et se charge de créer un nouveau rayon, celui qui a traversé la lentille, ainsi que de modifier les attributs du premier rayon pour en faire un rayon « fini » grâce à la méthode `termine()`.

- `lentille` qui décrira une lentille. Ses attributs sont les suivants :
  - `x` l'abscisse de sa position sur l'axe optique ;
  - `focale` sa focale, dont le signe indique le caractère convergent ou divergent.

Ces classes sont définies dans le code suivant, écrit dans un fichier `classes_optique.py` qui sera appelé par les programmes qui l'utiliseront.

Fichier : `classes_optique.py` Prog. 12.4

```
from matplotlib import pyplot as plt

class lentille:
    def __init__(self, x, f):
        self.x=x
        self.focale = f

class rayon:
    def __init__(self, monx, mony, monangle):
        self.x  = monx
        self.y  = mony
        self.xf = 0.
        self.angle = monangle
        self.fini = False
        self.retrograde = False
```

```python
            self.reel = True
        def termine(self, monx):
            self.fini = True
            self.xf = monx
        def atteint(self, lent):
            self.termine(lent.x)
            y = self.y + (self.xf - self.x)*self.angle
            ray2 = rayon(lent.x, y, self.angle - y/lent.focale)
            return ray2

def trace_rayon(ray):
    x0 = ray.x
    y0 = ray.y
    if ray.fini == True : x1 = ray.xf
    else:
        longueur = 2
        if ray.retrograde: longueur *= -1
        x1 = x0 + longueur
    y1 = y0 + (x1 - x0)*ray.angle
    style = 'dashed' if ray.retrograde else 'solid'
    plt.plot([x0, x1], [y0, y1], c='black', lw=1, linestyle = style)

def trace_rayons(rays):    # ici rays doit être une liste de rayons
    for ray in rays : trace_rayon(ray)

def trace_lentille(lent, foyers=False):
    x0 = lent.x
    couleur, fleche = 'blue', 0.2
    if lent.focale<0 :
        couleur = 'red'
        fleche *= -1
    plt.arrow(x0,0, 0, 1,  head_width=0.1, head_length=fleche, lw=1,
        color=couleur) # lentille
    plt.arrow(x0,0, 0, -1, head_width=0.1, head_length=fleche, lw=1,
        color=couleur) # lentille
    if foyers==True:
        plt.scatter([x0-lent.focale, x0+lent.focale], [0, 0], color=
            couleur)

def mongraphe():
    fig = plt.figure(figsize=(8,3))
    ax = plt.axes([0, 0, 1, 1])
    plt.ylim(-2.5, 2.5)
    ax.spines["bottom"].set_position("zero")
    ax.set_yticks([])
    for pos in ("top", "right", "left"):  ax.spines[pos].set_visible(
        False)
    return fig, ax

def virtuel(ray):
    ray2 = rayon(ray.x, ray.y, ray.angle)
    ray2.reel = False
```

```
    ray2.retrograde = not ray.retrograde
    return ray2

def rayon_dapres_objet_lentille(x_o, y_o, h, lent):
    L = 2
    return rayon(lent.x - L, y_o - h/(x_o-lent.x)*(L+x_o), h/(x_o-
        lent.x))
```

En plus des classes, plusieurs fonctions ont été définies :

- `trace_rayon()` qui trace le rayon passé en argument. Le rayon est tracé en traits pleins s'il est réel et en pointillés sinon. Si le rayon est « fini », on le trace comme un segment qui commence au point d'abscisse `xf`. Sinon, on trace un rayon de longueur 2 dans la direction définie par `angle` et dans le sens de propagation ;
- `trace_rayons()` qui trace les rayons de la liste passée en argument ;
- `trace_lentille()` qui trace la lentille passée en argument sous la forme du symbole vertical usuel, un segment de longueur 2 muni de deux flèches, en bleu si la lentille est convergente (focale positive) et en rouge sinon. Le sens des flèches dépend du caractère convergent ou divergent de la lentille. Un paramètre optionnel dessine les foyers si sa valeur est `True` ;
- `mongraphe()` qui produit une figure large et un graphe sans marges, supprime les spines inutiles et ne conservant que l'axe des abscisses, en le centrant (configuration bien adaptée aux tracés de rayons en optique géométrique).
- `rayon_dapres_objet_lentille(x, y, h, lent)` qui crée le rayon issu de l'objet de coordonnées (x, y) qui atteint la lentille `lent` à la hauteur `h`. Cette fonction permet de créer facilement ce rayon dans le cas où l'objet est virtuel.

Une fois définies ces classes et ces fonctions, l'écriture d'un programme qui trace le rayon lumineux devient très simple et lisible. Par exemple, pour un rayon qui traverse un doublet de lentilles,

Fichier : `lentilles_classe2.py` Prog. 12.5

```
from matplotlib import pyplot as plt
from classes_optique import *

fig, ax = mongraphe()

lentille1 = lentille(0, 1)
lentille2 = lentille(2, -0.7)
rayon1 = rayon(-3, 0.5, 0.2)
rayon2 = rayon1.atteint(lentille1)
rayon3 = rayon2.atteint(lentille2)
trace_lentille(lentille1)
trace_lentille(lentille2)
trace_rayons([rayon1, rayon2, rayon3])
plt.show()
```

qui produit la figure suivante.

Fig. 95

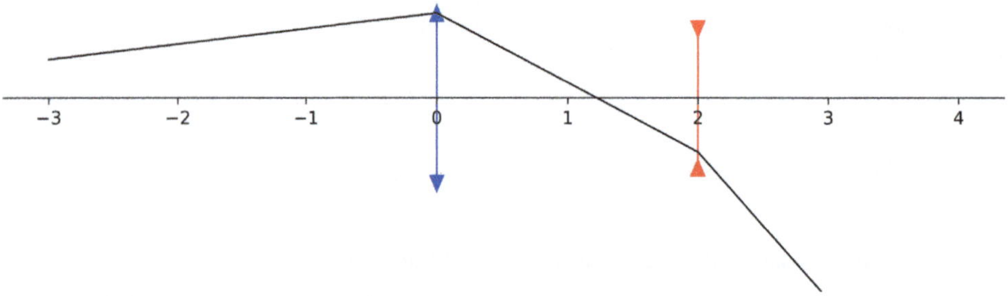

De même, pour un faisceau de rayons issus d'un point source, le programme

Prog. 12.6

Fichier : `lentilles_classe3.py`

```
1  from matplotlib import pyplot as plt
2  import numpy as np
3  from classes_optique import *
4
5  fig, ax = mongraphe()
6  lentille1 = lentille(0, 1)
7  lentille2 = lentille(2, -0.7)
8  for angle in np.arange(-0.4, 0.21, 0.05):
9      rayon1 = rayon(-3, 0.5, angle)
10     rayon2 = rayon1.atteint(lentille1)
11     rayon3 = rayon2.atteint(lentille2)
12     trace_rayons([rayon1, rayon2, rayon3])
13 trace_lentille(lentille1, True)
14 trace_lentille(lentille2, True)
15 plt.show()
```

produit la figure suivante.

Fig. 96

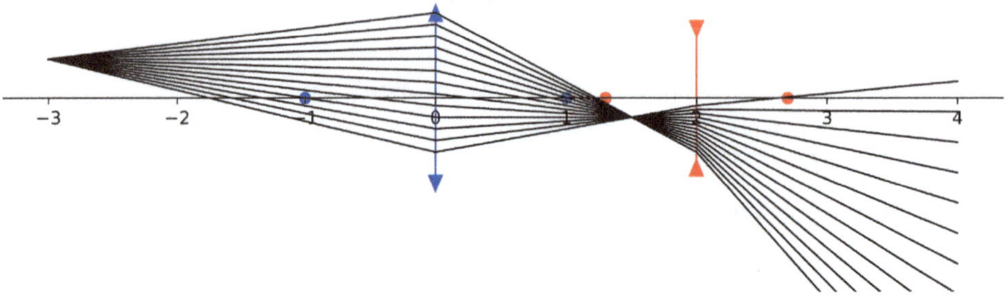

On peut faire tracer le prolongement des rayons issus de la dernière lentille, ils forment ici une image virtuelle. Pour cela, on ajoute une ligne à la boucle `for` des lignes 8 à 12 du programme précédent, laquelle boucle devient

Prog. 12.7

Fichier : `lentilles_classe4.py`

```
8  for angle in np.arange(-0.4, 0.21, 0.05):
9      rayon1 = rayon(-3, 0.5, angle)
10     rayon2 = rayon1.atteint(lentille1)
```

```
    rayon3 = rayon2.atteint(lentille2)
    rayon4 = virtuel(rayon3)
    trace_rayons([rayon1, rayon2, rayon3, rayon4])
```

On obtient la figure suivante.

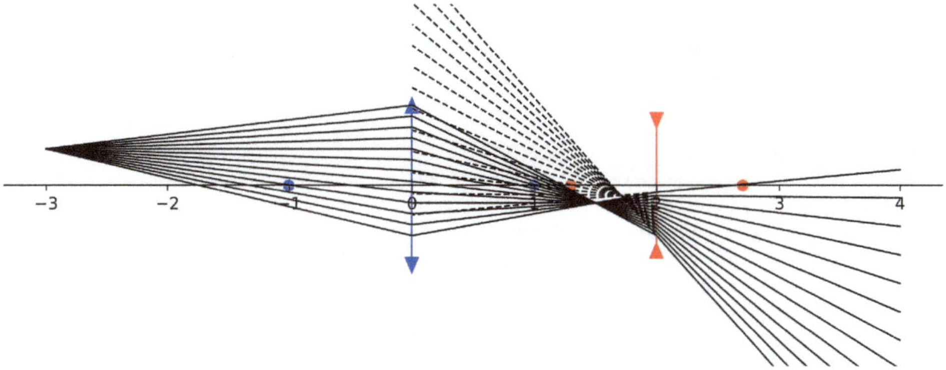

Fig. 97

4 Position de l'image

L'image est située à l'intersection des droites portant les rayons émergents. Or, l'intersection de deux droites d'équation

$$\begin{cases} y = a_1 x + b_1 \\ y = a_2 x + b_2 \end{cases}$$

où $a_1 \neq a_2$ si les droites ne sont pas parallèles, est située au point de coordonnées

$$X = -\frac{b_2 - b_1}{a_2 - a_1} \quad \text{et} \quad Y = a_1 X + b_1$$

Le programme suivant complète le précédent (parties grisées) en définissant une fonction `intersection()` qui donne les coordonnées du point d'intersection des deux droites que l'on passe en argument, sous la forme d'un `tuple` à deux éléments. Ce programme affiche un marqueur à la position calculée de l'image et écrit les coordoonnées de l'image, ainsi que la valeur du grandissement (rapport entre la taille de l'image et celle de l'objet).

Fichier : `lentilles_classe5.py` Prog. 12.8

```
from matplotlib import pyplot as plt
import numpy as np
from classes_optique import *

def intersection(ray1, ray2):
    x1, y1, a1 = ray1.x, ray1.y, ray1.angle
```

```python
    x2, y2, a2 = ray2.x, ray2.y, ray2.angle
    b1 = y1 - a1*x1
    b2 = y2 - a2*x2
    X = (b2-b1)/(a1-a2)
    Y = a1*X + b1
    return X, Y

fig, ax = mongraphe()
lentille1 = lentille(0, 1)
lentille2 = lentille(2, -0.7)
x_o, y_o = -3, 0.5
liste_rayons=[]
for angle in np.arange(-0.4, 0.21, 0.05):
    rayon1 = rayon(x_o, y_o, angle)
    rayon2 = rayon1.atteint(lentille1)
    rayon3 = rayon2.atteint(lentille2)
    rayon4 = virtuel(rayon3)
    liste_rayons += [rayon3]
    trace_rayons([rayon1, rayon2, rayon3, rayon4])
trace_lentille(lentille1, True)
trace_lentille(lentille2, True)
X, Y = intersection(liste_rayons[0], liste_rayons[1])
plt.scatter(X, Y, zorder=4)
print("X image :",X, "\nY image :",Y, "\nGamma :", Y/y_o)
plt.show()
```

On obtient la figure suivante, en prenant un objet à l'abscisse $x_o = -3$.

Fig. 98

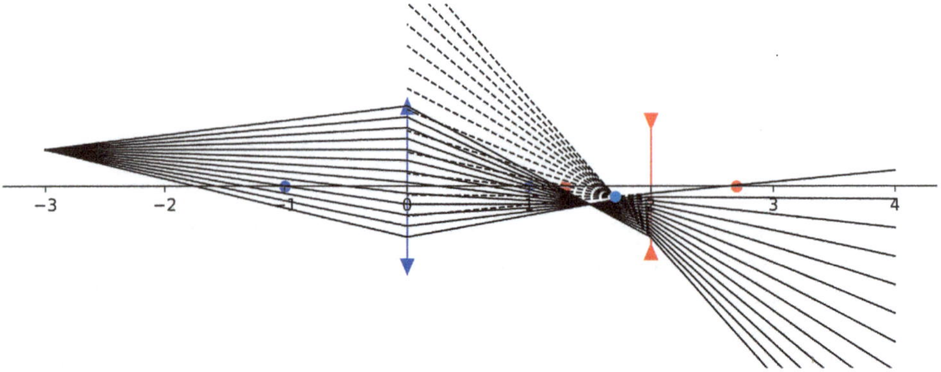

et on obtient l'affichage

Console

```
X image : 1.708333333333333
Y image : -0.14583333333333337
Gamma : -0.29166666666666674
```

On peut également déterminer la position de l'image grâce aux formules de conjugaison pour chaque lentille de centre O_k et de focale f'_k

$$\frac{1}{\overline{O_kA'}} - \frac{1}{\overline{O_kA}} = \frac{1}{f'_k}$$

soit en notant x_i l'abscisse de l'image, x_o celle de l'objet et x_k celle de la lentille k,

$$x_i = x_k + \frac{1}{\dfrac{1}{x_o - x_k} + \dfrac{1}{f'}}$$

Le **grandissement** par une lentille est défini comme le rapport entre la taille de l'image et celle de l'objet. On peut montrer que pour une lentille, il est également donné par

$$G = \frac{\overline{O_kA'}}{\overline{O_kA}} = \frac{x_i - x_k}{x_o - x_k}$$

Le programme suivant définit une fonction `image()` qui calcule l'abscisse de l'image en fonction de celles de l'objet et de la lentille, et le grandissement, lors de la traversée des rayons par une lentille. En appliquant deux fois cette fonction, on trouve la position de l'image finale et le grandissement total.

Fichier : `lentilles_classe6.py` Prog. 12.9

```
from classes_optique import *

def image(x, lentille):
    position = lentille.x+1./(1./lentille.focale + 1./(x-lentille.x))
    grandissement = (position - lentille.x)/(x - lentille.x)
    return position, grandissement

lentille1 = lentille(0, 1)
lentille2 = lentille(2, -0.7)
x_o, y_o = -3, 0.5
x_i, G1 = image(x_o, lentille1)
print("X image intermédiaire :",x_i, "\ngrandissement :", G1)
x_i, G2 = image(x_i, lentille2)
print("X image finale :",x_i, "\ngrandissement :", G1*G2)
```

qui produit

Console

```
X image intermédiaire : 1.4999999999999998
grandissement : -0.49999999999999994
X image finale : 1.7083333333333333
grandissement : -0.2916666666666666
```

On retrouve effectivement la position et le grandissement déterminés par le programme 12.8.

5 Mini-projets

Mini-projet 1

Reprendre la figure 94 en ne faisant figurer que les trois rayons remarquables décrits en début de chapitre. Le programme `raytracing_lentille_miniprojet1.py` propose une solution, en calculant les valeurs de `h` donnant les rayons souhaités. Il produit la figure suivante, où l'on attribue une couleur et une légende à chaque rayon.

Fig. 99

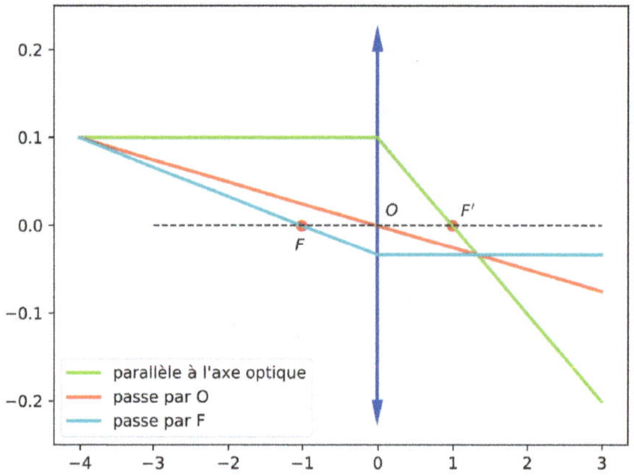

Mini-projet 2

Reprendre le programme 12.7 en remplaçant l'objet réel par un objet virtuel situé en $x = 1$, après la première lentille. Les rayons incidents seront créés grâce à la fonction `rayon_dapres_objet_lentille()` disponible dans le fichier `classes_optique.py` et décrit au paragraphe 3. À titre d'exemple de solution, la figure suivante est produite par le programme intitulé `lentilles_classe_miniprojet2.py` figurant parmi les programmes téléchargeables.

Fig. 100

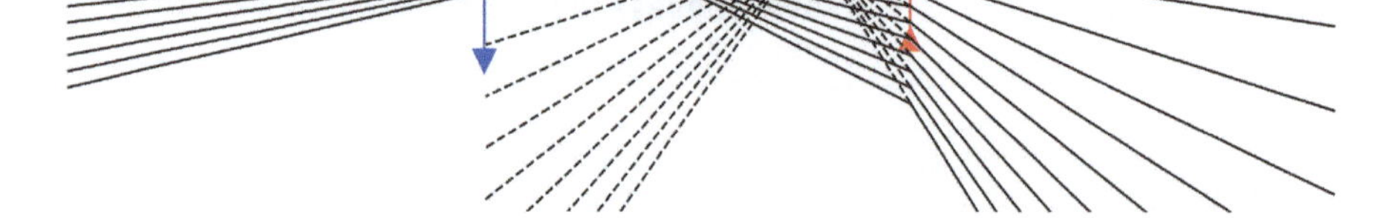

Troisième partie

Mécanique du point

Dans cette partie, nous aborderons plusieurs problèmes de mécanique faisant intervenir des équations différentielles. Les outils proposés par Python pourront être appliqués à des problèmes couvrant une gamme de complexité très large. Nous les appliquerons à des situations qui, bien que semblant de plus en plus ardues, s'avèreront très similaires du point de vue numérique. Ces situations ont été choisies pour présenter des points de physique souvent laissés de côté dans des cours d'introduction : l'étude de la chute en présence de frottements en v^2, l'étude du pendule pesant hors de l'approximation des petits angles, l'apparition du chaos dans le mouvement du pendule pesant forcé, pour finir avec le problème gravitationnel à N corps. Ces situations fourniront le prétexte pour montrer plusieurs techniques utiles, notamment comment créer des animations, comment dessiner des surfaces et des courbes de niveaux et comment gérer les entrées/sorties.

13 Chute avec frottement

1 Relation fondamentale de la dynamique

La mécanique du point matériel est fondée sur le **principe fondamental de la dynamique**, qui stipule que les forces exercées sur un corps déterminent son accélération selon

$$m\frac{d^2\vec{r}}{dt^2} = \vec{F}$$

où m désigne la masse du corps, $\vec{r}$ son vecteur position et $\vec{F}$ la résultante des forces agissant sur ce corps. En coordonnées cartésiennes, on a donc

$$\begin{cases} m\ddot{x} = F_x \\ m\ddot{y} = F_y \\ m\ddot{z} = F_z \end{cases} \quad \text{où} \quad \ddot{x} \equiv \frac{d^2x}{dt^2} \quad , \quad \ddot{y} \equiv \frac{d^2y}{dt^2} \quad \text{et} \quad \ddot{z} \equiv \frac{d^2z}{dt^2} \tag{13.1}$$

où F_x, F_y et F_z désignent les coordonnées cartésiennes de la résultante des forces $\vec{F}$. Les forces peuvent dépendre du temps, de la position du corps et de sa vitesse. Un des enjeux de la mécanique, c'est de résoudre les équations précédentes pour déterminer les fonctions $x(t)$, $y(t)$ et $z(t)$ et c'est précisément ce que nous allons faire dans les chapitres qui suivent, en commençant par le cas d'un corps soumis à deux forces, son poids et une force de frottement fluide. Commençons par rappeler quelques propriétés générales des frottements fluides.

2 Force de traînée

Régime laminaire et régime turbulent

Un corps qui se déplace à la vitesse $\vec{v}$ dans un fluide (de l'air, de l'eau, etc.) est soumis à une force de la part de ce fluide qui possède une composante de même direction que $\vec{v}$ mais de sens opposé. Elle agit comme un frottement et on l'appelle la **force de traînée**. Elle dépend de la façon dont le fluide s'écoule autour du corps et l'expression exacte de la force en fonction de la vitesse du corps, de sa forme, de la nature de sa surface et des propriétés physiques du fluide est un problème complexe de mécanique des fluides. La situation devient plus simple lorsque la vitesse est très grande ou très petite (dans un sens à définir plus loin). Dans le régime des faibles vitesses, on parle de **régime laminaire**. Pour une sphère de rayon R, la force est donnée par la **formule de Stokes**

$$\vec{F} = -6\pi\eta R\vec{v} \tag{13.2}$$

où η désigne une quantité caractéristique du fluide appelée **viscosité dynamique** et qui vaut $\eta \approx 2 \times 10^{-5}\,\text{kg}\cdot\text{m}^{-1}\cdot\text{s}^{-1}$ pour l'air et $\eta \approx 10^{-3}\,\text{kg}\cdot\text{m}^{-1}\cdot\text{s}^{-1}$ pour l'eau, à température ordinaire.

Pour des vitesses élevées, le régime change et aux vitesses très élevées, on parle de **régime turbulent**. La norme de la force devient proportionnelle à v^2 et on l'écrit alors

$$F = \frac{1}{2} C_x \rho S v^2 \tag{13.3}$$

où S désigne l'aire de la section du corps en mouvement dans un plan perpendiculaire à la vitesse, ρ la masse volumique du fluide dans lequel il se déplace ($\rho \approx 1{,}2\,\mathrm{kg \cdot m^{-3}}$ pour l'air à température ordinaire) et C_x un coefficient qui dépend de la forme du corps et qu'on appelle **coefficient de traînée**.

La quantité qui permet de déterminer si l'on se trouve dans l'un ou l'autre régime est le **nombre de Reynolds**, défini comme

$$\mathrm{Re} \equiv \frac{\rho v L}{\eta}$$

où v désigne la vitesse de l'écoulement du fluide autour de l'objet, L la taille caractéristique que l'objet présente à l'écoulement, ρ la masse volumique du fluide (pas celle de l'objet !) et η sa viscosité dynamique, définie plus haut.

Le frottement est laminaire lorsque $\mathrm{Re} \lesssim 1$ et turbulent lorsque $10^3 \lesssim \mathrm{Re}$ (avec quelques complications lorsque $10^5 \lesssim \mathrm{Re}$). Entre les deux, c'est compliqué et la dépendance en v est intermédiaire ; on la modélise traditionnellement en reprenant l'expression (13.3) et en faisant dépendre C_x de la vitesse.

Ordres de grandeur

Pour un objet de taille $L = 2$ cm se déplaçant dans l'air, le régime est laminaire si $v \lesssim \eta/\rho L \approx 8 \times 10^{-4}\ \mathrm{m \cdot s^{-1}}$ et turbulent si $v \gtrsim 10^3 \eta/\rho L \approx 0{,}8\ \mathrm{m \cdot s^{-1}}$. Ces vitesses limites sont inversement proportionnelles à la taille de l'objet : pour une goutte d'eau de 0,2 mm se déplaçant dans l'air, le régime est laminaire si $v \lesssim 8\ \mathrm{cm \cdot s^{-1}}$ et turbulent si $v \gtrsim 80\ \mathrm{m \cdot s^{-1}}$. Dans la suite, nous nous intéresserons à la chute dans l'air d'un corps sphérique de rayon $R = 1$ cm et les ordres de grandeur précédents montrent que l'on est très rapidement dans le régime turbulent : nous considérons que les frottements fluides sont de la forme (13.3).

3 Chute dans l'air avec frottements

Définition de la situation

Considérons un corps sphérique de masse m et de rayon $R = 1$ cm, lâché sans vitesse initiale d'une hauteur h et soumis à son poids $\vec{P} = m\vec{g}$ et à la force de traînée $\vec{T}$ de la forme (13.3). Sa masse volumique est celle de l'eau. Pour une sphère, nous considérerons que $C_x = 1/2$. C'est un problème unidimensionnel et la relation fondamentale de la dynamique s'écrit

$$m \frac{d^2 \vec{r}}{dt^2} = m\vec{g} + \vec{T}$$

soit, après projection sur l'axe vertical puis division par m,

$$\ddot{z} = -g \pm \frac{\rho\pi R^2}{4m}\dot{z}^2 \qquad (13.4)$$

où le signe ± dépend du sens du mouvement et du choix du repère. En orientant l'axe vertical Oz vers le haut, ce signe est un + pour un corps dont la vitesse est dirigée vers le bas et un – sinon (corps lancé vers le haut).

Avant de résoudre cette équation de façon numérique, pour honorer la **règle d'or numéro 2**, nous allons présenter la résolution analytique du problème. Nous disposerons ainsi d'une référence à laquelle comparer les solutions numériques, pour valider les méthodes utilisées avant de les étendre à des cas où l'on ne dispose pas de solution analytique.

Résolution analytique

On peut réécrire l'équation précédente sous la forme d'une équation différentielle du premier ordre, non linéaire, en posant $v \equiv \dot{z}$,

$$\dot{v} = -g\left(1 - \alpha v^2\right) \qquad (13.5)$$

où l'on a considéré un mouvement dirigé vers le bas et où

$$\alpha \equiv \frac{\rho\pi R^2}{4mg} = \frac{3\rho}{16\rho_b R g} \quad \text{en remarquant que} \quad m = \rho_b V_b = \rho_b \times \frac{4\pi R^3}{3}$$

où ρ_b désigne la masse volumique de la bille et V_b son volume. La constante α est reliée à la vitesse limite v_{lim} pour laquelle l'accélération est nulle, par $v_{\text{lim}} = 1/\sqrt{\alpha}$. On peut intégrer l'expression (13.5) en utilisant la primitive suivante

$$\int \frac{dx}{1-\alpha x^2} = \frac{\operatorname{argtanh}\left(\sqrt{\alpha}x\right)}{\sqrt{\alpha}} + \text{cte} \qquad (13.6)$$

En tenant compte de la condition initiale $v(t = 0) = h$, on trouve

$$\frac{\operatorname{argtanh}\left(\sqrt{\alpha}v\right)}{\sqrt{\alpha}} = -gt \quad \text{soit} \quad v(t) = -\frac{1}{\sqrt{\alpha}}\tanh\left(\sqrt{\alpha}gt\right) = -v_{\text{lim}}\tanh\left(\frac{gt}{v_{\text{lim}}}\right)$$

puis, en utilisant la primitive

$$\int \tanh(ax)\,dx = \frac{1}{a}\ln\left(\cosh(ax)\right) + \text{cte} \qquad (13.7)$$

on trouve, avec la condition initiale $z(t = 0) = h$,

$$z(t) = h - \frac{1}{\alpha g}\ln\left[\cosh\left(\sqrt{\alpha}gt\right)\right] = h - \frac{v_{\text{lim}}^2}{g}\ln\left[\cosh\left(\frac{gt}{v_{\text{lim}}}\right)\right] \qquad (13.8)$$

Le programme suivant trace la fonction $z(t)$ pour $h = 100\,\text{m}$

Prog. 13.1 Fichier : `frottements1.py`

```
import matplotlib.pyplot as plt
import numpy as np

R = 0.01         # rayon de la bille en mètres
rho_b = 1000.    # masse volumique de la bille
rho = 1.2        # masse volumique de l'air
g = 9.81         # accélération de la pesanteur
h = 100          # hauteur initiale
alpha = 3/16*rho/rho_b/R/g

t = np.linspace(0., 2., 20) # t entre 0 et 2 secondes par pas de 0,1
z = h-1/alpha/g*np.log(np.cosh(np.sqrt(alpha)*g*t))
z_libre = h-0.5*g*pow(t, 2)
plt.plot(t, z, c='red')
plt.plot(t, z_libre, c='blue')
plt.xlabel("temps en secondes")
plt.ylabel("altitude en mètres")
plt.show()
```

On obtient la figure suivante, où la courbe rouge montre le résultat du calcul précédent et la courbe bleue montre le résultat $z = h - gt^2/2$ qu'on obtient en négligeant les frottements.

Fig. 101

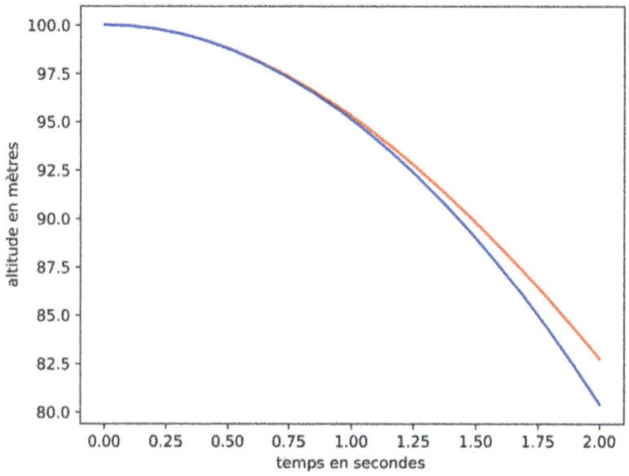

4 Résolution numérique : première approche

L'équation précédente peut également être résolue de façon purement numérique, c'est-à-dire en déployant un algorithme qui fournit, à partir de l'équation différentielle, la valeur de la fonction pour des pas de temps successifs en s'appuyant sur des approximations. Ici, cette approche semble superflue, vu qu'on connaît la solution exacte, mais elle sera nécessaire dans des cas où l'on ne sait pas résoudre analytiquement l'équation différentielle. L'intérêt de la présenter ici est que l'on pourra évaluer la précision des méthodes numériques, connaissant la solution exacte.

4.1 Utilisation de développements limités

Pour toute fonction $f(t)$ dérivable, pour des pas δt suffisamment petits, on a

$$f(t+\delta t) \underset{\delta t \to 0}{\approx} f(t) + f'(t) \times \delta t \tag{13.9}$$

Cette propriété est d'autant mieux vérifiée que le pas δt est petit. Pour le problème de chute qui nous intéresse ici, la combinaison de cette propriété et de l'expression (13.5) permet de réécrire

$$v(t+\delta t) \approx v(t) + \dot{v} \times \delta t \quad \text{en} \quad v(t+\delta t) \approx v(t) - g\left(1 - \alpha v^2\right) \times \delta t$$

On peut alors discrétiser le problème en découpant l'intervalle de temps $t_n = n \times \delta t$ et en calculant les vitesses à chaque pas de temps en fonction des précédentes,

$$v_{n+1} = v_n - g\left(1 - \alpha v_n^2\right) \times \delta t$$

Les altitudes sont également calculées selon par l'expression approchée

$$z_{n+1} = z_n + v_n \times \delta t$$

Connaissant les valeurs initiales z_0 et v_0, on en déduit successivement toutes les valeurs suivantes. Le programme suivant met en œuvre cette procédure pour déterminer $z(t)$ et $v(t)$, ce sont les lignes 19 et 20 qui implémentent les développements limités. Les variables `z_num` et `v_num` sont des listes contenant les valeurs successives de z et v.

Fichier : `frottements2a.py` Prog. 13.2

```
1 import matplotlib.pyplot as plt
2 import numpy as np
3
4 R = 0.01         # rayon de la bille en mètres
5 rho_b = 1000.    # masse volumique de la bille
6 rho = 1.2        # masse volumique de l'air
7 g = 9.81         # accélération de la pesanteur
8 h = 100          # hauteur initiale
9 alpha = 3/16*rho/rho_b/R/g
10
11 t_max = 2.
12 N_pas = 20
13 t = np.linspace(0., t_max, N_pas) # t entre 0 et 2 par pas de 0,1s
14 delta_t = t_max/(N_pas-1)       # pas de temps
15 z_num, v_num = [h], [0]         # initialisation des listes
16
17 for n in range(1, N_pas):
18     vitesse = v_num[n-1]
19     v_num.append(vitesse -g*(1-alpha*vitesse**2)*delta_t)
20     z_num.append(z_num[n-1] + vitesse*delta_t)
21 z_exact = h - 1/alpha/g*np.log(np.cosh(np.sqrt(alpha)*g*t))
22
```

```
plt.figure(figsize=(10 ,4))
ax1 = plt.axes((0.08, 0.12, 0.4, 0.8))            # graphe de gauche
ax1.plot(t, z_exact, c='red', label="exact")
ax1.plot(t, z_num, c='blue', linestyle='dashed', label="numérique")
ax1.set_xlabel("temps $t$ en secondes")
ax1.set_ylabel("altitude $z(t)$ en mètres")
ax1.legend()
ax2 = plt.axes((0.59, 0.12, 0.4, 0.8))           # graphe de droite
ax2.plot(t, z_num - z_exact)
ax2.set_xlabel("temps $t$ en secondes")
ax2.set_ylabel(r"erreur $\Delta z$ en mètres")
plt.show()
```

On obtient la figure suivante, montrant à gauche $z(t)$ obtenu par les deux méthodes et à droite la différence entre le calcul numérique et le calcul exact, en fonction du temps (le temps de chute, pas le temps de calcul !)

Fig. 102

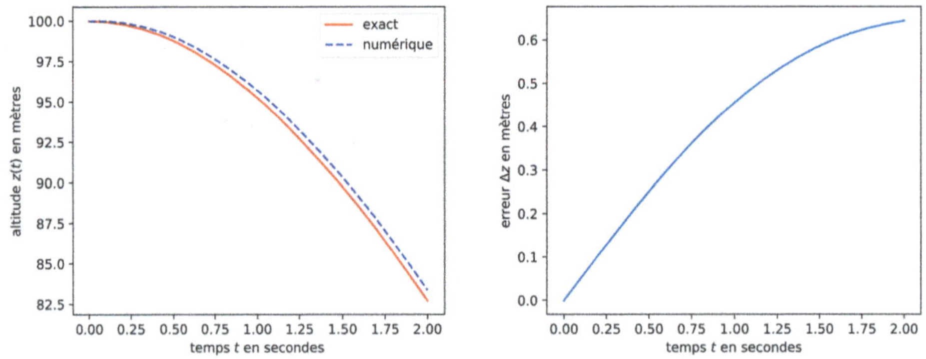

On peut améliorer le calcul en prenant des pas de temps plus petits. En augmentant la valeur de N_pas à 200, on obtient la figure suivante, où l'on voit sur le pan de droite qu'on a gagné un facteur 10 en précision.

Fig. 103

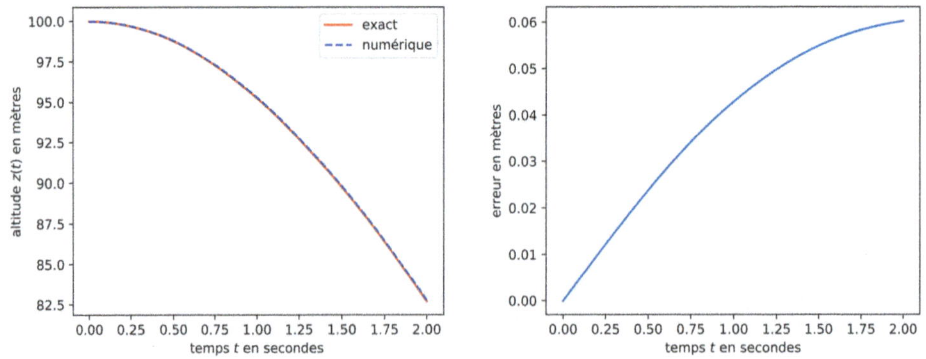

Le programme précédent utilise 200 pas de temps, et la courbe est tracée avec 200 points. Il n'est pas forcément utile d'afficher autant de points que ce qu'on calcule et nous allons maintenant adapter le programme pour qu'il n'affiche qu'une partie des points calculés. Pour cela, la notion de `slice` est très utile. Elle permet, à partir d'une liste, d'en extraire des éléments à intervalles réguliers. La syntaxe `maliste[m:n:p]` renvoie une liste constituée d'un élément sur p, à partir de l'élément de rang m et jusqu'à celui de rang n (inclus). Par exemple pour obtenir un élément sur trois à partir du troisième et jusqu'au neuvième inclus,

Console

```
>>>maliste=[0, 1, 2, 3, 4, 5, 6, 7, 8, 9, 10, 11]
>>>print(maliste[2:9:3])
[2, 5, 8]
```

Si on omet de mentionner m, la valeur par défaut est 0. Si on omet n, la valeur par défaut est la longueur de la liste. Si on omet p, la valeur par défaut est 1. Ainsi, `maliste[::]` renvoie la liste entière, `maliste[3:6]` renvoie `[3, 4, 5]`, `maliste[:4]` renvoie `[0, 1, 2, 3]` et `maliste[::3]` renvoie un élément sur trois de la liste initiale, soit `[0, 3, 6, 9]`.

Modifions le programme 13.2 en remplaçant les lignes 25 et 26 par le bloc

Fichier : `frottements2c.py` Prog. 13.3

```
25 N_affiche = 20
26 pas = N_pas//N_affiche
27 ax1.plot(t[::pas], z_exact[::pas], c='r', label="exact")
28 ax1.plot(t[::pas], z_num[::pas], c='b', linestyle='dashed', label="
       numérique")
```

et la ligne 31 par

```
31 ax2.plot(t[::pas], z_num[::pas]- z_exact[::pas])
```

On obtient une figure qui à l'œil ne semble pas différer de la précédente : la précision du tracé obtenu avec moins de points est suffisante. Ceci est à retenir pour les situations où les calculs devront être effectués sur des millions de pas, il serait alors déraisonnable de tracer tous les points calculés (du point de vue de la mémoire et parfois de la lisibilité).

4.2 Raffinement numérique

On peut gagner en précision autrement qu'en augmentant le nombre de pas de calcul. En poussant plus loin le développement limité (13.9), la propriété

$$f(t+\delta t) \underset{\delta t \to 0}{\approx} f(t) + f'(t) \times \delta t + \frac{1}{2} f''(t) \times (\delta t)^2$$

donne dans la plupart des cas une meilleure approximation de $f(t+\delta t)$ que l'expression (13.9). En transposant à notre problème,

$$\begin{cases} z(t+\delta t) \approx z(t) + \dot{z} \times \delta t + \dfrac{1}{2}\ddot{z} \times (\delta t)^2 \\ v(t+\delta t) \approx v(t) + \dot{v} \times \delta t + \dfrac{1}{2}\ddot{v} \times (\delta t)^2 \end{cases}$$

Or, on peut dans la première ligne utiliser le fait que $\ddot{z}$ est donné par la relation fondamentale de la dynamique, équation (13.4) ou (13.5),

$$\ddot{z} = -g\left(1 - \alpha v^2\right)$$

et dans la seconde équation, on peut aussi évaluer $\ddot{v}$ car

$$\ddot{v} = \frac{d\dot{v}}{dt} = \frac{d\ddot{z}}{dt} = \alpha g \times 2\dot{v}v$$

et finalement, en notant $a(t) \equiv \dot{v}(t) = \ddot{z}(t) = -g(1-\alpha v^2(t))$ l'accélération au temps t,

$$\begin{cases} z(t+\delta t) \approx z(t) + v(t) \times \delta t + \dfrac{1}{2}a(t) \times (\delta t)^2 \\ v(t+\delta t) \approx v(t) + a(t) \times \delta t + \alpha g v(t) a(t) \times (\delta t)^2 \end{cases}$$

Remplaçons la boucle `for` du programme 13.2 par la version suivante

Prog. 13.4

Fichier : `frottements3.py`

```
for n in range(1,N_pas):
    vitesse = v_num[n-1]                           # vitesse
    acc = -g*(1-alpha*vitesse**2)                  # accélération
    z_num.append(z_num[n-1] + vitesse*delta_t + 0.5*acc*delta_t**2)
    v_num.append(vitesse + acc*delta_t + 0.5*2*alpha*g *vitesse*acc*
        delta_t**2)
```

On obtient la figure suivante en prenant `N_pas=20`, où l'on voit en comparant à la figure 102 que l'erreur numérique a été diminuée d'un facteur 30 en passant de l'ordre 1 à l'ordre 2. Le premier mini-projet de fin de chapitre propose de pousser le développement limité à l'ordre 3 (l'erreur numérique est alors encore diminuée d'un facteur 100).

Fig. 104

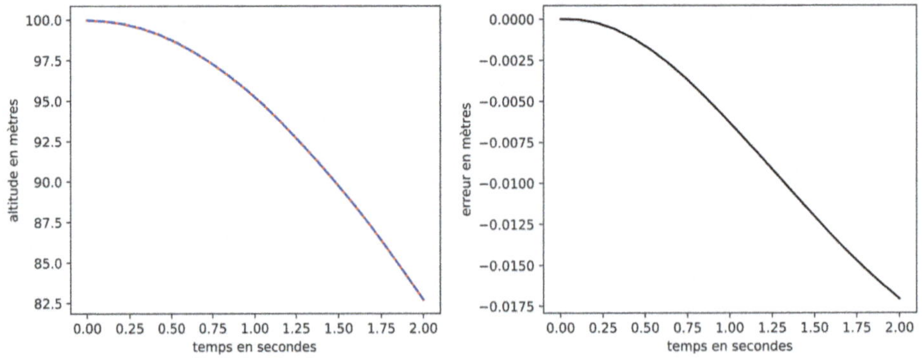

5 Utilisation de scipy.integrate

Nous venons de présenter des algorithmes permettant de résoudre des équations différentielles du premier ordre de façon approchée. Il existe une batterie de méthodes beaucoup plus précises et puissantes pour le faire. La fonction `solve_ivp()` [1] fournies par le module `integrate` de `scipy` permet de résoudre[2] un système d'équations différentielles du premier ordre couplées de la forme

$$\begin{cases} \dfrac{dy_0}{dt} = f_0(y_0, y_1, \cdots, y_n, t) \\ \dfrac{dy_1}{dt} = f_1(y_0, y_1, \cdots, y_n, t) \\ \cdots \\ \dfrac{dy_n}{dt} = f_n(y_0, y_1, \cdots, y_n, t) \end{cases}$$

Nous allons présenter cette fonction de façon progressive. Sous sa forme la plus simple, elle s'écrit

```
solve_ivp(fun, [t0, t1], y0)
```

et il faut fournir au moins trois arguments :

- une fonction écrite par l'utilisateur (nous l'avons ici appelée `fun`) qui définit la relation entre les dy_i/dt et les y_i. Cette fonction doit avoir un format bien particulier, prenant elle-même deux arguments, un `float` pour t et un tableau `ndarray` contenant les valeurs des y_i.
- la gamme de valeurs de t sur laquelle l'équation est résolue, sous la forme d'une liste à deux éléments indiquant la valeur de départ et la valeur de fin ;
- les valeurs initiales des y_i, sous la forme d'une liste (l'argument `y0` doit être une liste, qui peut éventuellement n'avoir qu'un élément, voir la suite) ;

Cette fonction renvoie un objet à partir duquel on peut récupérer plusieurs informations (dont la solution !) sous la forme suivante (en notant `sol` la variable associée à cet objet) :

- `sol.t` contient la liste des valeurs de t pour laquelle la solution est calculée (identique à `t_eval` si cette liste a été passée en argument optionnel, voir plus loin) ;
- `sol.y` est l'objet le plus subtil : il s'agit d'une liste dont chaque élément est une liste des valeurs de y que prend la solution calculée pour chaque valeur de t. Lorsqu'on résout une équation différentielle simple(paragraphe suivant), c'est une liste contenant une liste unique et on peut visualiser la solution en traçant `sol.y[0]`

1. Les lettres « ivp » sont les initiales de « initial value problem ». La documentation de la fonction est disponible à l'adresse https://docs.scipy.org/doc/scipy/reference/generated/scipy.integrate.solve_ivp.html.
2. en utilisant par défaut la méthode de Runge-Kutta à l'ordre 4, pour les curieux

en fonction de `sol.t` (voir ci-dessous). On verra plus loin comment résoudre plusieurs équations différentielles couplées (voir le paragraphe 5.2) et dans ce cas, `sol.y` contiendra autant de listes que de fonctions à déterminer ;

- `sol.message` contient un message indiquant si l'intégration s'est bien passée.

5.1 Équation différentielle du premier ordre

Considérons tout d'abord une unique équation différentielle du premier ordre, par exemple

$$\frac{dy}{dt} = -y \quad \text{avec} \quad y(0) = 3 \tag{13.10}$$

qui a pour solution exacte $y = 3e^{-t}$. Le programme suivant la résout numériquement pour t compris entre 0 et 1.

Prog. 13.5 Fichier : `tuto_solve_01.py`

```
1  from scipy.integrate import solve_ivp
2  import numpy as np
3
4  def mafonction(t, y): return -y
5
6  y0 = [3]
7  sol = solve_ivp(mafonction , [0, 1], y0)
8  print("sol.t :", sol.t)
9  print("sol.y :", sol.y)
10 print("solution exacte : y(1)=",3/np.exp(1))
```

- Ligne 4 : définition de la fonction `fun()` renvoyant la valeur de dy/dt, soit ici $-y$ (la fonction ne dépend pas de t dans le cas étudié ici) ;
- La ligne 7 fait tout le travail, la fonction `solve_ivp()` est appelée avec les arguments présentés plus haut ;
- Ligne 8 : `sol.t` contient la liste des valeurs de t auxquelles la solution a été évaluée par le solveur ;
- Ligne 9 : `sol.y[0]` contient la liste des valeurs de $y(t)$ correspondantes ;

Ce programme produit l'affichage

Console

```
sol.t : [0.          0.10000667 1.        ]
sol.y : [[3.          2.71449416 1.1042703 ]]
solution exacte : y(1)= 1.103638323514327
```

La première liste indique les valeurs de t que le solveur a choisies pour résoudre l'équation et la seconde une liste contenant la liste des valeurs de $y(t)$ calculées par le solveur. Ici, on connaît la solution exacte $y(t) = 3e^{-t}$ et on peut juger de la qualité de la solution apportée : le solveur trouve une valeur $y(1) \approx 1.1042703$ et la solution exacte vaut

$y(1) \approx 1.10363832$. L'accord n'est pas extraordinaire, nous allons maintenant y remédier. Pour cela, on peut indiquer un argument optionnel `rtol` (pour « relative tolerance ») qui donne le niveau de précision auquel on veut que se fasse la résolution, par exemple 10^{-8} dans le programme suivant. La fonction `solve_ivp()` affine le pas de calcul jusqu'à ce que cette précision soit atteinte. Le lecteur est invité à relancer le programme en changeant cette valeur.

Fichier : `tuto_solve_02.py` Prog. 13.6

```
from scipy.integrate import solve_ivp
import numpy as np

def mafonction(t, y): return -y

y0 = [3]
sol = solve_ivp(mafonction , [0, 1], y0, rtol=1e-8)
print("sol.t :", sol.t)
print("sol.y :", sol.y)
exact = 3/np.exp(1)
print("solution exacte : y(1)=%.7f, erreur : %.3e" % (exact, (sol.y
    [0][-1]-exact)/exact))
```

qui affiche

Console

```
sol.t : [0.        0.02028351  0.21046152  0.39883877  0.59435266
    0.79709427  1.        ]
sol.y : [[3.        2.93976244  2.43063073  2.01329675  1.65575929
    1.35190959  1.10363845]]
solution exacte : y(1)=1.1036383, erreur : 1.105e-07
```

On constate d'une part que le solveur a considéré davantage de points intermédiaires et d'autre part que la solution obtenue est effectivement beaucoup plus précise que précédemment (sans atteindre exactement la consigne de 10^{-8}).

On peut tracer la solution avec le programme suivant. On rappelle que `sol.y[0]` est une liste donnant les valeurs de y pour tous les éléments de la liste `sol.t`.

Fichier : `tuto_solve_03.py` Prog. 13.7

```
from scipy.integrate import solve_ivp
import numpy as np
import matplotlib.pyplot as plt

def mafonction(t, y): return -y

y0 = [3]
sol = solve_ivp(mafonction , [0, 1], y0, rtol=1e-8)
plt.scatter(sol.t, sol.y[0])
plt.plot(sol.t, 3*np.exp(-sol.t))
plt.show()
```

On obtient la figure de gauche ci-dessous.

Fig. 105

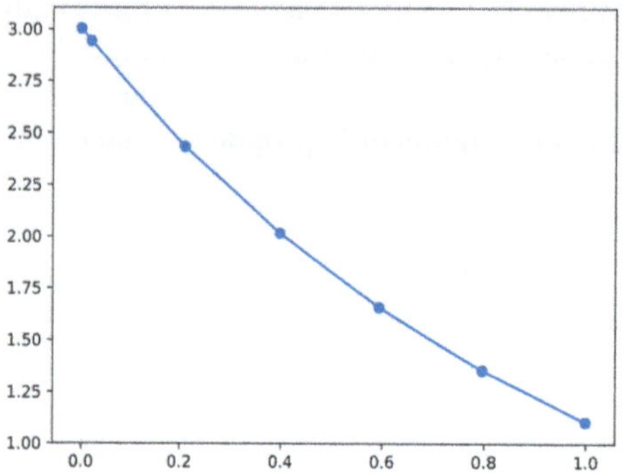

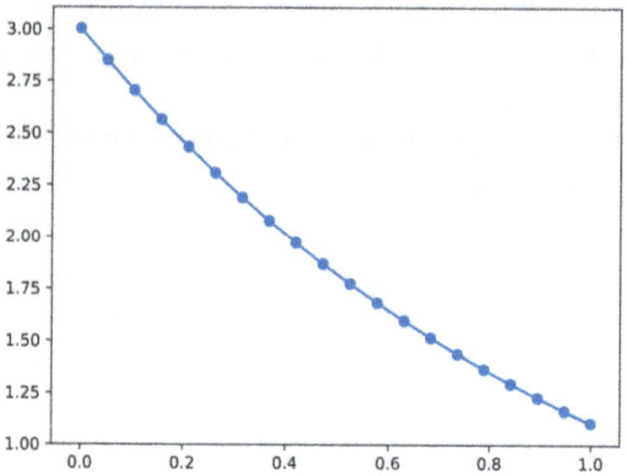

On peut imposer au solveur la liste des valeurs de t pour laquelle la solution sera calculée, par le paramètre optionnel `t_eval` auquel on affecte une liste de valeurs. Le programme suivant donne la figure de droite ci-dessus, avec 20 valeurs de t régulièrement espacées entre 0 et 1. Dans ce cas, `sol.t` est exactement égal à la liste passée en paramètre.

Prog. 13.8 Fichier : `tuto_solve_04.py`

```
from scipy.integrate import solve_ivp
import numpy as np
import matplotlib.pyplot as plt

def mafonction(t, y): return -y

y0 = [3]
sol = solve_ivp(mafonction , [0, 1], y0, rtol=1e-8, t_eval=np.
    linspace(0, 1, 20))
plt.scatter(sol.t, sol.y[0])
plt.plot(sol.t, 3*np.exp(-sol.t))
plt.show()
```

5.2 Équation différentielle du second ordre

Certaines équations différentielles du second ordre peuvent se mettre sous la forme d'un système d'équations différentielles du premier ordre couplées. On peut résoudre ces systèmes avec la fonction `solve_ivp()`, avec la même syntaxe que précédemment. Illustrons-le avec l'équation

$$\frac{d^2y}{dt^2} + y = 0 \quad \text{avec} \quad y(0) = 3 \quad \text{et} \quad \dot{y}(0) = 0 \tag{13.11}$$

dont la solution exacte est $y(t) = 3\cos(t)$. Elle peut se réécrire sous la forme de deux équations portant sur les fonctions $y(t)$ et $v_y(t) \equiv \dot{y}(t)$

$$\begin{cases} \dfrac{dy}{dt} = v_y \\ \dfrac{dv_y}{dt} = -y \end{cases} \qquad \text{avec les conditions initiales} \qquad \begin{cases} y(0) = 3 \\ v_y(0) = 0 \end{cases}$$

Ces deux fonctions y et v_y seront les éléments `[0]` et `[1]` d'un tableau à deux éléments. Dans la fonction `solve_ivp()`, la variable d'entrée `y0` doit maintenant être une liste contenant les deux valeurs initiales de y et v_y, et la fonction `fun()` doit renvoyer un `tuple` à deux éléments (ou une liste) contenant les dérivées premières de ces deux quantités. C'est ce que fait la ligne 5 du programme suivant.

Fichier : `tuto_solve_05.py` Prog. 13.9

```
1  from scipy.integrate import solve_ivp
2  import numpy as np
3  import matplotlib.pyplot as plt
4
5  def mafonction(t, y): return y[1], -y[0]
6
7  y0 = [3, 0]
8  sol = solve_ivp(mafonction , [0, 10], y0, rtol=1e-8, t_eval=np.
       linspace(0, 10, 40))
9  plt.scatter(sol.t, sol.y[0])
10 plt.plot(sol.t, np.cos(sol.t))
11 plt.show()
```

On obtient la figure de gauche ci-dessus. Une fois la ligne 9 exécutée, `sol.y` est une liste de la forme `[liste1, liste2]` dont chaque élément est une liste. Ainsi, `sol.y[0]` contient la liste des valeurs de $y(t)$ pour t contenus dans `sol.t` et `sol.y[1]` contient la liste des valeurs de $\dot{y}(t)$.

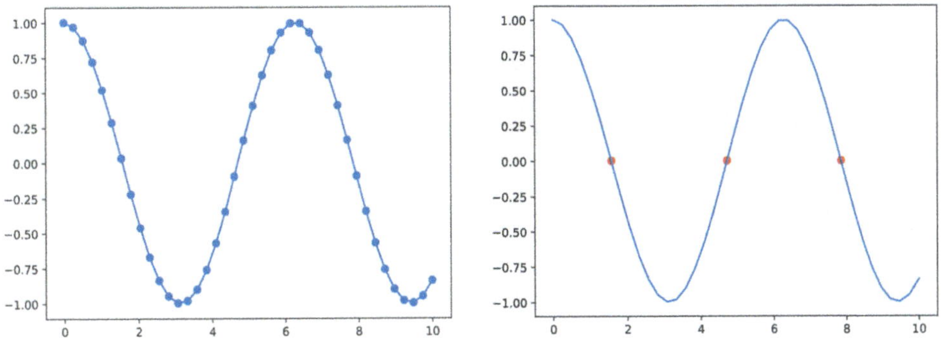

Fig. 106

5.3 Détecter des annulations

Le solveur permet également de détecter les valeurs de t pour lesquelles une condition est remplie, si elle peut s'exprimer comme l'annulation d'une fonction. Par exemple le programme suivant complète le précédent pour déterminer les annulations de $y(t)$, représentés par des points rouges sur la figure de droite ci-dessus.

- Ligne 7 : on définit une fonction, ici `monevenement()`, qui renvoie la grandeur dont on cherche les annulations ;
- Ligne 10 : on passe le nom de cette fonction dans l'argument optionnel `events` ;
- Lignes 12 et 13 : on affiche les valeurs de t trouvées, contenues dans l'attribut `sol.t_events` et on dessine les points ;
- Ligne 14 : on écrit les valeurs attendues pour t.

Prog. 13.10 Fichier : `tuto_solve_06.py`

```
1  from scipy.integrate import solve_ivp
2  import numpy as np
3  import matplotlib.pyplot as plt
4
5  def mafonction(t, y): return y[1], -y[0]
6
7  def monevenement(t, y) : return y[0]
8
9  y0 = [3, 0]
10 sol = solve_ivp(mafonction , [0, 10], y0, rtol=1e-8, t_eval=np.
       linspace(0, 10, 40), events=monevenement)
11 plt.plot(sol.t, np.cos(sol.t))
12 plt.scatter(sol.t_events, [0]*3, c='red')
13 print(sol.t_events)
14 print(np.pi/2, 3*np.pi/2, 5*np.pi/2)
15 plt.show()
```

Il produit l'affichage où l'on voit que les valeurs de t sont correctes.

Console

```
[array([1.57079607, 4.71238816, 7.85398067])]
1.5707963267948966 4.71238898038469 7.853981633974483
```

On voit que `sol.t_events` est une liste constituée d'une liste unique (car on n'a spécifié qu'une fonction dans l'option `events`), elle-même constituée des valeurs pour lesquelles la fonction `monevenement()` s'annule. On reconnaît effectivement les valeurs attendues $\pi/2$, $3\pi/2$ et $5\pi/2$.

5.4 Solution dense

Enfin, le solveur peut fournir, en plus des listes `sol.t` et `sol.y`, une fonction qui interpole entre ces valeurs, d'une façon qui obéit au mieux à l'équation différentielle. Ainsi, le programme suivant résout l'équation 13.11 avec relativement peu de points intermédiaire, et trace la fonction interpolée en fonction de t.

- Ligne 8 : l'option `dense_output=True` indique qu'il faut chercher la solution dense. Par défaut le solveur ne le fait pas car c'est une opération coûteuse en temps ;
- Ligne 10 : l'objet `sol.sol` est une liste contenant autant d'éléments que de fonctions dans le système à résoudre. Ici il en contient deux (système de deux équations). Chacun de ces élements est une fonction de t renvoyant les fonctions interpolées. Ainsi, `sol.sol[0]` donne $y(t)$.

Fichier : `tuto_solve_08.py` Prog. 13.11

```
1  from scipy.integrate import solve_ivp
2  import numpy as np
3  import matplotlib.pyplot as plt
4
5  def mafonction(t, y): return y[1], -y[0]
6
7  y0 = [1, 0]
8  sol = solve_ivp(mafonction , [0, 10], y0, rtol=1e-8, t_eval=np.
       linspace(0, 10, 10), dense_output=True)
9  maliste = np.linspace(0, 10, 200)
10 plt.plot(maliste, sol.sol(maliste)[0])
11 plt.scatter(sol.t, sol.y[0])
12 plt.show()
```

On obtient la figure de droite, où l'on reconnaît clairement la sinusoïde. La figure de gauche est obtenue en diminuant à l'extrême le nombre de points en prenant `linspace (0, 10, 3)` pour `t_eval` à la ligne 8.

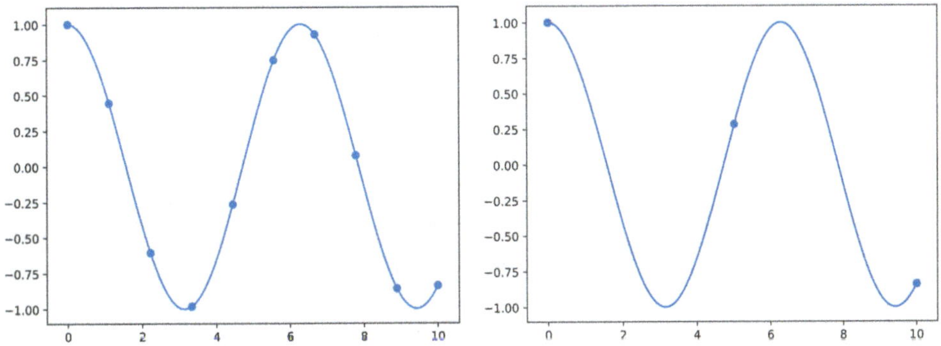

Fig. 107

6 Application au problème de chute

Munis de l'outil décrit ci-dessus, revenons au problème de chute avec frottements. Dans le programme suivant, la fonction `fun()` calcule les valeurs de dz/dt et de dv/dt, les stocke dans les variables `v` et `a` et les renvoie sous la forme d'un `tuple` (ligne 15).

Comme précédemment, traçons l'altitude z en fonction du temps t, donnée par la liste `sol.y[0]`, ainsi que l'erreur numérique en fonction du temps.

Prog. 13.12 Fichier : `frottements_solve_ivp1.py`

```
import matplotlib.pyplot as plt
import numpy as np
from scipy.integrate import solve_ivp

R = 0.01          # rayon de la bille en mètres
rho_b = 1000.     # masse volumique de la bille
rho = 1.2         # masse volumique de l'air
g = 9.81          # accélération de la pesanteur
h = 100           # hauteur initiale
alpha = 3/16*rho/rho_b/R/g

def fun(t, x):
    v = x[1]                 # dx/dt
    a = -g*(1-alpha*v*v)     # dv/dt
    return v, a

t_max = 7.
N_pas = 100
sol = solve_ivp(fun, [0, t_max], [h, 0], t_eval=np.linspace(0, t_max,
      N_pas))
z_exact = h - 1/alpha/g*np.log(np.cosh(np.sqrt(alpha)*g*sol.t))
plt.figure(figsize=(10 ,4))
ax1=plt.axes((0.08, 0.12, 0.4, 0.8))
ax1.plot(sol.t, z_exact , c='red')
ax1.plot(sol.t, sol.y[0], c='blue', linestyle='dashed')
ax1.set_xlabel("temps en secondes")
ax1.set_ylabel("altitude en mètres")
ax2=plt.axes((0.59, 0.12, 0.4, 0.8))
erreur = (sol.y[0][1:] - z_exact[1:])/(h-z_exact[1:])
ax2.plot(sol.t[1:], erreur)
ax2.set_xlabel("temps en secondes")
ax2.set_ylabel("erreur relative")
plt.show()
```

Fig. 108

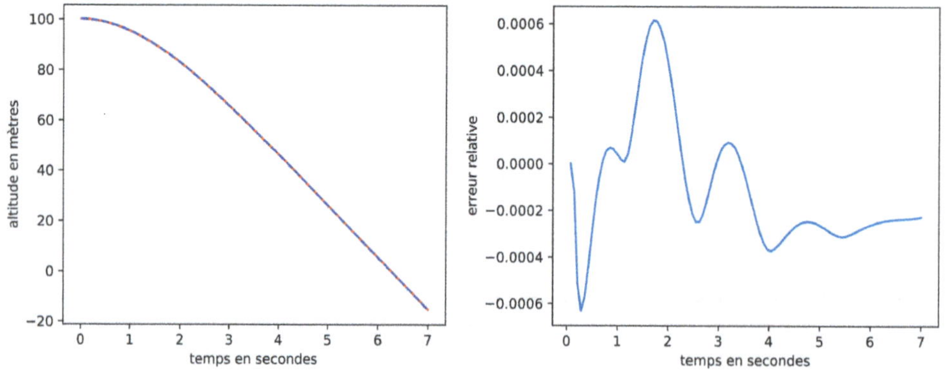

On obtient la figure ci-dessus, sur laquelle on voit encore que l'erreur est inférieure à 0,1 %. Aux lignes 28 et 29, le `[1:]` permet d'ignorer le premier élément des tableaux, qui donnerait une erreur de division par zéro. On peut à moindres frais tracer la vitesse, donnée par la liste `sol.y[1]`, en fonction du temps sur la figure de droite, au lieu de l'erreur numérique. Pour cela, on remplace les lignes 27 et suivantes par

Fichier : `frottements_solve_ivp2.py` Prog. 13.13

```
27 ax2=plt.axes((0.59, 0.12, 0.4, 0.8))
28 ax2.plot(sol.t, sol.y[1])
29 ax2.set_xlabel("temps en s")
30 ax2.set_ylabel("vitesse en m/s")
31 print("vitesse terminale :", -1/np.sqrt(alpha), "m/s")
32 plt.show()
```

On obtient la figure suivante, où l'on voit que la vitesse tend vers une valeur limite qui coïncide avec $-1/\sqrt{\alpha}$, dont on affiche la valeur dans la console et qui donne

Console

```
vitesse terminale : -20.880613017821105 m/s
```

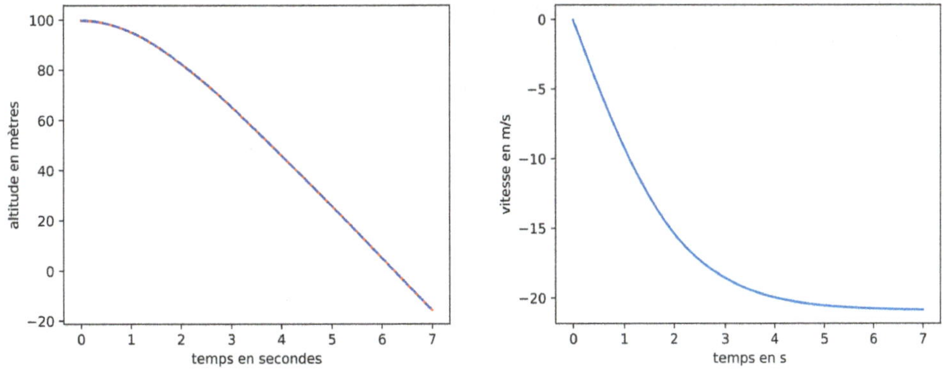

Fig. 109

Détecter le moment où le corps atteint le sol

À quel moment où le corps atteint-il le sol ? La réponse n'est pas si simple *a priori*, car l'algorithme de résolution impose des pas de temps et non des pas d'altitude, et rien ne garantit que l'événement $z = 0$ correspond effectivement à un des temps t auquel on évalue la solution. Utilisons les mécanismes décrit plus haut en modifiant le programme 13.12 à partir de la ligne 19,

Fichier : `frottements_solve_ivp3.py` Prog. 13.14

```
19 def touche_sol(t, y): return y[0]
20
21 sol = solve_ivp(fun, [0, t_max], [h, 0], t_eval=np.linspace(0, t_max,
       N_pas), events=touche_sol)
```

```
22
23 print("sol.t_events : ", sol.t_events)
24 print("date de l'événement : ", sol.t_events[0][0])
25 plt.scatter(sol.t_events[0][0], 0)   # contact avec le sol
26 t_exact = np.arccosh(np.exp(alpha*g*h))/g/np.sqrt(alpha)
27 print("t exact :                ", t_exact)
28 plt.plot(sol.t, sol.y[0])
29 plt.xlabel("temps en s")
30 plt.ylabel("altitude en m")
31 plt.show()
```

- On utilise le paramètre `events` auquel on affecte la fonction `touche_sol()` définie à la ligne 19, qui renvoie la quantité dont on cherche l'annulation (ici, `y[0]` correspondant à z).
- La ligne 23 affiche la liste des valeurs de t pour lesquelles la conditions de fin a été réalisée, sous la forme de l'attribut `t_events` de l'objet `sol`. Il s'agit ici d'une liste contenant un tableau avec autant d'éléments que de fois où la condition a été remplie. Ici elle n'est remplie qu'une fois, d'où la syntaxe de la ligne 24 pour afficher la valeur de t cherchée.

On obtient, en plus de la figure, l'affichage suivant où l'on voit également la solution exacte calculée grâce à l'équation (13.8).

Console

```
sol.t_events :    [array([6.25737643])]
date de l'événement :   6.257376432708441
t exact :               6.258561017699052
```

7 Portée d'un lanceur de projectile

Nous avons tous les éléments pour traiter un problème plus complexe, pour lequel nous ne disposons pas de solution exacte : l'étude d'un lanceur de projectiles (un canon) qui envoie un corps de masse m dans la direction des x croissants, à la vitesse initiale $\vec{v}_0$ faisant un angle θ_0 avec l'horizontale, en présence d'un frottement en v^2.

Équations du mouvement

Le problème est bidimensionnel et les équations du mouvement s'écrivent

$$\begin{cases} \ddot{x} = -\alpha g v^2 \cos\theta \\ \ddot{z} = -g - \alpha g v^2 \sin\theta \end{cases} \qquad \text{où} \quad v^2 = \dot{x}^2 + \dot{z}^2$$

et où l'angle θ que fait la vitesse avec l'horizontale au temps t est donné par, avec les notations précédentes,

$$\begin{cases} \cos\theta = \dot{x}/v \\ \sin\theta = \dot{z}/v \end{cases}$$

ce qui permet de réécrire les équations du mouvement sous la forme

$$\begin{cases} \ddot{x} = -\alpha g v \dot{x} \\ \ddot{z} = -g - \alpha g v \dot{z} \end{cases} \qquad \text{où} \quad v = \sqrt{\dot{x}^2 + \dot{z}^2}$$

On peut remarquer que la contribution du frottement à l'accélération est bien négative (force vers le bas) lorsque le corps monte ($\alpha g v \dot{z} < 0$ quand $\dot{z} > 0$) et positive sinon.

Résolution numérique

Comme précédemment, on réécrit ces équations sous la forme d'équations différentielles du premier ordre couplées pourtant sur les 4 fonctions x, v_x, z et v_z,

$$\begin{cases} \dot{x} = v_x \\ \dot{v}_x = -\alpha g v v_x \\ \dot{z} = v_z \\ \dot{v}_z = -g(1 + \alpha v v_z) \end{cases}$$

On utilise de nouveau la fonction `solve_ivp()` pour calculer la solution entre l'instant initial $t = 0$ et l'instant final choisi suffisamment grand pour que le projectile atteigne le sol. Nous avons maintenant 4 équations différentielles portant sur 4 quantités et dans la fonction `fun()` du programme ci-dessous, le tableau y contient x, $\dot{x}$, z et $\dot{z}$, dans cet ordre. Cette fonction renvoie une liste contenant les dérivées de ces quantités. La fonction `solve_ivp()` renvoie une liste `solution.y` dont le premier élément `solution.y[0]` est la liste de valeurs de x prises au cours du temps, `solution.y[1]` celle des valeurs de $\dot{x}$, `solution.y[2]` celle des z et `solution.y[3]` celle des $\dot{z}$.

On cherche la portée, c'est-à-dire la valeur de x au moment où $z = 0$. Cette fois, cette condition est remplie à deux reprises, à l'instant initial, et à un instant ultérieur, celui qui nous intéresse. On affecte à la fonction définissant l'événement un attribut supplémentaire, `touche_sol.direction=-1`, pour indiquer que seuls doivent être comptés les événements pour lesquels la fonction s'annule en décroissant.

Le programme suivant implémente le calcul.

Fichier : `portee_frottements.py` Prog. 13.15

```python
import numpy as np
from scipy.integrate import solve_ivp

R = 0.01                    # rayon de la bille en mètres
rho_b, rho = 1000., 1.2     # masse volumique de la bille et de l'air
g = 9.81                    # accélération de la pesanteur
h = 100                     # hauteur de chute
v0 = 100                    # vitesse initiale
theta = 0.2                 # angle initial
alpha = 3/16*rho/rho_b/R/g

def fun(t, y):    # y[0] : x, y[1] : vx, y[2] : z, y[3] : vz
```

```
    ydot=[None]*4  # creation d'une liste vide à 4 éléments
    vx, vz = y[1], y[3]
    v = np.sqrt(vx**2+vz**2)
    ydot[0] = vx                        # dx/dt
    ydot[1] = -g*alpha*v*vx             # dvx/dt
    ydot[2] = vz                        # dz/dt
    ydot[3] = -g*(1 + alpha*v*vz)       # dvz/dt
    return ydot

def touche_sol(t, x): return x[2]
touche_sol.terminal = True
touche_sol.direction=-1

t_max, N_pas = 7., 100
y0 = [0, v0*np.cos(theta), 0, v0*np.sin(theta)]
solution = solve_ivp(fun, [0, t_max], y0, t_eval=np.linspace(0.,
    t_max, N_pas), events=touche_sol, dense_output=True)
print(solution.sol(solution.t_events[0][0]))
print("portée : ", solution.sol(solution.t_events[0][0])[0], "m")
```

On obtient l'affichage suivant.

Console

```
[ 7.95478117e+01  1.57629784e+01 -4.44089210e-16 -9.68721040e+00]
portée :  79.54781172144044 m
```

8 Mini-projets

Mini-projet 1

Reprendre le raffinement proposé au paragraphe 4.2 en poussant les développements limités à l'ordre 3, modifier le programme 13.4 en conséquence et observer l'effet sur la précision du calcul de la trajectoire. On trouvera un exemple de solution dans le programme intitulé `frottements3_miniprojet.py` dans l'ensemble des programmes téléchargeables. On observe que l'erreur est divisée par un facteur 100 lorsqu'on passe de l'ordre 2 à l'ordre 3, avec les paramètres du paragraphe 4.2.

Mini-projet 2

Tracer la courbe donnant la portée en fonction de l'angle que fait la vitesse initiale avec l'horizontale, en présence de la force de frottement en v^2 utilisée dans ce chapitre. On trouvera un exemple de solution dans `portee_frottements_miniprojet.py` disponible dans l'ensemble des programmes téléchargeables.

14 Oscillateurs

Dans ce chapitre, nous allons appliquer les techniques vues dans le chapitre précédent à des systèmes oscillants, certains pour lesquels on peut résoudre analytiquement les équations du mouvement, d'autres non. Nous introduirons des fonctionnalités permettant de produire des animations.

1 Oscillateur harmonique

1.1 Définition

L'oscillateur mécanique le plus simple est constitué d'une masse m accrochée à l'extrémité d'un ressort horizontal de constante de raideur k et de longueur à vide ℓ_0 et libre de glisser sans frotter sur le long d'un axe x horizontal. La force subie par la masse s'écrit en fonction de l'allongement $x \equiv \ell - \ell_0$ du ressort

$$\vec{F} = -k(\ell - \ell_0)\vec{u}_x$$

et la projection sur l'axe x de la relation fondamentale de la dynamique conduit à

$$m\ddot{x} = -kx \quad \text{soit} \quad \ddot{x} + \omega_0^2 x = 0 \quad \text{en notant} \quad \omega_0^2 \equiv \frac{k}{m} \tag{14.1}$$

La solution analytique s'écrit

$$x(t) = A\cos(\omega_0 t) + B\sin(\omega_0 t)$$

et où A et B sont des constantes qui dépendent de l'état initial du système. Si le système est lâché sans vitesse initiale depuis la position $x = x_0$, on peut montrer que $A = x_0$ et $B = 0$, soit

$$x_e(t) = x_0\cos(\omega_0 t)$$

1.2 Équation différentielle du second ordre

L'équation (14.1) est une différentielle du second ordre. Comme celle du paragraphe 5.2 du chapitre précédent, elle peut s'écrire sous la forme de deux équations différentielles du premier ordre couplées, en posant $v = dx/dt$,

$$\begin{cases} \dfrac{dx}{dt} = v \\ \dfrac{dv}{dt} = -\omega_0^2 x \end{cases}$$

Nous allons de nouveau utiliser la fonction `solve_ivp()` pour résoudre ces équations. Dans la function `fun()` du programme suivant, `y[0]` et `y[1]` contiennent respectivement les valeurs de x et v et la fonction renvoie leurs dérivées respectives. Nous avons utilisé le paramètre `rtol` pour demander un niveau de précision valant 10^{-4} en valeur relative. Le lecteur est invité à relancer le programme en changeant cette valeur. Nous avons choisi arbitrairement la valeur numérique $\omega_0 = 1$.

Prog. 14.1 Fichier : `scipy_ode2.py`

```python
import matplotlib.pyplot as plt
import numpy as np
from scipy.integrate import solve_ivp

omega = 1    # pulsation propre

def fun(t, y):          # y[0] : x, y[1] : vx
    v =  y[1]           # dx/dt = v
    a = -omega*x[0]     # dv/dt = -x
    return v, a

y0 = [3, 0]             # valeur initiale : x=3 et v=0
sol = solve_ivp(fun, [0, 20], y0, t_eval=np.linspace(0, 20, 100),
    rtol=1e-4)
exact = 3*np.cos(omega*sol.t)
plt.figure(figsize=(10 ,4))
ax1=plt.axes((0.05, 0.12, 0.4, 0.8))  # création du graphe de gauche
ax1.scatter(sol.t, sol.y[0], marker='+', s=100, color='k')
ax1.plot(sol.t, exact)
ax2=plt.axes((0.57, 0.12, 0.4, 0.8))  # création du graphe de droite
difference = (sol.y[0] - exact)
ax2.plot(sol.t, difference)
ax2.set_ylabel("erreur")
ax2.set_xlabel("temps $t$")
plt.show()
```

Fig. 110

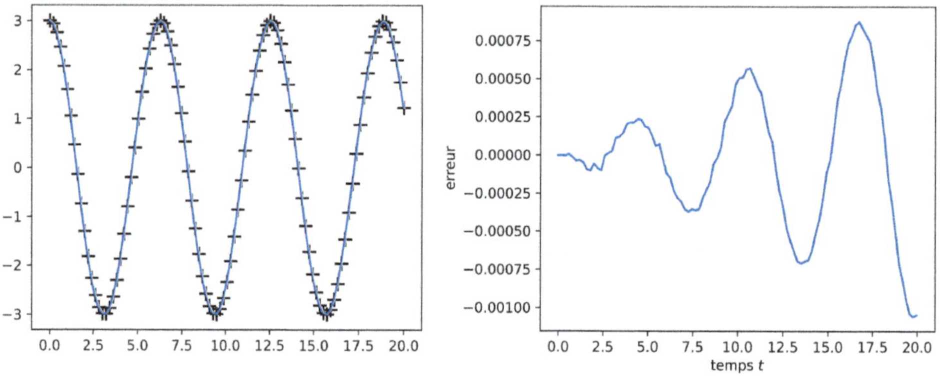

On obtient la figure ci-dessus, sur laquelle on voit encore que les points calculés numériquement sont proches de la solution exacte. La partie de droite montre l'évolution de l'erreur numérique.

1.3 Conservation de l'énergie mécanique

Lorsqu'un système évolue sous l'action de forces conservatives (c'est le cas de la force élastique exercée par le ressort), l'énergie mécanique du système, définie comme la somme de son énergie cinétique et de son énergie potentielle, est conservée au cours du temps. On peut vérifier que c'est ici le cas : c'est un des tests qui permettent d'évaluer la précision de la résolution numérique des équations. En effet, si des erreurs numériques affectent la solution, altérant les positions et les vitesses, et donc l'énergie potentielle et l'énergie cinétique, il n'y a aucune raison que ces erreurs se compensent exactement dans le calcul de l'énergie totale. Pour l'oscillateur harmonique, l'énergie mécanique est donnée par

$$E_m = E_c + E_p \quad \text{avec} \quad E_c = \frac{1}{2}m\dot{x}^2 \quad \text{et} \quad E_p = \frac{1}{2}kx^2 = \frac{1}{2}m\omega_0^2 x^2$$

Reprenons le programme précédent en remplaçant les lignes 18 à 20 par

Fichier : `scipy_ode3.py` Prog. 14.2

```
18 energie = (0.5*sol.y[0]**2 + 0.5*sol.y[1]**2)
19 ax2.plot(sol.t, energie)
20 ax2.set_ylabel("énergie")
```

qui produit, en plus de la courbe représentative de $x(t)$, la figure de gauche ci-dessous où l'on voit que l'énergie totale (par unité de masse car on a divisé par m) décroît certes au cours du temps, mais de façon très légère (examiner l'échelle des ordonnées). En augmentant la précision de la résolution en imposant `rtol=1e-8` à la ligne 12, on obtient la figure de droite où l'on voit que cette décroissance est encore plus faible (encore une fois, examiner l'échelle des ordonnées). Voir le mini-projet 1 du chapitre 16 pour une propriété intéressante de cette figure de droite.

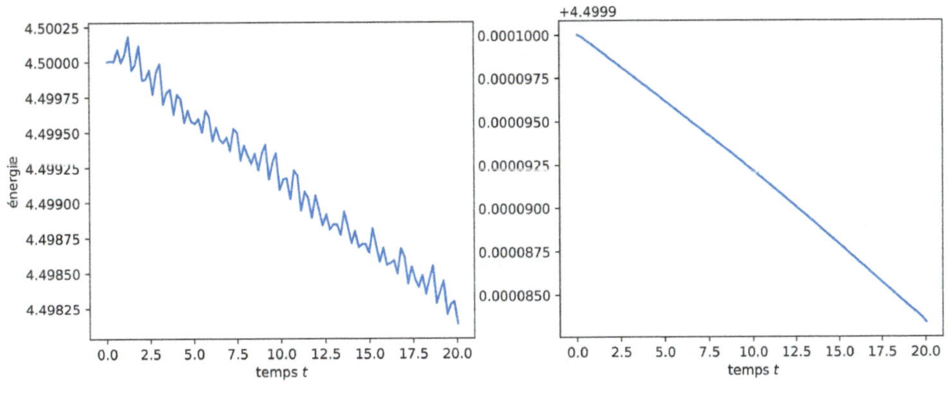

Fig. 111

2 Pendule simple

Le pendule simple est constitué d'une masse m attachée à un fil de masse nulle et de longueur ℓ. Lorsque la masse est écartée de sa position d'équilibre, le système se met à osciller. Cet oscillateur obéit à une équation du mouvement différente de (14.1), ce n'est pas un oscillateur harmonique. On ne peut pas en écrire de solution analytique. En notant θ l'angle que fait à chaque instant le pendule avec la verticale, cette équation du mouvement s'écrit

$$\ddot{\theta} + \frac{g}{\ell}\sin\theta = 0 \tag{14.2}$$

Cette équation se réécrit comme un système de deux équations couplées du premier ordre, portant sur θ et $\dot{\theta}$.

$$\begin{cases} \dfrac{d\theta}{dt} = \dot{\theta} \\ \dfrac{d\dot{\theta}}{dt} = -\omega_0^2 \sin(\theta) \end{cases} \qquad \text{où} \quad \omega_0^2 \equiv \frac{g}{\ell}$$

Il suffit de changer la ligne 9 dans la fonction `fun()` définie précédemment pour résoudre numériquement le problème. Le programme suivant trace la solution numérique ainsi que, en pointillés, la solution exacte qu'on obtient pour un oscillateur harmonique avec les mêmes conditions ($\theta_0 = \pi/2$, sans vitesse initiale).

Prog. 14.3 Fichier : `scipy_ode4.py`

```
1  import matplotlib.pyplot as plt
2  import numpy as np
3  from scipy.integrate import solve_ivp
4
5  longueur = 1        # longueur du pendule = 1 m
6  g = 9.81            # accélération de la pesanteur
7  omega = np.sqrt(g/longueur)
8
9  def fun(t, y):                  # y[0] = theta et y[1] = thetapoint
10     v =  y[1]
11     a = -omega**2 *np.sin(y[0])
12     return v, a
13
14 tmax=5
15 y0 = [np.pi/2, 0] # valeur initiale
16 sol = solve_ivp(fun, [0, tmax], y0, t_eval=np.linspace(0, tmax, 100),
        rtol=1e-4)
17 plt.plot(sol.t, sol.y[0])
18 plt.plot(sol.t, np.pi/2*np.cos(omega*sol.t), ls='dashed')
19 plt.show()
```

On obtient la figure suivante, où l'on voit que le pendule simple (en trait plein) a une période plus grande que celle de l'oscillateur harmonique correspondant (en pointillés).

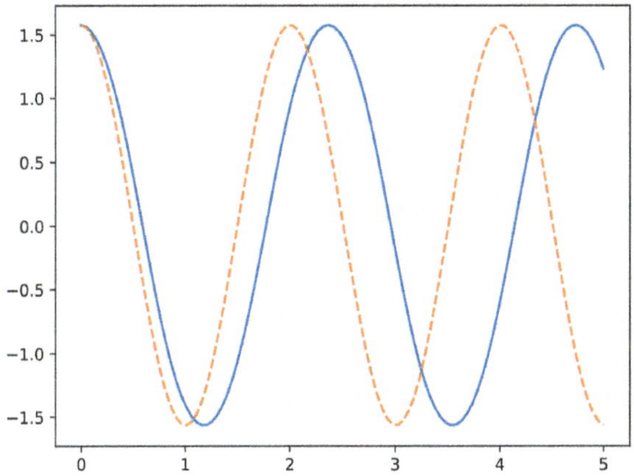

Fig. 112

2.1 Période du pendule

Nous allons présenter plusieurs façons d'évaluer la période du pendule pesant. La plus directe, du point de vue analytique, est de partir de la conservation de l'énergie mécanique,

$$\frac{1}{2}m\ell\dot{\theta}^2 + mgh = \text{cte}$$

où la hauteur du pendule est donnée par $h = \ell(1-\cos\theta)$ en prenant l'origine à la position $\theta = 0$. Si le pendule est lâché depuis la position θ_0 avec une vitesse initiale nulle, la constante du membre de droite vaut $mg(1-\cos\theta_0)$ et on obtient, en reportant et en simplifiant par m,

$$\frac{1}{2}\ell\dot{\theta}^2 + g(1-\cos\theta) = g(1-\cos\theta_0)$$

et donc

$$\dot{\theta}^2 = \frac{2g}{\ell}(\cos\theta - \cos\theta_0) \quad \text{soit} \quad \frac{d\theta}{dt} = \pm\sqrt{\frac{2g}{\ell}}\sqrt{\cos\theta - \cos\theta_0}$$

Le signe dépend du sens du mouvement du pendule, et on peut choisir n'importe lequel pour calculer la période.

$$\frac{d\theta}{\sqrt{\cos\theta - \cos\theta_0}} = \sqrt{\frac{2g}{\ell}}\,dt$$

Intégrons l'expression précédente entre $\theta = 0$ et $\theta = \theta_0$, ce qui correspond au quart de la période T,

$$\sqrt{\frac{2g}{\ell}}\frac{T}{4} = \int_0^{\theta_0} \frac{d\theta}{\sqrt{\cos\theta - \cos\theta_0}}$$

Le calcul numérique de cette intégrale présente une difficulté numérique : la fonction à intégrer n'est pas définie à une de ses bornes ($\theta = \theta_0$). On peut y remédier en faisant le changement de variable

$$\sin\varphi = \frac{\sin(\theta/2)}{\sin(\theta_0/2)}$$

ce qui permet de réécrire l'expression précédente sous la forme

$$T = 4\sqrt{\frac{\ell}{g}}\int_0^{\pi/2}\frac{d\varphi}{\sqrt{1-k^2\sin^2\varphi}} \quad \text{où} \quad k \equiv \sin(\theta_0/2) \tag{14.3}$$

Le module `integrate` de la bibliothèque `scipy` fournit la fonction `quad()`

```
scipy.integrate.quad(fun, x0, x1)
```

qui permet de calculer numériquement la valeur d'une intégrale. On doit lui fournir comme arguments une fonction, ici appelée `fun()`, fournie par un module mathématique ou définie par l'utilisateur (la fonction à intégrer) et `x0` et `x1` deux variables contenant les bornes de l'intégrale à calculer. Par exemple, pour intégrer la fonction $f(x) = x^2$ entre 0 et 1 (le résultat vaut 1/3), on écrit

Console

```
$ python
>>> from scipy.integrate import quad
>>> def fun(x): return x*x
...
>>> quad(fun, 0, 1)
(0.33333333333333337, 3.700743415417189e-15)
```

La fonction renvoie un `tuple` à deux éléments, le premier contient la valeur calculée de l'intégrale et le second une estimation de l'erreur associée à cette valeur. Utilisons-là pour calculer la période donnée par l'équation (14.3)

Prog. 14.4 Fichier : `pendule1a.py`

```python
import numpy as np
from scipy.integrate import quad

longueur = 1        # longueur du pendule
g = 9.81            # accélération de la pesanteur

def fun(x):
    k = np.sin(theta0/2)
    return 1/np.sqrt(1 - pow(k*np.sin(x), 2))

theta0 = 0.2
res, err = quad(fun, 0, np.pi/2)
T = 4*np.sqrt(longueur/g)*res
print("amplitude : {:.3f} degrés, période : {:.3f} s".format(np.
    degrees(theta0), T))
print("précision relative : {:.3e}".format(err/res))
```

On obtient

Console

```
amplitude : 11.459 degrés, période : 2.011 s
précision relative : 1.110e-14
```

Traçons la courbe donnant la période du pendule en fonction de l'amplitude initiale.

Fichier : `pendule1b.py` Prog. 14.5

```
1  import matplotlib.pyplot as plt
2  import numpy as np
3  from scipy.integrate import quad
4  
5  longueur = 1                  # longueur du pendule
6  g = 9.81                      # accélération de la pesanteur
7  Tref = np.sqrt(longueur/g) # temps de référence
8  
9  def fun(x):
10     k = np.sin(theta0/2)
11     return 1/np.sqrt(1 - pow(k*np.sin(x), 2))
12 
13 amplitude=np.arange(0.005,3, 0.005)
14 T=[]
15 for theta0 in amplitude:
16     res, err = quad(fun, 0, np.pi/2)
17     T += [4*Tref*res]
18 
19 plt.plot(np.degrees(amplitude), T, linewidth=2, color='black')
20 plt.xlabel(r"amplitude $\theta$ en degrés")
21 plt.ylabel("période $T$ en secondes")
22 plt.show()
```

- Les lignes 5 à 7 définissent les paramètres du pendule et calculent $\sqrt{\ell/g}$ en l'affectant à la variable `Tref` qui sera utilisée dans la boucle à la ligne 17 ;
- Les lignes 9 à 11 définissent la fonction à intégrer ;
- La ligne 13 définit l'ensemble des valeurs de l'amplitude pour lesquelles on va calculer la période ;
- La ligne 14 crée une liste T vide, à laquelle on ajoutera successivement les valeurs calculées, à la ligne 17 ;
- Les lignes 15 à 17 parcourent la liste des amplitudes et calculent la valeur de la période pour chacune d'entre elle ;
- Ligne 19 : on trace la période en fonction de l'amplitude, après avoir converti cette dernière en degrés, pour obtenir des valeurs plus parlantes.

On obtient la figure suivante.

Fig. 113

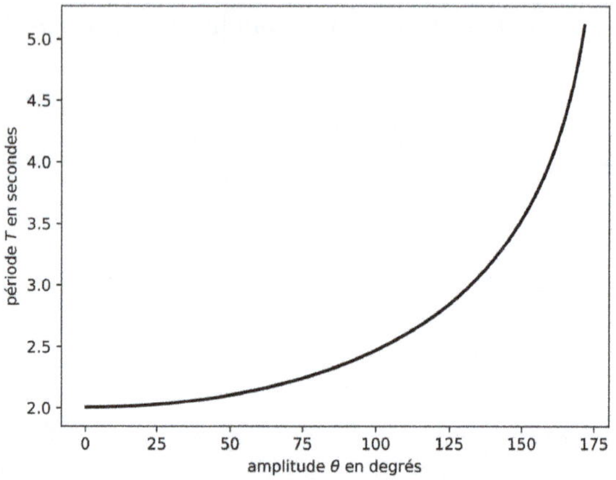

La période du pendule augmente avec l'amplitude. Pour les faibles valeurs de l'amplitude, la période est proche de

$$T_0 = 2\pi\sqrt{\frac{\ell}{g}} \approx 2{,}006 \text{ s}$$

Le pendule devient quasi-isochrone dans la limite des oscillations de faible amplitude. Ceci découle directement du fait que dans ces conditions, on peut assimiler le sinus à son argument dans l'équation 14.2, qui s'écrit alors

$$\ddot{\theta} + \frac{g}{\ell}\theta = 0$$

C'est un oscillateur harmonique de période T_0.

Comparons ces périodes avec celles que l'on peut obtenir en résolvant les équations du mouvement et en détectant la première annulation de la solution pour un pendule lâché sans vitesse initiale (le temps écoulé est alors égal au quart de la période).

Prog. 14.6 Fichier : pendule2.py

```
import matplotlib.pyplot as plt
import numpy as np
from scipy.integrate import solve_ivp, quad

longueur = 1          # longueur du pendule
g = 9.81

def fun(t, x):
    v =  x[1]                          # dtheta/dt = thetapoint
    a = -np.sin(x[0])*g/longueur       # dthetapoint/dt
    return v, a

def fun2(x):
    k = np.sin(amplitude/2)
    return 1/np.sqrt(1 - pow(k*np.sin(x), 2))
```

```
16
17 def annulation_theta(t, x): return x[0]
18 annulation_theta.terminate=True
19
20 tmax=10
21 T1, T2 =[],[]
22 amplitudes = np.arange(0.01, 3*np.pi/4, 0.02)
23 for amplitude in amplitudes:
24     sol = solve_ivp(fun, [0, tmax], [amplitude, 0], t_eval=np.
           linspace(0., tmax, 500), rtol=1e-5, events=annulation_theta)
25     T1 += [4*sol.t_events[0][0]]          # T donné par l'équa dif
26     res, err = quad(fun2, 0, np.pi/2)
27     T2 += [4*np.sqrt(longueur/g)*res]     # T donné par l'intégrale
28
29 dif = np.abs(np.array(T1)-np.array(T2))
30 plt.yscale('log')
31 plt.plot(np.degrees(amplitudes), dif)
32 plt.show()
```

- Ligne 24 : La tolérance relative est fixée à 10^{-5} ;
- Ligne 29 : les listes T1 et T2 doivent être converties en tableaux ndarray si on veut les combiner dans un calcul (ici calculer la valeur absolue de leur différence) ;
- Ligne 30 : l'échelle logarithmique est plus adaptée pour des valeurs couvrant plusieurs ordres de grandeur.

Ce programme affiche la différence entre les deux méthodes d'évaluation. On voit sur la figure suivante que l'accord est de l'ordre de 5×10^{-6}.

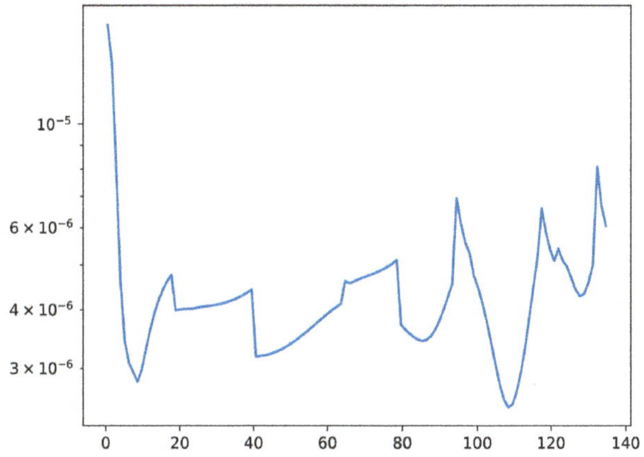

Fig. 114

On peut comparer la période calculée à quelques expressions approchées proposées dans la littérature, par exemple celles de Borda, de Kidd-Fogg et de Lima-Arun[1]

$$T_{\text{Borda}} = T_0 \times \left(1 + \frac{\theta_0^2}{16}\right) \quad , \quad T_{\text{Kidd-Fogg}} = \frac{T_0}{\sqrt{\cos(\theta_0/2)}} \quad \text{et} \quad T_{\text{Lima}} = T_0 \times \frac{-\ln(\cos(\theta_0/2))}{1-\cos(\theta_0/2)}$$

Prog. 14.7 Fichier : pendule3.py

```
import matplotlib.pyplot as plt
import numpy as np
from scipy.integrate import quad

longueur = 1                    # longueur du pendule
g = 9.81
Tref = np.sqrt(longueur/g)

def fun2(x):
    k = np.sin(amplitude/2)
    return 1/np.sqrt(1 - pow(k*np.sin(x), 2))

T_int=[]
tmax=10
amplitudes = np.arange(0.02, 3., 0.02)
for amplitude in amplitudes:
    res, err = quad(fun2, 0, np.pi/2)
    T_int += [4*Tref*res]  # T donné par l'intégrale

T0 = 2*np.pi*Tref
c = np.cos(amplitudes/2)
T_borda = T0 * (1 + np.power(amplitudes,2)/16)
T_kidd_fogg = T0 / np.sqrt(c)
T_lima = -T0*np.log(c)/(1-c)
plt.plot(np.degrees(amplitudes), T_int, lw=2, c='black', label="exact
    ")
plt.plot(np.degrees(amplitudes), T_borda, label="Borda")
plt.plot(np.degrees(amplitudes), T_kidd_fogg, label="Kidd-Fogg")
plt.plot(np.degrees(amplitudes), T_lima, label="Lima-Arun")
plt.xlabel("amplitude en degrés")
plt.ylabel("période en secondes")
plt.legend()
plt.show()
```

On obtient la figure de gauche ci-dessous. À titre d'exercice, nous laissons la lectrice modifier le programme précédent pour qu'il trace l'erreur relative $(T_{\text{approx}} - T_{\text{exact}})/T_{\text{exact}}$ associée à chacune des expressions approchées ci-dessus, pour obtenir la figure de droite.

1. Voir *An accurate formula for the period of a simple pendulum oscillating beyond the small angle regime*, F. M. S. Lima & P. Arun, American Journal of Physics **74** (2006) p. 892.

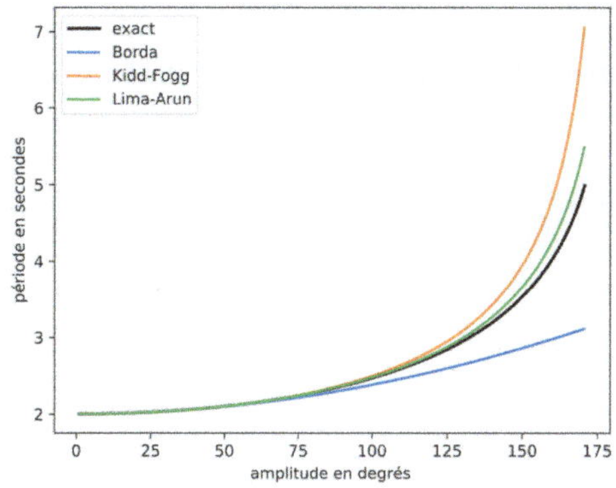

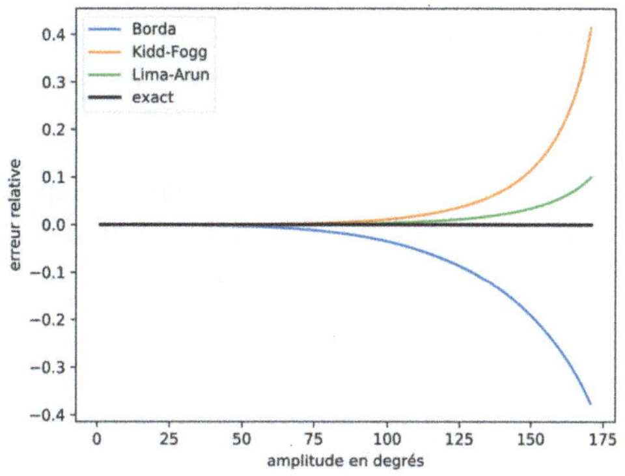

Fig. 115

2.2 Animation des figures

Nous allons maintenant animer une figure qui montre le mouvement du pendule. La bibliothèque `matplotlib` comporte un module `animation` permettant de créer des graphes animés, grâce à la fonction

```
FuncAnimation(fig, update, frames=range(10), init_func=init, interval=T)
```

comportant plusieurs paramètres :

- le nom de la figure concernée, appelée `fig` dans tout cet ouvrage ;
- une fonction (ici appelée `update`) qui met à jour les éléments qui changent d'une étape à l'autre. Cette fonction doit prendre un paramètre qui sera appelé `frame` dans l'exemple suivant. Elle renvoie, sous la forme d'un `tuple`, la liste des objets qui sont animés ;
- une liste de valeurs que prendra la variable `frame` à chacune des étapes de l'animation est passée au paramètre `frames`. Les valeurs de cette liste peuvent être de n'importe quel type (la fonction `update()` doit être écrite pour prendre en argument des éléments du type indiqué dans cette liste) ;
- une fonction, ici appelée `init`, qui dessine les éléments du graphe qui seront persistants (non animés), d'une étape à l'autre de l'animation. Cette fonction initialise également les élements qui sont animés. Elle renvoie, sous la forme d'un `tuple`, la liste des objets qui seront animés ;
- l'intervalle de temps `interval` entre les étapes, exprimé en millisecondes ;
- un paramètre booléen `repeat` (optionnel) qui montre l'animation en boucle lorsque sa valeur est `True` ;
- un paramètre booléen `blit` (optionnel) qui optimise l'animation lorsque sa valeur est `True`.

Voici un exemple de mise en œuvre minimale, qui montre une ligne dont une des extrémités se déplace horizontalement, avec une ligne immobile en bleu. Le programme utilise la méthode `set_data()` agissant sur la `Line2D` décrivant le graphe à tracer et permettant de remplacer les valeurs des coordonnées des points qui définissent son tracé.

Prog. 14.8 Fichier : `exemple_animation.py`

```
1  import matplotlib.pyplot as plt
2  from matplotlib.animation import FuncAnimation
3  from numpy import linspace
4
5  fig, ax = plt.subplots()
6  line, = ax.plot([], [], color='black')
7  plt.ylim(0, 1)
8
9  def init():
10     plt.plot([0., 1], [0.5, 0.5], color='blue')
11     line.set_data([0, 0], [0, 1])
12     return line,
13
14 def update(frame):
15     line.set_data([0, frame], [0, 1])
16     return line,
17
18 ani=FuncAnimation(fig, update, frames=linspace(0, 1, 100), init_func=
       init, interval=10, repeat = False, blit=True)
19 plt.show()
```

- La ligne 6 crée l'objet `line`, le trait dont les attributs seront modifiés lors de l'animation. Attention, la commande `plot()` est construite pour renvoyer une liste, même lorsqu'on ne trace qu'un trait, d'où la commande `line,=` plutôt que `line=` (voir la section 5 du chapitre 6) ;
- Les lignes 9 à 12 définissent la fonction `init()`, qui trace le trait bleu qui ne changera pas d'une animation à l'autre, et qui initialise les attributs du trait `line` qui, lui, sera animé. La fonction renvoie la liste des éléments animés, ici une liste à 1 élément ;
- Les lignes 14 à 16 définissent la fonction `update()` dont l'argument `frame` (voir la ligne 18) prendra les valeurs comprises entre 0 et 1 par pas de 0,01. La ligne 15 met à jour les coordonnées des points définissant le trait, `[0, frame]` donnant les positions des x et `[0, 1]` celle des y de ces points. La fonction renvoie la liste des éléments animés, ici une liste à 1 élément ;
- La ligne 18 définit l'animation, la figure `fig` a été définie à la ligne 5, les fonctions `init` et `update` aux lignes 9 à 16, le paramètre `frames` indique ici que l'on aura 100 étapes dans l'animation (la variable `frame` variera de 0 à 1 en 100 étapes). Les étapes seront espacées de 10 millisecondes et l'animation s'arrêtera lorsque la dernière étape aura été affichée.

Appliquons maintenant cette technique au pendule simple

Fichier : `pendule_animation.py` Prog. 14.9

```
1  import matplotlib.pyplot as plt
2  from matplotlib.animation import FuncAnimation
3  from matplotlib.patches import Circle
4  from numpy import cos, sin, pi, linspace, arange
5  from scipy.integrate import solve_ivp
6
7  longueur, g = 1, 9.81
8  angle_depart=pi/2
9
10 def fun(t, x):
11     v =  x[1]                              # dx/dt = v
12     a = -sin(x[0])*g/longueur
13     return v, a
14
15 fig, ax = plt.subplots()
16 line, = ax.plot([0, 0], [0, -1], c='k')
17 cercle = ax.add_patch(Circle((0, -1), 0.1, zorder=2))
18 T=0.01 # pas temporel
19
20 def init():
21     line.set_data([0, sin(angle_depart)], [0, -cos(angle_depart)])
22     cercle.center = [0, -1]
23     plt.ylim(-1.1, 1.1)
24     plt.xlim(-1.1, 1.1)
25     ax.set_aspect('equal')
26     ax.axis('off')
27     return line, cercle
28
29 y0 = [angle_depart, 0]
30 def update(frame):
31     sol = solve_ivp(fun, [frame, frame+T], y0, t_eval=(frame, frame+T
           ), rtol=1e-9)
32     angle = sol.y[0][1]
33     line.set_data([0, sin(angle)], [0, -cos(angle)])
34     cercle.center = sin(angle), -cos(angle)
35     y0[0], y0[1] = angle, sol.y[1][1]
36     return line, cercle
37
38 ani=FuncAnimation(fig, update, frames=arange(0, 20, T), init_func=
       init, interval=1000*T, repeat = False, blit=True)
39 plt.show()
```

qui montre un pendule simple osciller, la position étant calculée en résolvant l'équation du mouvement de façon numérique entre le temps `frame` et le temps `frame+T`, par `solve_ivp()` à la ligne 31. Les conditions initiales d'un pas de calcul sont égales aux conditions finales de l'étape précédente (ligne 35). Attention, on ne peut pas remplacer cette ligne par `y0 = [angle, sol.y[1][1]]`, qui aurait créé une nouvelle liste `y0`, laquelle aurait été perdue en sortant de la fonction (voir la section 13.4 du chapitre 2). Dans cet exemple, l'intervalle de temps qui sépare les affichages des différentes étapes et l'intervalle de temps qui sépare le calcul des solutions est le même, si bien que l'animation représente le mouvement en temps réel d'un pendule d'un mètre de longueur dans le champ de pesanteur terrestre, en l'absence de frottements. La figure suivante montre trois étapes de l'animation.

Fig. 116

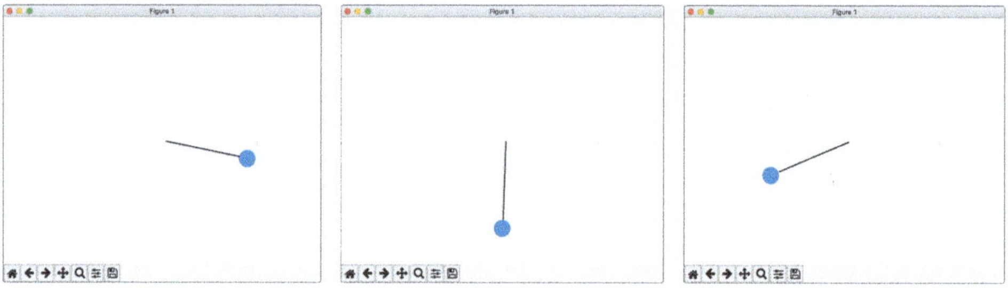

On peut sauvegarder l'animation sous forme de film, en format MPEG, par la commande

```
matplotlib.animation.save("nom.mp4", fps=100)
```

placée après la commande `FuncAnimation()`, et à condition d'avoir installé `ffmpeg` sur son ordinateur. Le paramètre `fps` indique le nombre d'images par seconde de l'animation (il peut être différent de celui affiché en direct). Il faut alors faire deux modifications au programme : ajouter la commande `ani.save("nom.mp4", fps=100)` à l'avant-dernière ligne et modifier la ligne 2 en

Prog. 14.10 Fichier : `pendule_animation_save.py`

```
2 from matplotlib.animation import FuncAnimation, FFMpegWriter
```

Après exécution du programme, le fichier `nom.mp4` contient le film de l'animation.

15 Chaos

Dans ce chapitre, nous allons aborder une problématique qui est particulièrement adaptée à un traitement numérique : l'apparition du chaos dans un système mécanique, le pendule simple amorti et forcé.

1 Pendule amorti et forcé

L'équation du mouvement d'un pendule libre amorti s'écrit

$$\ddot{\theta} + 2\beta\dot{\theta} + \omega_0^2 \sin\theta = 0$$

où le terme en $\dot{\theta}$ provient d'une force de frottement fluide, proportionnelle à la vitesse (et donc à la vitesse angulaire) du pendule. Supposons maintenant que pour $t > 0$ on soumet ce système à un couple externe dépendant du temps selon

$$\mathscr{C}(t) = \mathscr{C}_0 \cos(\omega t)$$

où ω désigne la pulsation d'excitation, qui n'a aucun rapport physique avec ω_0 (déterminée par la masse et la longueur du pendule). Il est pratique d'introduire le paramètre $\gamma \equiv \mathscr{C}_0/\omega_0^2$, l'équation du mouvement pendulaire amorti et forcé pouvant alors se mettre sous la forme

$$\ddot{\theta} + 2\beta\dot{\theta} + \omega_0^2 \sin\theta = \gamma\omega_0^2 \cos(\omega t)$$

Dans ce chapitre, nous reprendrons les exemples fournis dans « Mécanique classique » de Taylor,[1] d'une part parce que l'exposition du sujet y est particulièrement claire, et d'autre part parce que de nombreuses courbes sont présentées, ce qui nous permettra de valider les calculs présentés ici. Nous reprendrons donc les valeurs numériques utilisées par Taylor, à savoir $\omega = 2\pi$ (pour que la période soit égale à 1 dans le système d'unités choisi) $\omega_0 = 1{,}5\omega$, $\beta = \omega_0/4$ et les conditions initiales $\dot{\theta} = 0$ et $\theta = 0$ à $t = 0$ (pendule initialement au repos).

2 Résolution numérique

2.1 Mouvement

Le programme suivant implémente la résolution de l'équation ci-dessus par la fonction `solve_ivp()`, abondamment commentée dans les chapitres précédents. Nous imposons une tolérance faible en mettant le paramètre `rtol` à 10^{-10}. Nous verrons en effet que dans les situations que nous allons explorer, les solutions sont très sensibles aux

1. *Mécanique classique*, John R. Taylor, De Boeck Supérieur (2012)

conditions initiales : une erreur numérique qui pourrait être considérée comme faible finit par modifier la solution de façon radicale.

Prog. 15.1

Fichier : `pendule_force1.py`

```
1  import matplotlib.pyplot as plt
2  from numpy import cos, sin, pi, linspace
3  from scipy.integrate import solve_ivp
4
5  omega = 2*pi              #
6  omega0 = 1.5*omega        # valeurs de Taylor
7  beta = omega0/4           #
8  gamma= 1.06
9
10 def fun(t, x):
11     phi, phipoint = x[0], x[1]
12     v = phipoint
13     a = -2*beta*phipoint - omega0**2*sin(phi) + gamma*omega0**2*cos(
           omega*t)
14     return v, a
15
16 t_max = 15.
17 N_pas = 1000
18 y0 = [0, 0]
19 sol = solve_ivp(fun, [0,t_max],y0, t_eval=linspace(0., t_max, N_pas),
        rtol=1e-9)
20
21 fig, ax = plt.subplots()
22 plt.plot(sol.t, sol.y[0], c='k')
23 ax.set_xlabel("t")
24 ax.set_ylabel(r"$\phi$")
25 ax.set_yticks((0, 2*pi, 4*pi))
26 ax.set_yticklabels(("0", r"$2\pi$", r"$4\pi$"))
27 plt.show()
```

Le programme ci-dessus donne la figure de droite pour $\gamma = 1{,}06$. On obtient celle de gauche pour $\gamma = 0.1$ (après avoir ajusté l'échelle verticale et supprimé les lignes 25 et 26).

Fig. 117

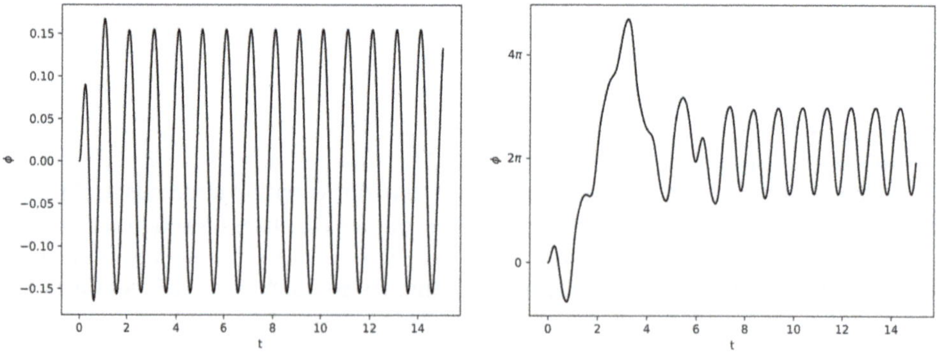

Dans les deux cas, un régime permanent s'établit après un régime transitoire plus ou moins violent et complexe : pour une excitation assez forte (figure de droite), le pendule fait deux tours complets ($\theta > 4\pi$) puis revient en arrière avant de rejoindre le régime permanent oscillant.

2.2 Doublement de période

Augmentons légèrement le forçage, avec $\gamma = 1{,}073$ (valeur proposée et illustrée dans l'ouvrage de Taylor). On obtient la figure de gauche en adaptant le programme précédent (valeur de γ à la ligne 8 et ajustement de l'axe des ordonnées). La figure de droite est un zoom sur la fin de la courbe.

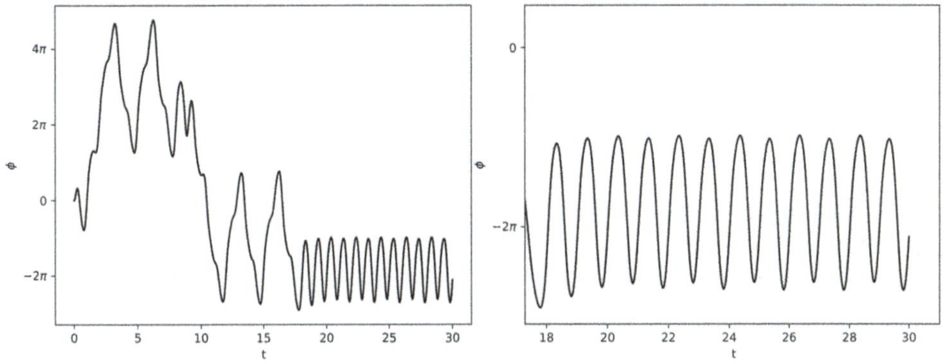

Fig. 118

Dans le régime permanent, la solution alterne entre deux maxima et deux minima. La période a été doublée. On peut aussi le voir en faisant afficher les valeurs de θ à chaque valeur entière du temps, c'est-à-dire à chaque multiple de la période d'excitation, une fois le régime permanent établi. Pour cela, comme on l'a vu dans le chapitre précédent, on demande à `solve_ivp()`, par l'option `dense_output=True`, de fournir la solution sous la forme d'une fonction (ligne 17) qu'on pourra évaluer à des valeurs de t choisies pour tomber dans le régime permanent (ligne 18),

Fichier : `pendule_force_periodes.py` Prog. 15.2

```
1  import matplotlib.pyplot as plt
2  from numpy import cos, sin, pi, linspace
3  from scipy.integrate import solve_ivp
4
5  omega = 2*pi
6  omega0 = 1.5*omega
7  beta = omega0/4
8  gamma= 1.073
9
10 def fun(t, x):
11     phi, phipoint = x[0], x[1]
12     v =  phipoint
13     a =- 2*beta*phipoint - omega0**2*sin(phi) + gamma*omega0**2*cos(
           omega*t)
```

```
    return v, a

t_max = 35.
sol = solve_ivp(fun, [0, t_max], [0, 0], t_eval=linspace(0, t_max,
    100), rtol=1e-9, dense_output=True)
for t in range(30,36):
    print(t, "%.4f" % (sol.sol(t)[0])) # écriture avec 4 décimales
```

on obtient les valeurs suivantes, qui montrent clairement le doublement de période.

Console

```
$ python pendule_force_periode1.py
30 -6.6438
31 -6.4090
32 -6.6438
33 -6.4090
34 -6.6438
35 -6.4090
```

2.3 Portrait de phase

Traçons $\dot{\theta}$ en fonction de θ, pour différentes valeurs de γ.

Prog. 15.3

Fichier : portrait_phase1a.py

```
import matplotlib.pyplot as plt
from numpy import cos, sin, pi, linspace
from scipy.integrate import solve_ivp

omega = 2*pi              #
omega0 = 1.5*omega        # Paramètres proposés par Taylor
beta = omega0/4           #
gamma= 1.06

def fun(t, x):
    phi, phipoint = x[0], x[1]
    phipointpoint =- 2*beta*phipoint - omega0**2*sin(phi) + gamma*
        omega0**2*cos(omega*t)
    return phipoint, phipointpoint

t_max = 50.
N_pas = 10000
sol = solve_ivp(fun, [0, t_max], [0, 0], t_eval=linspace(0., t_max,
    N_pas), rtol=1e-9)
plt.plot(sol.y[0], sol.y[1], linewidth=1)
plt.scatter(0, 0, marker='+', s=200, c='black')
plt.xticks((0, 2*pi, 4*pi),("0", r"$2\pi$", r"$4\pi$"))
plt.show()
```

On obtient la figure ci-dessous ($\gamma = 1{,}06$ à gauche et $\gamma = 1{,}0703$ à droite), appelée un **portrait de phase**. La croix représente l'état initial.

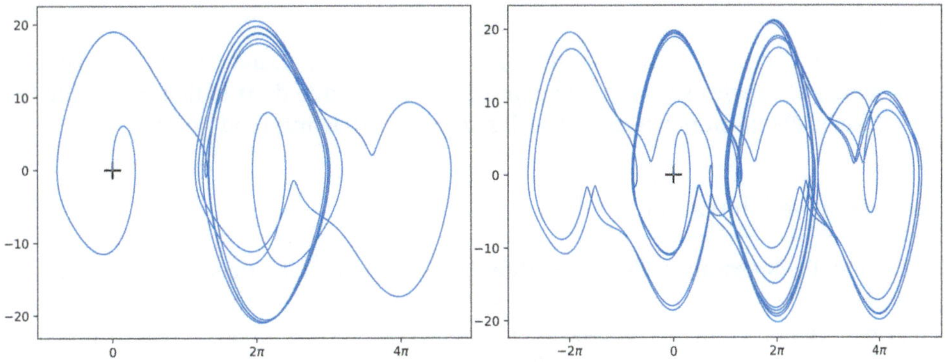

Fig. 119

La courbe est chahutée, c'est parce que le régime transitoire occupe beaucoup de place sur ce diagramme. On devine cependant que le tracé se stabilise sur un cycle. Pour le voir plus clairement, limitons le tracé à des temps t élevés, lorsque le régime transitoire s'est éteint. Pour cela, modifions le programme précédent à partir de la ligne 18,

Fichier : `portrait_phase2.py`

Prog. 15.4

```
18 sol = solve_ivp(fun, [0, t_max], [0, 0], t_eval=linspace(0., t_max,
       N_pas), rtol=1e-9, dense_output=True)
19 t = linspace(t_max-2, t_max-1, 200)  # à modifier si plus de périodes
20 theta = sol.sol(t)[0]
21 thetapoint = sol.sol(t)[1]
22 plt.plot(theta, thetapoint, linewidth=1)
23 plt.show()
```

On obtient la figure de gauche

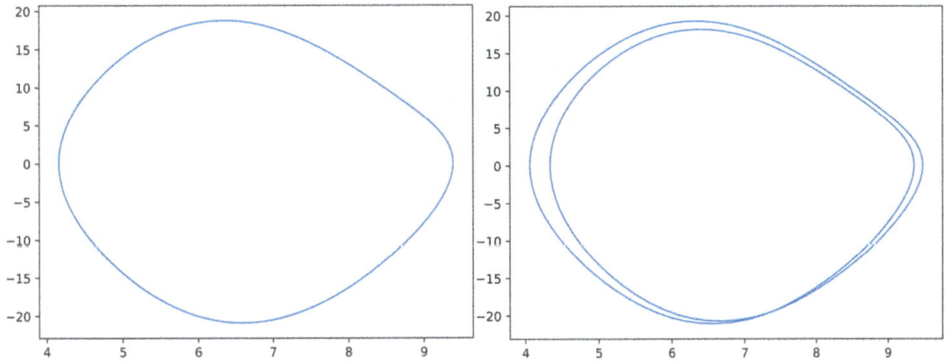

Fig. 120

Pour cette valeur de γ, le mouvement est périodique (le tracé se referme sur lui-même) et de période 1. Pour une valeur $\gamma = 1{,}073$, nous avons vu plus haut que la période était doublée. On le met en évidence sur la figure de droite ci-dessus, en modifiant :

- la ligne 8 en `gamma=1.073`;
- la ligne 19 en `t = linspace(t_max-3, t_max-1, 200)` pour tracer deux périodes;
- la ligne 22 en `plt.plot(theta+4*pi, thetapoint, linewidth=1)`, afin de ramener les angles sur la même gamme de valeurs que dans la figure précédente (ceci n'affecte en rien la physique, les angles étant définis modulo 2π).

2.4 Diagramme de bifurcation

On appelle **diagramme de bifurcation** le graphe obtenu en traçant, en fonction de γ, les valeurs de θ prises pour les valeurs entières de t après un temps assez long pour que le régime transitoire se soit quasiment éteint. Comme la période de l'excitation vaut 1 avec les paramètres choisis, l'angle θ prend la même valeur à t, $t+1$, $t+2$, etc., pour un mouvement périodique de période 1, comme c'est le cas pour $\gamma = 0{,}1$ et $\gamma = 1{,}06$ dans le régime permanent (figure 117). En revanche, pour $\gamma = 1{,}073$, nous avons vu que la période est doublée et ce mouvement produira deux points de même abscisse dans le diagramme de bifurcation. Le programme suivant introduit une boucle sur les valeurs de γ et trace les valeurs de θ pour 10 valeurs entières de t, pour $t > 50$ (pour laisser une chance au régime transitoire de s'atténuer).

Prog. 15.5 Fichier : `bifurcation1a.py`

```
import matplotlib.pyplot as plt
import numpy as np
from scipy.integrate import solve_ivp

omega = 2*np.pi          #
omega0 = 1.5*omega       # paramètres proposés par Taylor
beta = omega0/4          #

def fun(t, x):
    phi, phipoint = x[0], x[1]
    v = phipoint
    a = -2*beta*phipoint - omega0**2*np.sin(phi) + gamma*omega0**2*np
        .cos(omega*t)
    return v, a

t_max = 61              # fin de l'intégration
N_pas = 1000            # nb de pas
N_points = 10           # nb de points affichés à chaque valeur de gamma
t = np.arange(t_max - N_points, t_max)
liste_gamma = np.arange(1.0, 1.1, 0.0002)
thetas, gammas = [], []
y0=[0,0]
for i, gamma in enumerate(liste_gamma):
    sol = solve_ivp(fun, [0, t_max], y0, t_eval=np.linspace(0., t_max
        , N_pas), rtol=1e-9, dense_output=True)
    gammas += [gamma] * N_points
```

```
25        thetas += list((sol.sol(t)[0]+np.pi)%(2*np.pi)-np.pi)
26        print("gamma=%.6f [%d/%d]\033[F" % (gamma, i+1, len(liste_gamma))
              )
27        y0=sol.sol(t_max)  # initialisation pour le prochain calcul
28  plt.scatter(gammas, thetas, c='black', s=1)
29  plt.ylim(-1.5, 0)
30  plt.show()
```

- Lignes 22 à 27 : boucle sur les valeurs de γ. Pour chaque valeur, on calcule la solution et on récupère à la ligne 25 les valeurs de θ pour 10 valeurs entières de t, pour $t > 50$, définies à la ligne 18. Les valeurs sont ramenées à l'intervalle $[-\pi, +\pi]$;
- Ligne 26 : on affiche l'état d'avancement de l'éxécution sous la forme

Console

```
gamma=1.015600 [79/501]
```

Ceci permet d'estimer le temps que mettra le programme à se terminer (l'utilisateur a le temps d'aller se faire un café). Nous avons utilisé la séquence[2] `\033[F` qui permet de revenir au début de la ligne précédente, et ainsi de superposer les affichages successifs pour réaliser un décompte visuellement plus satisfaisant ;
- Ligne 27 : on prend comme conditions initiales de départ d'un calcul l'état final du calcul précédent, pour limiter encore davantage le régime transitoire.

Au bout de quelques minutes, on obtient la figure suivante.

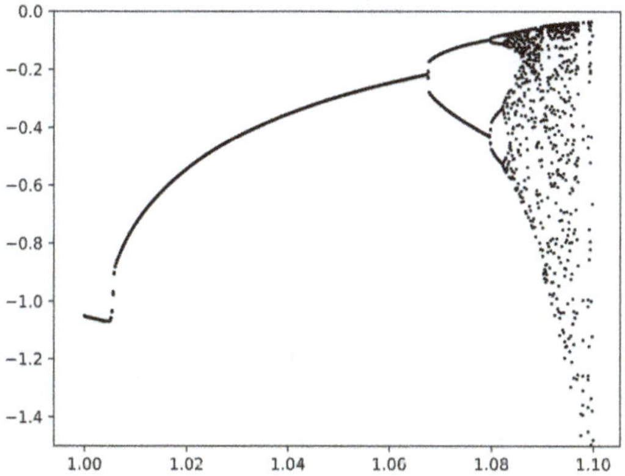

Fig. 121

On observe une structure intéressante, avec plusieurs embranchements correspondant à des doublements de période, et des régions où manifestement le mouvement n'est pas périodique. On peut affiner la figure aux endroits critiques en produisant une liste sur mesure des valeurs de gamma, par exemple en remplaçant la ligne 20 par le bloc

2. Le code `\033[` représente le caractère d'échappement ESC, lequel peut servir à réaliser de nombreuses actions dans le terminal d'affichage, rechercher « ANSI escape codes » sur internet pour plus de détails.

Prog. 15.6 Fichier : `bifurcation1final.py`

```
t_max = 151                 # fin de l'intégration
N_pas = 1000                # nombre de pas
N_points = 50               # nombre de points affichés à chaque valeur de gamma
t = range(t_max-N_points, t_max)
liste_gamma  = list(np.arange(1.0600,  1.0660,  0.0001))
liste_gamma += list(np.arange(1.06600, 1.06700, 0.00001))
liste_gamma += list(np.arange(1.0670,  1.0790,  0.0001))
liste_gamma += list(np.arange(1.07900, 1.08000, 0.00001))
liste_gamma += list(np.arange(1.0800,  1.0820,  0.0001))
liste_gamma += list(np.arange(1.08200, 1.08700, 0.00001))
y0=[0,0]
```

où les valeurs ont été choisies en observant le diagramme précédent et en localisant les valeurs de γ qui demandaient une précision de tracé accrue (autour de 1,067 par exemple) et celles où l'on pouvait diminuer la densité de points, pour réduire le temps de calcul. On obtient la figure de gauche (sans le cadre coloré, ajouté après coup). Sur celle de droite, un zoom sur la région encadrée obtenu en interagissant avec la fenêtre graphique, on voit que la densité de points est plus importante dans les zones choisies, autour des bifurcations.

Fig. 122

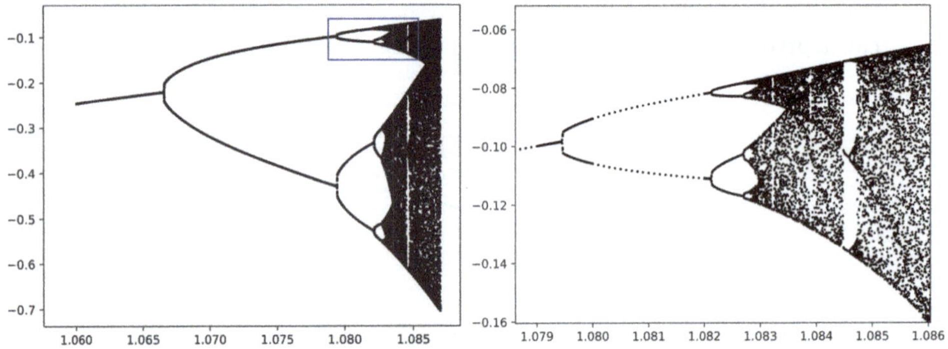

Profitons de ces deux figures pour remarquer un point extrêmement intéressant : la figure zoomée, à droite, présente une très grande similarité avec la figure originale, à gauche. C'est une des propriétés des figures **fractales** : en continuant de zoomer sur les bifurcations, on continuerait d'obtenir des figures similaires à celle de départ.

3 Données persistantes

L'exécution entière du programme 15.6 prend environ une demi-heure. On peut vouloir garder en mémoire non seulement la figure, mais aussi les données obtenues. Imaginons par exemple que l'on réalise, après coup, que la taille des symboles doit être diminuée. On voudrait éviter d'avoir à relancer l'ensemble du calcul et attendre une demi-heure à chaque fois qu'on veut changer un détail de la figure. Python permet de sauvegarder des objets pour y accéder ultérieurement. Plusieurs solutions existent, en particulier json et pickle. Nous devons avant tout indiquer comment lire et écrire dans un fichier.

3.1 Lecture/écriture dans un fichier

Pour lire ou écrire des données dans un fichier, il faut ouvrir un fichier avec une commande de la forme suivante

```
open(nom, 'r')
```

où nom désigne une chaîne de caractères contenant le nom du fichier, et où le deuxième argument précise les droits sur le fichier ouvert :

- 'r' (read) : fichier ouvert en lecture seule ;
- 'w' (write) : fichier ouvert en écriture seule (le contenu original est effacé si le fichier n'est pas vide) ;
- 'a' (append) : fichier ouvert en écriture, à la suite du contenu original ;
- 'x' : crée un nouveau fichier ouvert en écriture (et produit une erreur si le fichier existe déjà) ;
- 'rb' : fichier ouvert en mode binaire, en lecture seule ;
- 'wb' : fichier ouvert en mode binaire, en écriture seule (le contenu original est effacé si le fichier n'est pas vide).

Cette commande crée un objet de type fichier. On peut écrire dans le fichier avec la commande write() qui s'utilise comme print() ou le lire avec read(). Par exemple,

Console

```
>>> f = open("tagada.txt", "x")
>>> f.write("j'écris quelque chose")
17
>>> f.write("puis autre chose")
14
>>> f.close()
```

Le fichier doit impérativement être fermé avec close() pour que toutes les modifications qu'on lui a apportées soient enregistrées. La séquence ci-dessus produit un fichier nommé tagada.txt qui contient une ligne de texte, comme vous pourrez le vérifier en examinant la liste de vos fichiers dans le répertoire de travail. Pour lire ce fichier,

Console

```
>>> f = open("tagada.txt", "r")
>>> montexte=f.read()
>>> print(montexte)
j'écris une lignepuis une autre
```

où l'on voit que le fichier contient exactement ce qu'on y a mis (pour écrire sur deux lignes, il aurait fallu utiliser la séquence de retour à la ligne \n).

3.2 Le module json

On ne peut pas écrire un list dans un fichier par `f.write(maliste)`. On pourrait convertir la liste en chaîne de caractères par `f.write(str(maliste))`, mais ceci pourra poser des problèmes lorsque l'on essaiera de relire la chaîne pour la reconvertir en liste. Nous allons présenter le module json qui permet de transformer de façon sûre des objets composés (comme des listes ou des dictionnaires) en des chaînes de caractères. Cette opération est appelée **sérialisation**. On peut ensuite sauvegarder cette chaîne dans un fichier en utilisant les commandes du paragraphe précédent. Les deux fonctions importantes du module sont

```
chaine = json.dumps(maliste)
```

qui convertit l'objet `maliste` en une chaîne de caractères, et la fonction inverse

```
maliste = json.loads(chaine)
```

qui traduit la chaîne pour redonner l'objet de départ. Par exemple, le programme

Prog. 15.7 Fichier : `json_write.py`

```
import json
ma_liste=["banane", 1.34, "pomme", "ananas"]
donnees = json.dumps(ma_liste)
f = open("json_data.json", 'w') # ouvert en écriture
f.write(donnees)
f.close()
```

produit un fichier `json_data.json` contenant du texte. Le suffixe `.json` n'est pas du tout obligatoire mais il permet d'identifier le format du contenu. Vérifiez que la commande `f.write(maliste)` conduit à une erreur. On peut ensuite lire le fichier avec le programme

Prog. 15.8 Fichier : `json_read.py`

```
import json
f = open("json_data.json", "r")  # ouvert en lecture seule
donnees = f.read()
print(donnees, type(donnees))
maliste = json.loads(donnees)
print(maliste, type(maliste))
```

qui produit

Console

```
["banane", 1.34, "pomme", "ananas"] <class 'str'>
['banane', 1.34, 'pomme', 'ananas'] <class 'list'>
```

Attention, nous avons fait afficher les deux variables `donnees` et `maliste` ainsi que leur type, pour bien montrer l'intérêt de `json` :

- donnees, lu directement dans le fichier `json_data.json`, est une chaîne de caractères ;
- `maliste` est une liste, obtenue à partir de `donnees`, et c'est cette liste qui peut ensuite être utilisée pour tracer la courbe voulue.

La commande `donnes[1]` ne donnerait pas du tout le même résultat que `maliste[1]`, par exemple (essayez). Le format `json` est utilisé par le langage `javascript` (le nom « json » est l'acronyme de « JavaScript Object Notation ») et constitue un bon choix si on veut échanger des données sur des plateformes différentes. Il présente également l'avantage sur la solution suivante d'être lisible : le fichier `json_data.json` contient ici le texte suivant, qu'on pourrait modifier directement dans le fichier `.json`.

Fichier : `json_data.json`

```
["banane", 1.34, "pomme", "ananas"]
```

3.3 Application au diagramme de bifurcation

On peut adapter le programme 15.6 pour sauvegarder les points servant à faire le diagramme de bifurcation (sans le dessiner) dans un fichier, sous la forme d'une liste de deux listes gammas et `liste_res`, sérialisée par `json`. Il suffit de modifier les lignes suivantes :

Fichier : `bifurcation_write.py` Prog. 15.9

```
import json
```

et

```
f = open("bifurcation_data.json", 'w')
f.write(json.dumps([gammas, liste_res]))
f.close()
```

puis d'utiliser le programme suivant pour lire les données écrites par le programme précédent et dessiner le diagramme. Vous pouvez changer les attributs du dessin sans avoir à tout recalculer.

Fichier : `bifurcation_read.py` Prog. 15.10

```
import matplotlib.pyplot as plt
import json

f = open("bifurcation_data.json", 'r')
[gammas, liste_res] = json.loads(f.read())
plt.scatter(gammas, liste_res, color='k', s=0.2)
plt.show()
```

3.4 Le module pickle

Le module pickle permet également de sérialiser des données, en les transformant en un objet binaire et non plus une chaîne de caractères. Il généralise json dans la mesure où il peut le faire avec d'autres objets que des listes ou des dictionnaires (par exemple des ndarray). Il permet également d'enregistrer à la suite, dans un même fichier, plusieurs objets différents, que l'on peut récupérer un par un. Nous ne la mettrons en œuvre que sur un cas très simple pour montrer sa syntaxe. Celle-ci est très proche de celle de json : les deux fonctions importantes du module sont

```
chaine = pickle.dump(ma_liste, f)
```

qui convertit l'objet ma_liste en une chaîne de caractères et l'écrit dans le fichier f, qui devra avoir été préalablement ouvert en écriture, en mode binaire. Le suffixe recommandé pour ces fichiers est .pyc. La fonction inverse

```
ma_liste = pickle.load(f)
```

lit la chaîne sérialisée dans le fichier f et la transforme pour redonner l'objet de départ. Par exemple, le programme suivant ouvre un fichier en lecture seule, en format binaire (le "rb")

Prog. 15.11 Fichier : pickle_write.py

```
import pickle
from numpy import *

montableau = sin(linspace(0, 1, 4))
f = open("pickle_data.pyc", "wb") # ouvert en écriture
pickle.dump(montableau, f)
f.close()
```

et produit un fichier pickle_data.pyc (le suffixe .pyc n'est pas obligatoire mais il permet d'identifier le format du contenu) contenant une sérialisation binaire de l'objet de départ. On peut récupérer cet objet par le programme

Prog. 15.12 Fichier : pickle_read.py

```
import pickle
from numpy import *

f = open("pickle_data.pyc", "rb")  # ouvert en lecture seule
montableau = pickle.load(f)
print(montableau)
```

qui produit bien le résultat escompté.

Console

```
[0.         0.3271947  0.6183698  0.84147098]
```

16 Forces centrales

Considérant un corps soumis à une force centrale de la forme

$$\vec{F} = F(r)\,\vec{u}_r$$

où $\vec{u}_r$ est un vecteur unitaire radial. Il pourra s'agir par exemple d'une force gravitationnelle ou électrostatique exercée par une source située à l'origine du repère. On peut montrer que le mouvement a lieu dans un plan, et nous nous placerons dans ce plan dans tout le chapitre (et les suivants). Les exemples qui suivent considéreront une dépendance radiale de la forme $F(r) = Cr^n$ soit

$$\vec{F} = Cr^n\,\vec{u}_r = Cr^{n-1}\,\vec{r}$$

mais rien ne vous empêche d'explorer d'autres formes.

1 Résolution numérique en coordonnées cartésiennes

1.1 Force en r^n et oscillateur harmonique bidimensionnel

Les équations du mouvement s'écrivent, en coordonnées cartésiennes,

$$\frac{d^2x}{dt^2} = \frac{F_x}{m} \quad \text{et} \quad \frac{d^2y}{dt^2} = \frac{F_y}{m}$$

On peut les mettre sous la forme de quatre équations différentielles couplées du premier ordre,

$$\begin{cases} \dot{x} = v_x \\ \dot{v}_x = \dfrac{F_x}{m} = \dfrac{C}{m} r^{n-1}\,x \\ \dot{y} = v_y \\ \dot{v}_y = \dfrac{F_y}{m} = \dfrac{C}{m} r^{n-1}\,y \end{cases} \qquad \text{où} \quad r \equiv \sqrt{x^2 + y^2}$$

et où l'on a utilisé le fait que les coordonnées du vecteur $\vec{u}_r$ sont

$$\vec{u}_r = \frac{\vec{r}}{r} = \begin{pmatrix} x/r \\ y/r \end{pmatrix}$$

Ces équations peuvent être résolues numériquement en utilisant les techniques présentées dans les trois chapitres précédents. Le programme suivant définit une fonction `force(x, y)` qui renvoie un `tuple` contenant les deux composantes de la force, avec $C = -1$ (valeur négative pour que la force soit attractive). La masse a également comme valeur numérique 1, il s'agit juste ici d'illustrer la méthode, pas de résoudre un problème physique concret.

Prog. 16.1 Fichier : `force_rn.py`

```
from numpy import *
import matplotlib.pyplot as plt
from scipy.integrate import solve_ivp

def force(x, y):
    n = -1
    r = sqrt(x*x+y*y)
    return -x*r**(n-1), -y*r**(n-1)

def fun(t, y):
    ydot=[0,0,0,0]
    ydot[0], ydot[2]  =  y[1], y[3]
    ydot[1], ydot[3] = force(y[0], y[2])
    return ydot

t_max = 10.
N_pas = 300
y0 = [0, 0.5, 1, 0]
sol = solve_ivp(fun, [0, t_max], y0, t_eval=linspace(0., t_max, N_pas), rtol=1e-9)
plt.axis('equal')
plt.ylim(-1.1, 1.1)
plt.plot(sol.y[0], sol.y[2], color='blue')
plt.scatter(0, 0)    # marqueur pour l'origine
plt.show()
```

où il convient de bien repérer comment sont organisés les différents tableaux (attention, dans la fonction `fun()`, nous avons gardé la notation y pour le tableau global contenant les 2 coordonnées et leurs dérivées)

- `y[0]` correspond à l'abscisse x et `ydot[0]` est sa dérivée, égale à $\dot{x}$;
- `y[1]` correspond à $v_x = \dot{x}$ et `ydot[1]` est sa dérivée vaut $\dot{v}_x = \ddot{x} = F_x / m$;
- `y[2]` correspond à l'abscisse y et `ydot[2]` est sa dérivée, égale à $\dot{y}$;
- `y[3]` correspond à $v_y = \dot{y}$ et `ydot[3]` est sa dérivée vaut $\dot{v}_y = \ddot{y} = F_y / m$.

Avec la valeur `n=-1` (force en $1/r$), on obtient la figure de gauche ci-dessous :

Fig. 123

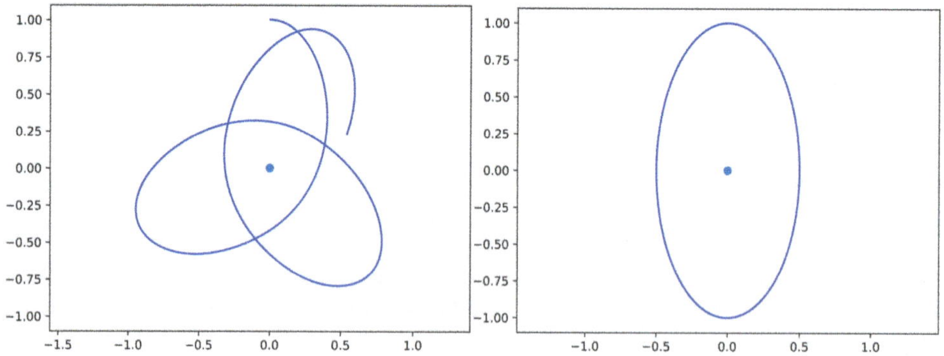

Pour une valeur quelconque de n, la trajectoire n'a pas d'expression analytique. Toutefois, on peut montrer que pour $n = 1$ (oscillateur harmonique traité plus haut) et pour $n = -2$ (force gravitationnelle traitée plus loin), les trajectoires sont des ellipses fermées. Dans les autres cas, les trajectoires ne se referment généralement pas sur elles-mêmes, sauf en prenant des conditions initiales ajustées précisément pour que ce soit le cas. La figure de droite ci-dessus montre la courbe obtenue pour l'oscillateur harmonique bidimensionnel, en faisant n=1 à la ligne 6 du programme précédent. Pour un corps lâché à la position $(x_0, 0)$ avec la vitesse $(0, v_0)$, la solution analytique s'écrit

$$\begin{cases} x = x_0 \cos\omega t \\ y = \dfrac{v_0}{\omega} \sin\omega t \end{cases}$$

C'est une ellipse centrée sur l'origine, comme on le voit sur la figure.

1.2 Force gravitationnelle

La force gravitationnelle exercée entre un corps de masse M et un corps de masse m, est de la forme précédente avec $n = -2$,

$$\vec{F} = -\frac{GMm}{r^2}\vec{u}_r = -\frac{GMm}{r^3}\vec{r}$$

Le mouvement du corps de masse m qui se meut sous l'action de cette unique force, en supposant la masse M immobile, obéit à l'équation du mouvement

$$\frac{d^2\vec{r}}{dt^2} = -\frac{GM}{r^3}\vec{r}$$

Pour résoudre numériquement ces équations du mouvement, il suffit a priori d'adapter très légèrement le programme précédent en faisant $n = -2$ et en changeant la valeur de C. Le lecteur est invité à le faire. Nous allons plutôt ici profiter de cette situation physique pour donner une forme adimensionnée à cette équation, afin de faire porter les calculs sur des grandeurs naturellement sans dimension. Pour cela, on introduit une échelle spatiale r_0 pour le moment arbitraire

$$\frac{d^2\vec{r}/r_0}{dt^2} = -\frac{GM}{r^3}\frac{\vec{r}}{r_0}$$

En remarquant que la quantité suivante est homogène à l'inverse d'un temps au carré,

$$\frac{GM}{r_0^3} = \frac{1}{\tau^2}$$

on obtient, en définissant $\vec{r}\,' \equiv \vec{r}/r_0$ et $t' = t/\tau$,

$$\frac{d^2\vec{r}\,'}{dt'^2} = -\left(\frac{1}{r'}\right)^3 \vec{r}\,' \tag{16.1}$$

Si on s'intéresse à l'orbite d'un satellite artificiel autour de la Terre, on prendra pour M la masse de la Terre et pour r_0 le rayon de la Terre, par exemple, tandis que si on s'intéresse à une sonde spatiale envoyée de la Terre vers le Soleil, on prendra pour r_0 la distance Terre-Soleil et pour M la masse du Soleil. Dans les deux cas, nous aurons à résoudre la même équation 16.1 donnant $r'(t')$. C'est cette équation que nous allons maintenant résoudre de façon numérique, en supprimant les primes dans les notations. Pour obtenir les grandeurs physiques, il faudra multiplier les variables de distances par r_0, celles de temps par τ et celles de vitesses par r_0/τ.

Imaginons par exemple qu'on veuille décrire l'orbite d'un satellite situé à 20 000 km du centre de la Terre. On pourra prendre $r_0 = 20000$ km. Avec $GM = 4 \times 10^{14}\,\mathrm{m}^3 \cdot \mathrm{s}^{-2}$ pour la Terre (cette quantité est appelée le **paramètre gravitationnel standard**), on trouve $\tau = 4472$ s. Les conditions initiales considérées dans le programme précédent ($y = 1$ et $\dot{x} = 0.5$) correspondent alors à un corps lancé d'une position $r = r_0$ avec une vitesse latérale de $0{,}5\, r_0/\tau = 2236\,\mathrm{m} \cdot \mathrm{s}^{-1}$. Le calcul avec un choix différent pour r_0 aurait donné d'autres valeurs intermédiaires, mais on aurait finalement obtenu le même mouvement avec les mêmes lois horaires et les mêmes trajectoires.

On peut maintenant reprendre l'analyse précédente, avec $n = -2$ et $C = -1$. Le programme précédent donne la figure de gauche suivante avec `n=-2` à la ligne 6, en ajustant les limites par `plt.ylim(-0.2, 1.1)` à la ligne 21.

Fig. 124

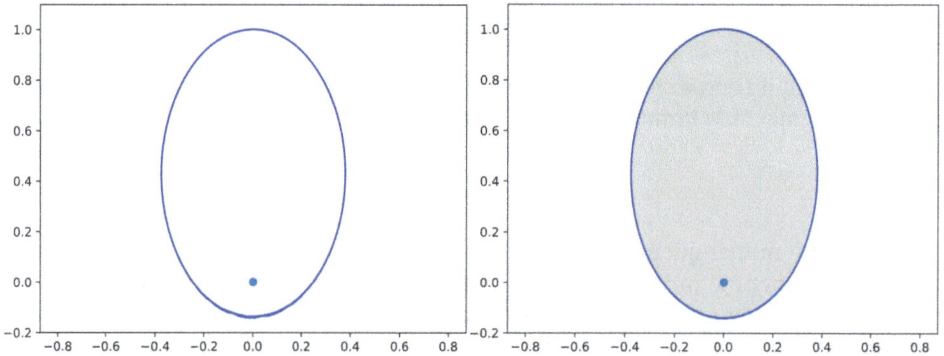

On devine sur la partie inférieure que le nombre de points affichés est un peu trop faible, la fonction `plot()` trace un polygone et on commence à apercevoir des segments faisant un angle entre eux. On y remédie en augmentant le nombre `N_pas`. La figure de droite juxtapose la solution exacte dans ce cas soluble : la trajectoire est une ellipse dont un des foyers est à l'origine. Son demi-grand axe a est obtenu par l'équation donnant l'énergie totale par unité de masse

$$\frac{E}{m} = -\frac{GM}{2a} = \frac{1}{2}v^2 - \frac{GM}{r_0}$$

et les autres paramètres de l'ellipse par les propriétés géométriques

$$c = a - r_0 \quad \text{et} \quad b^2 = a^2 - c^2$$

C'est ce qui est implémenté dans le programme suivant, qui produit la figure de droite ci-dessus.

Fichier : `force_rn_2b.py` Prog. 16.2

```
from numpy import *
import matplotlib.pyplot as plt
from scipy.integrate import solve_ivp
from matplotlib.patches import Ellipse, Circle

def force(x, y):
    n = -2
    r = sqrt(x*x+y*y)
    return -x*r**(n-1), -y*r**(n-1)

def fun(t, x):
    ydot=[0,0,0,0]
    ydot[0], ydot[2]  =  x[1], x[3]
    ydot[1], ydot[3] = force(x[0], x[2])
    return ydot

t_max = 10.
N_pas = 500
vx = 0.5
y0 = 1
y_ini = [0, vx, y0, 0]
sol = solve_ivp(fun, [0, t_max], y_ini, t_eval=linspace(0., t_max,
    N_pas), rtol=1e-9)
plt.axis('equal')
plt.ylim(-0.2, 1.1)
plt.plot(sol.y[0], sol.y[2], color='blue')

# paramètres de l'ellipse exacte, qui est ensuite tracée
a = 1/(2/y0 - vx*vx)    # semi-grand axe
c = y0 - a              # distance centre-foyer
b = sqrt(a*a-c*c)       # semi-petit axe
plt.gca().add_patch(Ellipse((0, c), 2*b, 2*a, color='lightgrey'))
plt.scatter(0, 0, zorder=2)
plt.show()
```

2 Coordonnées polaires

Fig. 125

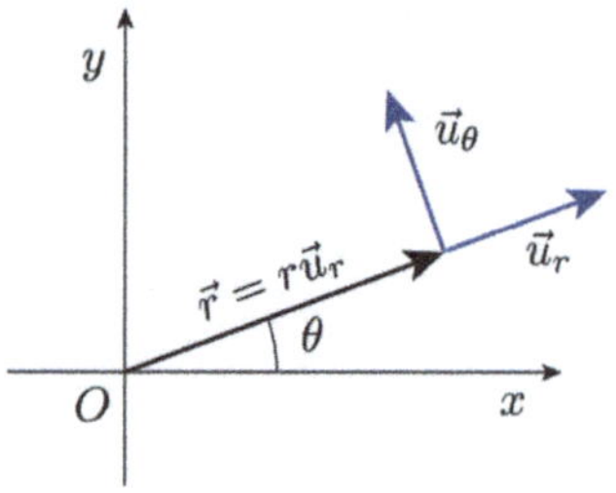

Dans le cas des forces centrales, il est judicieux de décrire le mouvement en coordonnées polaires (r,θ) en utilisant les vecteurs de base $\vec{u}_r$ et $\vec{u}_\theta$ (voir la figure) vérifiant

$$\frac{d\vec{u}_r}{dt} = \dot{\theta}\vec{u}_\theta \quad \text{et} \quad \frac{d\vec{u}_\theta}{dt} = -\dot{\theta}\vec{u}_r$$

En notant $\vec{r} = r\vec{u}_r$ le vecteur position, on en déduit le vecteur vitesse

$$\vec{v} = \frac{d\vec{r}}{dt} = \dot{r}\vec{u}_r + r\dot{\vec{u}}_r = \dot{r}\vec{u}_r + r\dot{\theta}\vec{u}_\theta$$

et le vecteur accélération

$$\vec{a} = \frac{d\vec{v}}{dt} = (\ddot{r} - r\dot{\theta}^2)\vec{u}_r + (2\dot{r}\dot{\theta} + r\ddot{\theta})\vec{u}_\theta$$

Pour une force centrale, le terme en $\vec{u}_\theta$ s'annule, soit

$$2\dot{r}\dot{\theta} + r\ddot{\theta} = 0 \quad \text{ce qui équivaut à} \quad J = r^2\dot{\theta} = \text{cte}$$

où l'on a noté J la grandeur constante, c'est le **moment cinétique** par unité de masse, dont on peut montrer que c'est la norme du vecteur

$$\vec{J} = \vec{r} \wedge \vec{v}$$

La propriété $J = \text{cte}$ est appelée la **conservation du moment cinétique**, elle est vérifiée pour tout système soumis à une force centrale et on peut montrer qu'il garantit que le mouvement est plan. La propriété $J = \text{cte}$ permet de relier la vitesse angulaire à la position via

$$\dot{\theta} = \frac{J}{r^2}$$

Elle permet également d'écrire l'équation du mouvement selon r sans faire intervenir explicitement θ, c'est-à-dire d'obtenir une équation ne portant que sur r.

$$\frac{F_r}{m} = \ddot{r} - r\dot{\theta}^2 = \ddot{r} - \frac{J^2}{r^3}$$

et donc

$$\ddot{r} = F(r) + \frac{J^2}{r^3}$$

On peut mettre les équations du mouvement sous la forme de trois équations différentielles couplées du premier ordre,

$$\begin{cases} \dot{r} = v_r \\ \dot{\theta} = \dfrac{J}{r^2} \\ \dot{v}_r = F(r) + \dfrac{J^2}{r^3} \end{cases}$$

Le programme suivant implémente ce calcul

Fichier : `force_rn_polaire.py` Prog. 16.3

```
1  from numpy import *
2  import matplotlib.pyplot as plt
3  from scipy.integrate import solve_ivp
4
5  def force(r):
6      n = -2
7      return -r**n
8
9  def fun(t, y):                # y[0]=r, y[1]=theta, y[2]=vr
10     global J
11     ydot=[0,0,0]
12     ydot[0] = y[2]                        # dr/dt = vr
13     ydot[1] = J/pow(y[0],2)               # dtheta/dt = J/r^3
14     ydot[2] = force(y[0])+J**2/y[0]**3    # dvr/dt = forces
15     return ydot
16
17 t_max = 4.
18 N_pas = 300
19 r0, v0  = 1, -0.5
20 J = r0*v0              # vitesse initiale purement orthoradiale
21 sol = solve_ivp(fun, [0, t_max], [r0, pi/2, 0], t_eval=linspace(0.,
       t_max, N_pas), rtol=1e-9)
22 plt.plot(sol.y[0]*cos(sol.y[1]), sol.y[0]*sin(sol.y[1]), color='b')
23 plt.scatter(0, 0)
24 plt.axis('equal')
25 plt.show()
```

qui produit la figure de gauche ci-dessous. Attention dans l'écriture des conditions initiales : à la ligne 21, les valeurs initiales des trois paramètres r, θ et $\dot{r}$ sont imposées par `[r0, pi/2, 0]`, on voit en particulier que la valeur initiale de $\dot{r}$ est nulle. En effet, le corps n'a pas de vitesse radiale initiale dans la situation que nous avons envisagée depuis le début de ce chapitre. Il possède en revanche une vitesse orthoradiale $v_\theta = -r\dot{\theta}$, qui intervient dans le calcul de $J = r\,v_\theta$ à la ligne 20.

Fig. 126

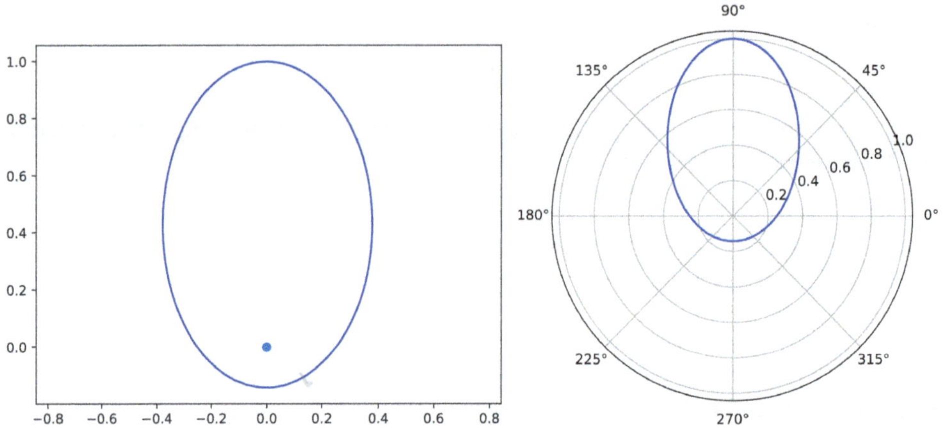

La figure de droite trace le résultat du même calcul dans un diagramme polaire, via

```
plt.polar(theta, r)
```

où `theta` et `r` sont des listes de même taille contenant les valeurs de θ et de r. On a remplacé la ligne 22 du programme précédent par

Prog. 16.4 Fichier : `force_rn_polaire2.py`

```
22 plt.polar(sol.y[1], sol.y[0], color='blue')
```

3 Loi des aires

Sous l'action d'une force centrale, l'aire balayée par le segment qui relie l'origine au corps (le « rayon vecteur ») est proportionnelle au temps. C'est la **loi des aires**. Le programme suivant l'illustre visuellement, en traçant un grand nombre de rayons vecteurs compris entre t_0 et $t_0+\Delta t$, pour plusieurs valeurs de t_0. La partie qui trace ces rayons a été mise dans une fonction (lignes 24 à 27), pour pouvoir reproduire facilement l'opération autant de fois que l'on veut (lignes 29 à 31), en changeant l'instant de départ, l'intervalle de temps et la couleur. Un attribut de transparence a été appliqué pour rendre la figure plus jolie.

Prog. 16.5 Fichier : `force_rn_lois_aires.py`

```
1 from numpy import *
2 import matplotlib.pyplot as plt
3 from scipy.integrate import solve_ivp
4
5 def force(r):
6     n = -2
7     return -r**n
8
9 def fun(t, y):                    # y[0]=r, y[1]=theta, y[2]=vr
```

```
10      global J
11      ydot=[0,0,0]
12      ydot[0] = y[2]                          # dr/dt = vr
13      ydot[1] = J/pow(y[0],2)                 # dtheta/dt = J/r^3
14      ydot[2] = force(y[0])+J**2/y[0]**3      # dvr/dt = forces
15      return ydot
16
17  t_max = 8.
18  N_pas = 300
19  r0, v0  = 1, -0.5
20  J = r0*v0               # vitesse initiale purement orthoradiale
21  sol = solve_ivp(fun, [0, t_max], [r0, pi/2, 0], t_eval=linspace(0.,
        t_max, N_pas), rtol=1e-9, dense_output=True)
22  plt.plot(sol.y[0]*cos(sol.y[1]), sol.y[0]*sin(sol.y[1]), color='k')
23
24  def aire_balayee(t0, delta_t, couleur):
25      for t in linspace(t0, t0+delta_t, 100):
26          r, theta, v = sol.sol(t)
27          plt.plot([0, r*cos(theta)], [0, r*sin(theta)], c=couleur,
                alpha=0.1)
28
29  aire_balayee(0, 0.2, 'g')
30  aire_balayee(1, 0.2, 'r')
31  aire_balayee(1.3, 0.2, 'b')
32  plt.scatter(0, 0)
33  plt.axis('equal')
34  plt.show()
```

On obtient la figure de gauche ci-dessous. La figure de droite est obtenue en prenant une autre force, $n = -1$ à la ligne 6.

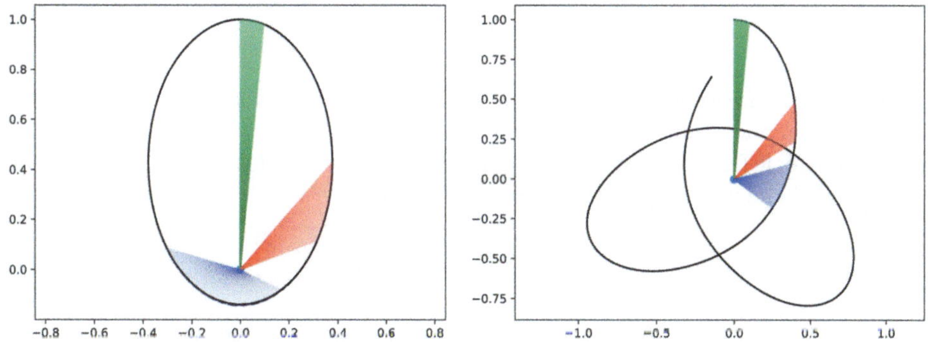

Fig. 127

4 Mini-projets

Mini-projet 1 : conservation du moment cinétique

Modifier le programme 16.1 pour qu'il calcule le moment cinétique par unité de masse et trace son évolution au cours du temps dans une fenêtre séparée de celle qui montre la trajectoire. En guise de solution, on peut par exemple consulter le programme `force_rn_miniprojet1.py` qui modifie le programme 16.1 à la ligne 24. On obtient la figure de gauche suivante qui possède une propriété intéressante : le moment cinétique étant conservé, on trouve des valeurs très proches de la valeur initiale (ici 0,5). Python fait ici un choix très judicieux pour l'échelle des ordonnées en l'adaptant pour représenter les variations autour de la valeur moyenne, laquelle est indiquée en haut à gauche du graphe par la mention `+5e-1`.

Fig. 128

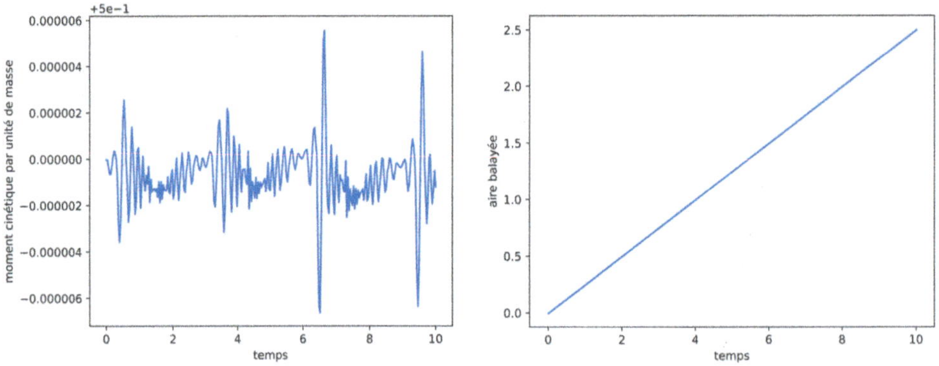

Mini-projet 2 : loi des aires

Vérifier que la loi des aires est vérifiée pour les mouvements sous l'action d'une force centrale, en représentant l'aire balayée par le rayon vecteur en fonction du temps. On pourra utiliser le fait que l'aire balayée pendant le temps infinitésimal dt est donnée par la moitié de l'aire du triangle délimité par $\vec{r}$ et $\vec{v}$, soit

$$d\mathscr{A} = \frac{1}{2}\,\|\vec{r} \wedge \vec{v}\|\,dt$$

On fera le calcul en coordonnées cartésiennes en partant du programme 16.1. La figure de droite ci-dessous est obtenue avec le programme `force_rn_plan_miniprojet2.py` disponible dans l'ensemble des programmes téléchargeables. On remarquera que du point de vue physique, ce mini-projet teste la même propriété que le précédent, la loi des aires étant intimement liée à la conservation du moment cinétique.

17 Chute dans un référentiel tournant

1 Déviation vers l'est

Définition du problème

Le référentiel terrestre n'est pas galiléen, du fait de la rotation de la Terre sur elle-même à la vitesse angulaire $\vec{\Omega}$, et de son mouvement orbital autour du Soleil. Un expérimentateur terrestre peut continuer à décrire les phénomènes qui l'entourent par le principe fondamental de la dynamique, dans un référentiel $\mathcal{R}'$ non galiléen lié à son laboratoire, à condition de prendre en compte des force supplémentaires, parfois qualifiées de fictives : les **forces d'inertie**. Pour décrire le mouvement d'un corps de masse m, il doit introduire

- la **force d'inertie d'entraînement** $\vec{F}_e$, liée à l'accélération $\vec{a}_e$ de l'origine du repère par rapport à un référentiel galiléen par

$$\vec{F}_e = -m\vec{a}_e$$

Il s'agit ici essentiellement de l'accélération associée au mouvement elliptique de la Terre autour du Soleil et on peut montrer que ce terme compense très largement l'attraction exercée par le Soleil sur le corps étudié. La différence donne lieu à des forces de marée que nous allons ici négliger.

- la **force centrifuge** $\vec{F}_{cen}$ liée à la rotation du référentiel et donnée par, en notant O le centre de la Terre et $\overrightarrow{OM}$ le vecteur position du corps,

$$\vec{F}_{cen} = -m\vec{\Omega} \wedge \left(\vec{\Omega} \wedge \overrightarrow{OM}\right)$$

où $\vec{\Omega}$ désigne le **vecteur rotation** de la Terre. Il est dirigé selon l'axe de rotation de la Terre, orienté du sud vers le nord et sa norme est égale à $\Omega = 2\pi/T$ où T désigne la période de rotation de la Terre sur elle-même, soit $T = 1$ jour.

- la **force de Coriolis** $\vec{F}_{cor}$ liée à la rotation du référentiel et à la vitesse $\vec{v}$ du corps dans le référentiel $\mathcal{R}'$ par

$$\vec{F}_{cor} = -2m\vec{\Omega} \wedge \vec{v} \tag{17.1}$$

Nous allons nous intéresser à la chute d'un corps de masse m lâché sans vitesse initiale d'une hauteur h, depuis un point situé à la verticale de l'équateur terrestre. On se place dans le référentiel terrestre $\mathcal{R}'$, dont l'origine est en O. La force d'inertie d'entraînement liée au mouvement orbital de la Terre autour du Soleil sera négligée. Le corps est donc soumis à trois forces : La force gravitationnelle $\vec{F}_g$ qu'exerce la Terre sur le corps, la force centrifuge $\vec{F}_{cen}$ et la force de Coriolis $\vec{F}_{cor}$. La résultante des deux premières est le poids $\vec{P} = \vec{F}_g + \vec{F}_{cen}$ et la relation fondamentale de la dynamique s'écrit

$$\frac{d^2\overrightarrow{OM}}{dt} = \vec{P} + \vec{F}_{cen}$$

Approximation de poids constant

Dans un premier temps, pour comparer nos résultats numériques à venir à une expression analytique (souvenez-vous de la **règle d'or numéro 2**), nous allons considérer que la chute est suffisamment courte pour que l'on puisse supposer que le poids $\vec{P}$ est constant (en direction et en norme) le long de la trajectoire. On écrit $\vec{P} = -mg\vec{u}_z$ où mg désigne la norme de $\vec{P}$ et $\vec{u}_z$ est un vecteur unitaire dirigé selon la verticale, vers le haut. On a alors, en complétant le repère par $\vec{u}_x$ dirigé vers l'est et $\vec{u}_y$ dirigé vers le nord,

$$m\begin{pmatrix}\ddot{x}\\ \ddot{y}\\ \ddot{z}\end{pmatrix} = \begin{pmatrix}0\\ 0\\ -mg\end{pmatrix} - 2m\begin{pmatrix}0\\ \Omega\\ 0\end{pmatrix} \wedge \begin{pmatrix}\dot{x}\\ \dot{y}\\ \dot{z}\end{pmatrix} = \begin{pmatrix}0\\ 0\\ -mg\end{pmatrix} - 2m\Omega\begin{pmatrix}\dot{z}\\ 0\\ -\dot{x}\end{pmatrix} \tag{17.2}$$

soit, en simplifiant par m,

$$\begin{cases}\ddot{x} = -2\Omega\,\dot{z}\\ \ddot{y} = 0\\ \ddot{z} = -g + 2\Omega\,\dot{x}\end{cases}$$

L'étude détaillée des ordres de grandeur mis en jeu permet de montrer que $2\Omega\,\dot{x} \ll g$ pour des chutes de faible hauteur, si bien qu'en première approximation, on peut écrire

$$\ddot{z} = -g \quad \text{soit} \quad \dot{z} = -gt \quad \text{et} \quad z - R = h - \frac{1}{2}gt^2 \tag{17.3}$$

dont on déduit la hauteur dont a chuté l'objet au bout du temps t,

$$h = \frac{1}{2}gt^2$$

De l'expression de z on déduit celle de $\dot{z}$ puis

$$\ddot{x} = 2\Omega g t \quad \text{soit} \quad \dot{x} = \Omega g t^2 \quad \text{et} \quad x = \frac{1}{3}\Omega g t^3 \tag{17.4}$$

soit en fonction de h,

$$x = \frac{1}{3}\Omega g\left(\frac{2h}{g}\right)^{3/2} = \frac{2\sqrt{2}\Omega}{3\sqrt{g}}h^{3/2}$$

Cette expression donne la déviation vers l'est de la trajectoire, en fonction de la hauteur de chute, dans l'approximation des temps courts. Nous allons maintenant aborder le même problème de façon numérique, ce qui permettra de le compléter en ajoutant des forces de frottements, par exemple.

Résolution numérique

Le code suivant implémente le calcul ci-dessus, où `y[0]` représente x, `y[1]` représente $\dot{x}$, `y[2]` représente z, `y[3]` représente $\dot{z}$,

Fichier : `deviation_est.py` Prog. 17.1

```
1  import matplotlib.pyplot as plt
2  import numpy as np
3  from scipy.integrate import solve_ivp
4  
5  Omega = 2*np.pi/24/3600 # vitesse angulaire de la Terre en rad/s
6  h = 100                 # hauteur de chute en m
7  g = 9.81                # accélération de la pesanteur en m/s^2
8  
9  def fun(t, y):          # y[0] : x, y[1] : vx, y[2] : z, y[3] : vz
10     ydot = [0, 0, 0, 0]
11     ydot[0] =  y[1]               # dx/dt = vx
12     ydot[1] = -2*y[3]*Omega       # dvx/dt = -2 vz Omega
13     ydot[2] =  y[3]               # dz/dt = vz
14     ydot[3] = -g + 2*y[1]*Omega   # dvz/dt = -g + 2 vx Omega
15     return ydot
16 
17 sol = solve_ivp(fun, [0, 5], [0, 0, h, 0], t_eval=np.linspace(0., 5,
     50))
18 plt.plot(sol.y[0], sol.y[2])  # plot(x, z)
19 x_theorique = 2*np.sqrt(2)*Omega/3/np.sqrt(g)*pow(h, 1.5)
20 plt.scatter(x_theorique, 0, zorder=2, marker='+', s=150)
21 plt.xlabel("décalage vers l'est en m")
22 plt.ylabel("altitude en m")
23 plt.grid(True)
24 plt.show()
```

On obtient la figure suivante. La ligne représente la solution calculée par le solveur d'équation différentielle et le marqueur indique la valeur théorique calculée plus haut.

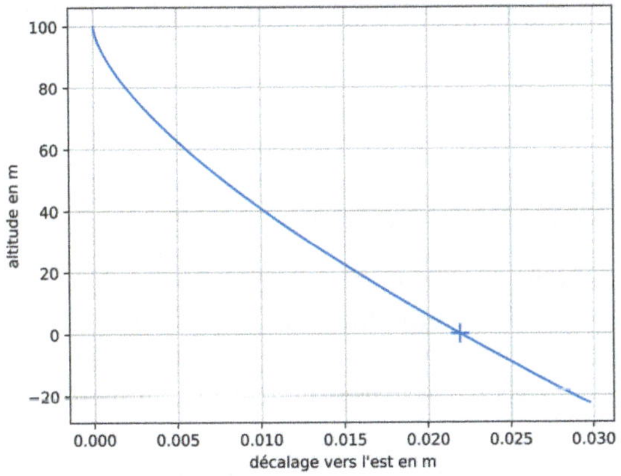

Fig. 129

On voit que la courbe calculée est en accord avec le calcul théorique. Pour calculer plus précisément la déviation vers l'est à la fin de la chute, on peut faire appel au mécanisme introduit à la section 6 du chapitre 13, en remplaçant dans le programme précédent les lignes 17 et suivantes par

Prog. 17.2 Fichier : `deviation_est2.py`

```
17 def touche_sol(t, y): return y[2]
18 touche_sol.terminal = True
19
20 x_theorique = 2*np.sqrt(2)*Omega/3/np.sqrt(g)*pow(h, 1.5)
21 print("déviation théorique : %.10f m" % (x_theorique))
22 sol = solve_ivp(fun, [0, 5], [0, 0, h, 0], t_eval=np.linspace(0., 5,
       50), events=touche_sol, dense_output=True)
23 t = sol.t_events[0][0]
24 print("déviation calculée  : %.10f m" % (sol.sol(t)[0]))
```

- On utilise le paramètre `events` auquel on affecte une fonction, qui renvoie la quantité dont on cherche l'annulation (ici, `y0[2]` correspondant à l'altitude z).
- On utilise également l'option `dense_output=True` grâce à laquelle la fonction `solve_ivp()` crée une fonction qui interpole la solution entre les points pour lequel on a demandé le calcul de la solution.
- La ligne 18 ajoute un attribut `terminal` à cette fonction, avec la valeur `True`, qui indique que le calcul s'arrêtera quand la fonction passera par la valeur zéro.
- La ligne 23 récupère le premier élément de la liste des valeurs de t (ici il y en a une seule) pour laquelle la condition de fin a été réalisée, sous la forme de l'attribut `t_events` de l'objet `sol` ;
- La ligne 24 affiche la valeur de x au moment où la condition de fin a été réalisée. Elle fait appel à l'élément `[0]`, correspondant à x, de la fonction d'interpolation `sol.sol` créée grâce à l'option `dense_output=True` décrite ci-dessus.

On obtient l'affichage suivant

Console

```
déviation théorique : 0.0218904838 m
déviation calculée  : 0.0218904846 m
```

On voit que la valeur obtenue numériquement est en bon accord avec la valeur théorique obtenue dans la limite où le temps de chute est faible ($\Omega t \ll 1$), ce qui conforte la validité de cette approximation. Il se trouve que le problème est soluble exactement et on obtient pour la déviation vers l'est (vous pourrez le vérifier numériquement)

$$x = \frac{gt}{2\Omega} - \frac{g}{4\Omega^2}\sin(2\Omega t) \tag{17.5}$$

où t est relié à l'altitude z par

$$z = h - \frac{g}{4\Omega^2}\left[1 - \cos(2\Omega t)\right] \tag{17.6}$$

2 Déviation vers le sud

Considérons maintenant un objet lâché depuis un point situé à une latitude λ, dans l'hémisphère nord. En plus d'être dévié vers l'est, cet objet est également dévié vers le sud au cours de sa chute. Calculons cette déviation. Dans le référentiel terrestre, où z désigne la verticale locale, x vers l'est et y vers le nord, l'équation (17.2) devient

$$m\begin{pmatrix}\ddot{x}\\ \ddot{y}\\ \ddot{z}\end{pmatrix} = \begin{pmatrix}0\\ 0\\ -mg\end{pmatrix} - 2m\begin{pmatrix}0\\ \Omega\cos\lambda\\ \Omega\sin\lambda\end{pmatrix} \wedge \begin{pmatrix}\dot{x}\\ \dot{y}\\ \dot{z}\end{pmatrix} = \begin{pmatrix}0\\ 0\\ -mg\end{pmatrix} - 2m\Omega\begin{pmatrix}\dot{z}\cos\lambda - \dot{y}\sin\lambda\\ \dot{x}\sin\lambda\\ -\dot{x}\cos\lambda\end{pmatrix}$$

soit

$$\begin{cases}\ddot{x} = -2\Omega\,\dot{z}\cos\lambda + 2\Omega\,\dot{y}\sin\lambda\\ \ddot{y} = -2\Omega\,\dot{x}\sin\lambda\\ \ddot{z} = -g + 2\Omega\,\dot{x}\cos\lambda\end{cases} \tag{17.7}$$

ce qui se met de nouveau sous la forme d'un système de six équations couplées du premier ordre :

$$\begin{cases}\dfrac{dx}{dt} = v_x\\ \dfrac{dy}{dt} = v_y\\ \dfrac{dz}{dt} = v_z\end{cases} \quad \text{et} \quad \begin{cases}\dfrac{dv_x}{dt} = -2\Omega\,v_z\cos\lambda + 2\Omega\,v_y\sin\lambda\\ \dfrac{dv_y}{dt} = -2\Omega\,v_x\sin\lambda\\ \dfrac{dv_z}{dt} = -g + 2\Omega\,v_x\cos\lambda\end{cases} \tag{17.8}$$

Limite des temps courts

Comme précédemment, pour les temps suffisamment courts pour que $2\Omega\dot{x} \ll g$, on a d'après la dernière équation du système (17.7) et en tenant compte des conditions initiales

$$\ddot{z} \approx -g \quad \text{soit} \quad \dot{z} \approx -gt \quad \text{et} \quad z - R \approx h - \frac{1}{2}gt^2$$

La première équation du système (17.7) conduit alors à, après avoir montré que $\dot{y} \ll \dot{x}$,

$$\ddot{x} = 2\Omega g t\cos\lambda \quad \text{soit} \quad \dot{x} = \Omega g t^2\cos\lambda \quad \text{et} \quad x = \frac{1}{3}\Omega g t^3\cos\lambda$$

La deuxième équation du système (17.7) donne finalement

$$\ddot{y} = -2\Omega^2 g t^2\cos\lambda\sin\lambda \quad \text{soit} \quad \dot{y} = -\frac{2}{3}\Omega^2 g t^3\cos\lambda\sin\lambda \quad \text{et} \quad y = -\frac{1}{6}\Omega^2 g t^4\cos\lambda\sin\lambda$$

La déviation vers l'est et la déviation vers le sud sont donc respectivement données en fonction de la hauteur de chute h par

$$x \approx \frac{2\sqrt{2}\Omega}{3\sqrt{g}}h^{3/2}\cos\lambda \quad \text{et} \quad y \approx -\frac{2}{3}\frac{\Omega^2 h^2}{g}\cos\lambda\sin\lambda$$

Résolution numérique

Le programme suivant résout le système (17.8), les objets manipulés par la fonction `fun()` ont maintenant 6 composantes.

Prog. 17.3 Fichier : `deviation_est_sud.py`

```
import numpy as np
from scipy.integrate import solve_ivp

Omega = 2*np.pi/24/3600 # vitesse angulaire de la Terre
h = 100                 # hauteur de chute
g = 9.81
latitude = 0.1
c, s = np.cos(latitude), np.sin(latitude)  # raccourcis

def fun(t, y):    # y[0]=x, y[1]=vx, y[2]=y, y[3]=vy, y[4]=z, y[5]=vz
    ydot=[0]*6
    ydot[0] =  y[1]                        # xpoint = vx
    ydot[1] = -2*Omega*c*y[5]  + 2*Omega*s*y[3]
    ydot[2] =  y[3]                        # ypoint = vy
    ydot[3] = -2*Omega*s*y[1]              # vy point = force/m
    ydot[4] =  y[5]                        # zpoint = vz
    ydot[5] = -g + 2*Omega*c*y[1]          # vz point = force/m
    return ydot

def touche_sol(t, y): return y[4]    # altitude z
touche_sol.terminal = True

sol = solve_ivp(fun, [0, 5], [0, 0, 0, 0, h, 0], t_eval=np.linspace
    (0., 5, 50), events=touche_sol, dense_output=True)
x_theorique = 2*np.sqrt(2)*Omega*c/3/np.sqrt(g)*pow(h, 1.5)
y_theorique = -2/3*Omega**2*c*s/g*h**2
print("déviation vers l'est :", sol.sol(sol.t_events[0][0])[0], "m")
print("déviation théorique  :", x_theorique, "m")
print("déviation vers le sud :", sol.sol(sol.t_events[0][0])[2], "m")
print("déviation théorique   :", y_theorique, "m")
```

Il indique également les valeurs obtenues dans la limite des temps courts et calculées ci-dessus. On obtient l'affichage suivant

Console

```
déviation vers l'est : 0.021781123302510173 m
déviation théorique  : 0.021781122610131494 m
déviation vers le sud : -3.57003803385871e-07 m
déviation théorique   : -3.5700378332733757e-07 m
```

Le calcul numérique redonne bien les valeurs théoriques attendues. La valeur numérique de la déviation vers le sud est extrêmement faible (inférieure au micromètre sur une chute de 100 m) et n'a jamais été mesurée expérimentalement. Notons que son étude plus approfondie pose des questions théoriques intéressantes, notamment sur la façon de définir précisément la verticale sur une Terre en rotation.

3 Calcul symbolique avec SymPy

Jusqu'à maintenant, nous avons utilisé Python pour mener des calculs numériques : tout résultat s'exprime comme un nombre (ou ensemble de nombres), `int` ou `float`. Or, l'informatique permet également d'effectuer des calculs symboliques, où les objets manipulés sont des expressions mathématiques, c'est ce qu'on appelle le calcul symbolique. Les grands programmes de calcul symbolique sont par exemple Mathematica et Maple. Or, le module SciPy offre également des fonctionnalités de calcul symbolique très intéressantes. Il faudrait des dizaines de pages pour le présenter dans un degré de détail qui permettrait d'en tirer pleinement parti, nous allons plutôt ici juste lever légèrement le voile sur les possibilités qu'il offre, en s'appuyant sur des exemples concrets et utiles portant sur trois opérations omniprésentes en physique : le développement limité, la dérivation et l'intégration.

3.1 Développements limités

Pour introduire SymPy, nous allons retrouver la limite des expressions exactes (17.3) et (17.4) à partir de (17.5) et (17.6).

Console

```
>>> from sympy import *
>>> t = Symbol('t')
>>> series('g*t/2/Omega - g/4/Omega^2*sin(2*Omega*t)', t)
Omega*g*t**3/3 - Omega**3*g*t**5/15 + O(t**6)
```

- La première ligne vous est maintenant familière : on importe le module.
- La seconde ligne définit « t » comme un symbole, qui représentera ici une variable par rapport à laquelle SymPy pourra dériver, intégrer, etc.
- La troisième ligne calcule le développement limité de la fonction figurant dans la chaîne de caractères (cf l'expression (17.7)) par rapport à la variable t, grâce à la fonction `series()` ;
- La dernière ligne affiche le résultat, qu'on réécrira de façon plus jolie plus loin.

Le terme dominant donne bien de résultat de l'expression (17.4). Pour pousser le développement limité à un ordre plus élevé :

Console

```
>>> series('g*t/2/Omega - g/4/Omega^2*sin(2*Omega*t)', t, n=9)
Omega*g*t**3/3 - Omega**3*g*t**5/15 + 2*Omega**5*g*t**7/315 + O(t**9)
```

3.2 Rendu LaTeX

Les expressions écrites par défaut par SymPy sont lisibles, mais pourraient bénéficier d'un meilleur rendu. La fonction `print_latex()` transforme ces expressions en code que vous pourrez inclure dans des documents LaTeX. Pour reprendre l'exemple précédent, modifions la dernière ligne

Console

```
>>> print_latex(series('g*t/2/Omega -g/4/Omega^2*sin(2*Omega*t)', t))
\frac{\Omega g t^{3}}{3} - \frac{\Omega^{3} g t^{5}}{15} + O\left(t
    ^{6}\right)
```

En incluant la dernière expression dans le document LaTeXqui a servi à écrire ce livre, on obtient le rendu

$$\frac{\Omega g t^{3}}{3} - \frac{\Omega^{3} g t^{5}}{15} + O\left(t^{6}\right)$$

On peut faire plus ergonomique : en lançant IPython QTconsole, une version de IPython graphiquement plus élaborée, ou Jupyter QTconsole, on peut directement visualiser les expressions sous une forme satisfaisante pour le lecteur humain. En tapant dans le terminal

Console

```
$ jupyter qtconsole
```

une fenêtre de type IPython s'ouvre, dans laquelle on peut réécrire les commandes pour calculer le développement limité ci-dessus :

Fig. 130

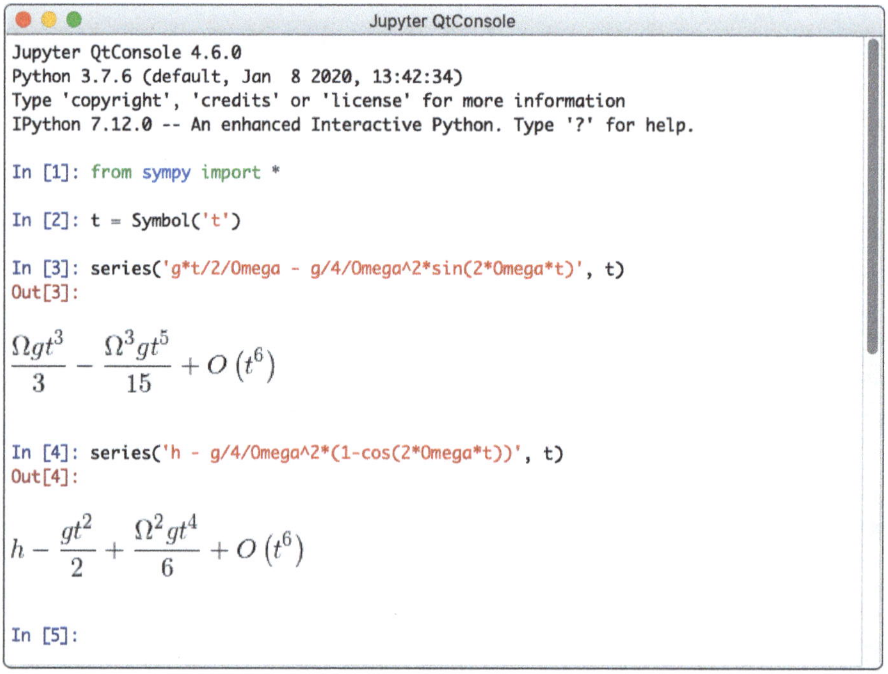

où nous avons également retrouvé le résultat (17.3) à partir de (17.6).

3.3 Dérivées

Utilisons les fonctionnalités de dérivation pour retrouver le résultat de l'équation (10.7). C'est la fonction diff() qui permet de le faire.

Console

```
>>> from sympy import *
>>> y = Symbol('y')
>>> diff('-sqrt(1-y^2/e^2)', y)
y/(e**2*sqrt(1 - y**2/e**2))
```

ce qui correspond effectivement à ce qu'on avait écrit dans l'équation (10.7).

3.4 Primitives

Pour finir ce survol supersonique de Scypy, retrouvons le résultat de l'expression (13.6) en utilisant la fonction integrate(). En écrivant simplement

Console

```
>>> from sympy import *
>>> x = Symbol('x')
>>> a = Symbol('a')
>>> integrate(1/(1-a*x**2), x)
-log(x - 1/sqrt(a))/(2*sqrt(a)) + log(x + 1/sqrt(a))/(2*sqrt(a))
```

on retrouve bien le résultat (13.6) si on se souvient des propriétés de la fonction argtanh. Attention cependant, ce résultat n'est valable que si $a > 0$, ce qu'a supposé le programme. Il faut rester très prudent avec les résultats fournis par le calcul symbolique. Par exemple, le calcul de la primitive de $1/(1+ax^2)$ semble pouvoir s'obtenir par

Console

```
>>> from sympy import *
>>> x = Symbol('x')
>>> a = Symbol('a')
>>> integrate(1/(1+a*x**2), x)
-sqrt(-1/a)*log(x - sqrt(-1/a))/2 + sqrt(-1/a)*log(x + sqrt(-1/a))/2
```

ce qui est manifestement faux lorsque $a > 0$. En revanche, en précisant que a doit être positif, le programme donne le résultat correct.

Console

```
>>> from sympy import *
>>> x = Symbol('x')
>>> a = Symbol('a', positive=True)
>>> integrate(1/(1+a*x**2), x)
atan(sqrt(a)*x)/sqrt(a)
```

Tentons de retrouver le résultat (13.7).

Console

```
>>> from sympy import *
>>> x = Symbol('x')
>>> a = Symbol('a', positive=True)
>>> integrate(tanh(a*x), x)
x - log(tanh(a*x) + 1)/a
```

ce qui ne ressemble pas au résultat indiqué dans l'équation (13.7). Pourtant, c'est le même résultat, comme on le voit en dérivant la forme proposée par Scipy,

Console

```
>>> diff(x - log(tanh(a*x) + 1)/a, x)
-(1 - tanh(a*x)**2)/(tanh(a*x) + 1) + 1
```

ce qui donne bien $\tanh(ax)$ après quelques manipulations.

On peut calculer des intégrales en indiquant les bornes de la façon suivante

Console

```
>>> from sympy import *
>>> x = Symbol('x')
>>> integrate(x**2, (x, 0, 1))
1/3
```

Calculons l'intégrale (14.3) pour un angle θ_0 valant 100 degrés.

Console

```
>>> from sympy import *
>>> L=1
>>> g=9.81
>>> theta0=rad(100.)
>>> theta = Symbol('theta')
>>> 4*sqrt(L/g)*integrate(1/sqrt(1-sin(theta0/2)**2*sin(theta)**2), (
    theta, 0, pi/2))
1.2771017136282*elliptic_k(sin(0.277777777777778*pi)**2)
```

Le programme fournit une solution faisant intervenir une fonction spéciale, ici une intégrale elliptique. C'est la fonction N() qui permet d'obtenir une valeur numérique,

Console

```
>>> N(4*sqrt(L/g)*integrate(1/sqrt(1-sin(theta0/2)**2*sin(theta)**2),
     (theta, 0, pi/2)))
2.47193393457398
```

Vous pourrez vérifier sur la courbe 113 ou avec le programme 14.5 que cette valeur est correcte. Attention, contrairement aux méthodes présentées au chapitre 14 pour calculer des intégrales, il n'y a ici aucune approximation. Le résultat fourni a la même précision (10^{-15}) que celle avec laquelle sont définies les fonctions mathématiques en Python.

Conclusion sur SymPy

Les quelques exemples qui précèdent permettent de bien définir le périmètre des logiciels de calcul symbolique, SymPy ou autres. Pour certaines opérations très mécaniques, comme les développements limités, les manipulations de polynômes, les dérivées, ils apportent souvent un résultat directement exploitable. Pour d'autres, comme les intégrations, il faut plutôt les considérer comme des aides, des guides, et toujours s'assurer que la solution proposée est correcte : une fois que le programme a proposé une primitive, il est vivement conseillé de la dériver pour vérification, voire de tracer sur un même graphe la fonction de départ et sa primitive, pour vérification également.

4 Mini-projets : approfondissement

4.1 Mini-projet 1 : force gravitationnelle plus réaliste

Fig. 131

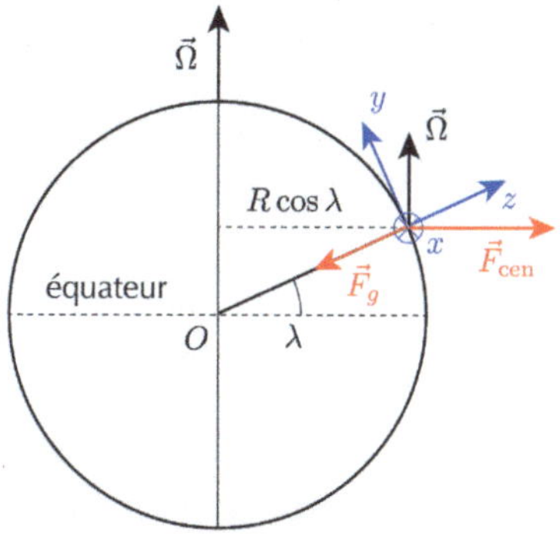

On peut sans peine traiter le problème de façon plus réaliste, en considérant :

- la force gravitationnelle exercée par la Terre considérée à symétrie sphérique, de rayon R, en notant r la distance qui sépare le corps du centre de la Terre,

$$\vec{F}_g = -\frac{GMm}{r^3}\begin{pmatrix} x \\ y \\ R+z \end{pmatrix} = -\frac{gR^2 m}{r^3}\begin{pmatrix} x \\ y \\ R+z \end{pmatrix}$$

  où l'on a utilisé le fait que l'intensité de la pesanteur au niveau du sol vaut $g = GM/R^2$ et où z a son origine au sol ;

- la force centrifuge

$$\vec{F}_{cen} = -m\vec{\Omega}\wedge\left(\vec{\Omega}\wedge\overrightarrow{OM}\right) = -m\Omega^2\begin{pmatrix}0\\ \cos\lambda\\ \sin\lambda\end{pmatrix}\wedge\left[\begin{pmatrix}0\\ \cos\lambda\\ \sin\lambda\end{pmatrix}\wedge\begin{pmatrix}x\\ y\\ R+z\end{pmatrix}\right]$$

$$= m\Omega^2\cos\lambda\begin{pmatrix}x\\ y\sin\lambda\\ (R+z)\cos\lambda\end{pmatrix}$$

- la force de Coriolis $\vec{F}_{\text{cor}}$ déjà écrite plus haut,

$$\vec{F}_{\text{cor}} = -2m\Omega\begin{pmatrix}\dot{z}\cos\lambda - \dot{y}\sin\lambda\\ \dot{x}\sin\lambda\\ -\dot{x}\cos\lambda\end{pmatrix}$$

avec les notations de la figure ci-dessus.

Le programme `deviation_est_miniprojet1.py` propose une solution, qui produit l'affichage suivant (« ancien » se réfère aux résultats obtenus au paragraphe précédent). On voit que le fait de prendre une forme plus correcte pour le poids affecte les résultats à un niveau inférieur au pourcent, pour une hauteur de chute de 100 m.

Console

```
déviation vers l'est (ancien)   : 0.021781122610131494
déviation vers l'est (nouveau) : 0.021818624304540984
déviation vers le sud (ancien)   : -3.5700378332733757e-07
déviation vers le sud (nouveau) : -3.5823492851999515e-07
```

4.2 Mini-projet 2 : prise en compte des frottements

Ajouter une force de frottement en v^2 telle que celle déjà utilisée au chapitre 13. Le programme intitulé `deviation_est_miniprojet2.py`, disponible dans l'ensemble des programmes téléchargeables, propose une solution. Il produit l'affichage suivant, qui permet d'évaluer l'effet des frottements : celui-ci est faible.

Console

```
déviation vers l'est (ancien)   : 0.021781122610131494
déviation vers l'est (nouveau) : 0.021798283440812093
déviation vers le sud (ancien)   : -3.5700378332733757e-07
déviation vers le sud (nouveau) : -3.63162310090912e-07
```

18 Points de Lagrange

1 Théorie

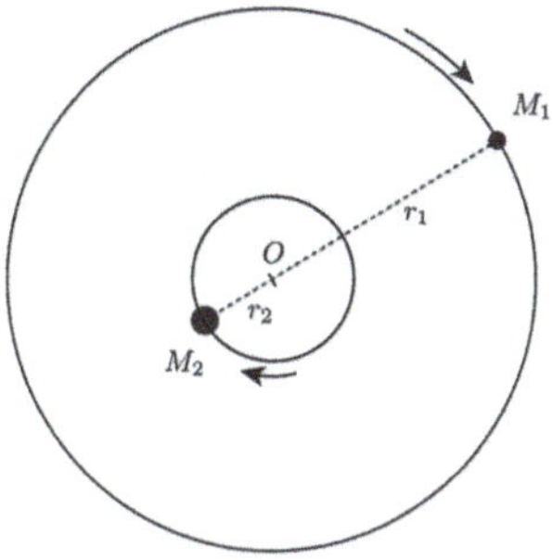

Fig. 132

On s'intéresse à un système constitué de deux corps de masses M_1 et M_2 en interaction gravitationnelle, décrivant chacun un cercle autour du centre de masse du système, noté O et choisi comme origine du repère. Il pourrait s'agir du système Terre-Soleil. On note r_1 et r_2 les distances qui séparent ces corps de O, c'est-à-dire les rayons des cercles. Par définition du centre de masse, on a $r_1 M_1 = r_2 M_2$. L'axe Δ qui relie les deux corps (en pointillés sur la figure) passe par O et tourne à la vitesse angulaire Ω déterminée par n'importe laquelle des deux relations suivantes (elles sont équivalentes) :

$$r_1\Omega^2 = \frac{GM_2}{(r_1+r_2)^2} \quad \text{et} \quad r_2\Omega^2 = \frac{GM_1}{(r_1+r_2)^2} \tag{18.1}$$

Intéressons-nous au mouvement d'un troisième corps dans l'approximation de la particule-test, c'est-à-dire que sa masse est suffisamment faible pour que, subissant une attraction gravitationnelle de la part de M_1 et M_2, elle n'affecte pas sensiblement le mouvement de ces deux masses. Il pourra s'agir d'une sonde spatiale soumise au champ gravitationnel d'une planète et d'une lune, ou du Soleil et d'une planète. Ce mouvement sera étudié dans le référentiel tournant, en choisissant Δ comme axe Ox, en restreignant l'étude au plan dans lequel s'effectue le mouvement des deux corps.

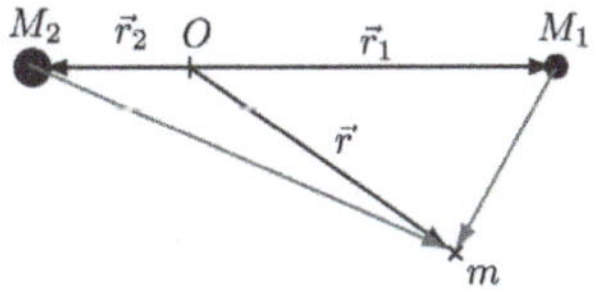

Fig. 133

Le système est soumis à deux forces gravitationnelles et aux forces d'inertie présentées au chapitre précédent. Nous allons ici rechercher les positions d'équilibre du système (dans le référentiel tournant), qu'on appelle ses **points de Lagrange**. Les positions d'équilibre correspondent par définition à des vitesses nulles et la force de Coriolis est alors absente. La seule force d'inertie présente est la force centrifuge. Les forces en présence dérivent de potentiels, c'est-à-dire qu'on peut les écrire sous la forme

$$\vec{F}_g = -m\,\overrightarrow{\text{grad}}\,\phi_g \quad \text{avec} \quad \phi_g = -\frac{GM}{r}$$

où $\overrightarrow{\text{grad}}$ désigne le gradient et r la distance entre les deux masses qui s'attirent, et

$$\vec{F}_{\text{cen}} = -m\,\overrightarrow{\text{grad}}\,\phi_{\text{cen}} \quad \text{avec} \quad \phi_{\text{cen}} = -\frac{1}{2}r^2\Omega^2$$

Le potentiel total ϕ en un point situé à la position $\vec{r}$ s'écrit donc

$$\phi(\vec{r}) = -\frac{GM_1}{\|\vec{r}-\vec{r}_1\|} - \frac{GM_2}{\|\vec{r}-\vec{r}_2\|} - \frac{1}{2}r^2\Omega^2$$

soit, en utilisant la relation (18.1) et en notant $\epsilon \equiv M_1/M_2$ le rapport des masses (on peut remarquer que $r_2 = \epsilon r_1$),

$$\phi(\vec{r}) = -\frac{G\epsilon M_2}{\|\vec{r}-\vec{r}_1\|} - \frac{GM_2}{\|\vec{r}-\vec{r}_2\|} - \frac{1}{2}r^2\frac{GM_2}{r_1(r_1+r_2)^2}$$

L'objet de ce chapitre est de représenter graphiquement la fonction $\phi(\vec{r})$. C'est une fonction de deux variables x et y (les coordonnées de $\vec{r}$) et elle se représente par une surface bidimensionnelle d'équation $z = \phi(x,y)$. Ici, nous allons tracer une grandeur proportionnelle à ϕ définie par

$$\varphi \equiv \frac{\ell\phi(\vec{r})}{GM_2} = -\frac{\ell\epsilon}{\|\vec{r}-\vec{r}_1\|} - \frac{\ell}{\|\vec{r}-\vec{r}_2\|} - \frac{1}{2}r^2\frac{\ell}{r_1(r_1+r_2)^2}$$

où ℓ est une longueur choisie arbitrairement. On peut vérifier que φ est une grandeur sans dimension. On peut également introduire des distances adimensionnées et des vecteurs positions adimensionnés $\vec{r}\,' \equiv \vec{r}/\ell$, ce qui permet d'écrire

$$\varphi = -\frac{\epsilon}{\|\vec{r}\,'-\vec{r}_1^{\,\prime}\|} - \frac{1}{\|\vec{r}\,'-\vec{r}_2^{\,\prime}\|} - \frac{(r')^2}{2r_1'(r_1'+r_2')^2}$$

Pour simplifier l'écriture de l'expression précédente, choisissons $\ell = r_1$, auquel cas $r_1' = 1$ et $r_2' = \epsilon$,

$$\varphi = -\frac{\epsilon}{\|\vec{r}\,'-\vec{r}_1^{\,\prime}\|} - \frac{1}{\|\vec{r}\,'-\vec{r}_2^{\,\prime}\|} - \frac{(r')^2}{2(1+\epsilon)^2}$$

Cette suite d'opérations peut sembler compliquer le problème, mais elle permet de le traiter avec beaucoup plus de généralité. La fonction $\phi(\vec{r})$ dépend de quatre paramètres, les masses M_1, M_2 et les positions $\vec{r}_1$, $\vec{r}_2$ des objets massifs. En revanche, la fonction $\varphi(\vec{r}\,')$ ne dépend que du paramètre ϵ et fournit d'un coup la solution pour tous les ensembles de paramètres (M_1, M_2, r_1, r_2) pour lesquels le rapport M_1/M_2 vaut ϵ.

Dans la suite, nous omettons les primes dans les notations : les coordonnées (x, y) seront adimensionnées.

2 Dessiner une surface

La bibliothèque `matplolib` contient un module permettant de tracer des objets tridimensionnels, des surfaces et des courbes en 3 dimensions. Les fonctionnalités de ce module, nommé `matplot3d`, ont leurs limitations mais offrent une première solution pour tracer des surfaces. Il faut tout d'abord déclarer que le graphe final sera une projection d'une figure tridimensionnelle, après avoir importé la partie du module qui permet de le faire :

```
from mpl_toolkits.mplot3d import Axes3D
ax = plt.axes(projection='3d')
```

Pour créer la surface, il faut d'abord créer trois tableaux bidimensionnels contenant les valeurs de x, y et z. Les tableaux x et y peuvent être créés par l'une des commandes `mesh()` ou `mgrid()` fournies par `numpy`. La seconde est légèrement plus compacte et efficace pour le présent usage, elle s'utilise de la façon suivante :

```
x, y = numpy.mgrid[-1:3, -1:3]
```

où x et y sont deux tableaux bidimensionnels ayant la structure suivante

Console

```
>>> import numpy as np
>>> x, y = np.mgrid[-1:3, -1:3]
>>> x
array([[-1, -1, -1, -1],
       [ 0,  0,  0,  0],
       [ 1,  1,  1,  1],
       [ 2,  2,  2,  2]])
>>> y
array([[-1,  0,  1,  2],
       [-1,  0,  1,  2],
       [-1,  0,  1,  2],
       [-1,  0,  1,  2]])
```

Les tableaux x et y contiennent en quelque sorte des « cartes » des valeurs de x et de y, dans le plan. On peut également spécifier le pas de la grille uniforme ainsi créée,

Console

```
>>> import numpy as np
>>> x, y = np.mgrid[0:2:0.5, 0:2:0.5]
>>> x
array([[0. , 0. , 0. , 0. ],
       [0.5, 0.5, 0.5, 0.5],
       [1. , 1. , 1. , 1. ],
       [1.5, 1.5, 1.5, 1.5]])
>>> y
array([[0. , 0.5, 1. , 1.5],
       [0. , 0.5, 1. , 1.5],
       [0. , 0.5, 1. , 1.5],
       [0. , 0.5, 1. , 1.5]])
```

Il reste à spécifier, dans un troisième tableau bidimensionnel z, la valeur de la fonction en chacun de ces points, que les fonctions numpy permettent de faire facilement. Finalement, le tracé de la surface est obtenu par la commande

```
plot_surface(x, y, z)
```

avec éventuellement des paramètres optionnels. Le programme suivant propose un premier tracé de la surface $z = \varphi(x, y)$, avec des valeurs de x et y comprises entre -2 et 2 et séparées de 0,2.

Prog. 18.1

Fichier : `lagrange_surface1a.py`

```
from mpl_toolkits.mplot3d import Axes3D
import matplotlib.pyplot as plt
import numpy as np

epsilon = 0.3
r1=1
r2 = epsilon*r1
Omega2 = 1/(r1*pow(r1+r2, 2))

x, y = np.mgrid[-2.:2.:0.2, -2.:2.:0.2]
z = -epsilon/np.sqrt((x-r1)**2+ y**2) - 1/np.sqrt((x+r2)**2+ y**2) -
    0.5*Omega2*(x**2 + y**2)

ax = plt.axes(projection='3d')
ax.plot_surface(x, y, z, color='whitesmoke')
plt.show()
```

Il produit la figure de gauche suivante sous une forme interactive (on peut faire tourner la surface sur elle-même à la souris, pour changer le point de vue)

Fig. 134

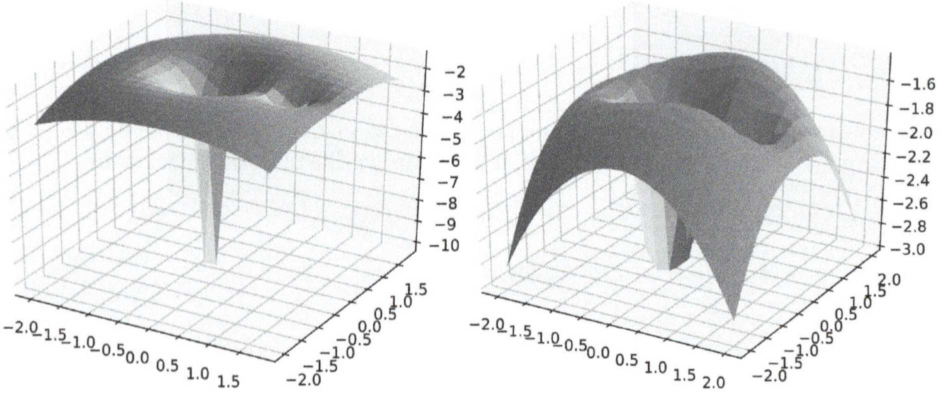

ainsi qu'un message d'erreur qui commence par

Console

```
points_lagrange_surface1y.py:11: RuntimeWarning: divide by zero
    encountered in true_divide
```

```
z = -epsilon/np.sqrt((x-r1)**2+ y**2) - 1/np.sqrt((x+r2)**2+ y**2)
    - 0.5*Omega2*(x**2 + y**2)
```

En effet, les points de la grille en xy contiennent l'endroit où se trouvent les masses et où le potentiel est infini. Il y a plusieurs façons de contourner ce problème : on peut l'ignorer (la figure est tracée de toute façon) ou choisir un pas tel que cette singularité est évitée, la grille étant telle que les masses ne se trouvent pas à un de ses nœuds. C'est ce que propose le programme suivant, obtenu à partir du précédent en remplaçant les lignes 10 et 11 par le bloc ci-dessous. Nous avons également coupé les valeurs de z inférieures à -3, pour mieux visualiser la surface qui entoure les masses, grâce à la fonction `clip()` de `numpy` qui, dans le tableau passé en premier argument, limite les valeurs à l'intervalle défini par les deux autres arguments. Dans notre exemple, les valeurs inférieures à -3 sont mises à -3 et les valeurs supérieures à 0 sont mises à 0.

Fichier : `lagrange_surface1b.py` Prog. 18.2

```
10 x, y = np.mgrid[-2.:2.:0.21, -2.:2.:0.21]
11 z = -epsilon/np.sqrt((x-r1)**2+ y**2) - 1/np.sqrt((x+r2)**2+ y**2) -
       0.5*Omega2*(x**2 + y**2)
12 z = np.clip(z, -3, 0)
```

On obtient la figure de droite ci-dessus, où l'on voit, au centre, le puits de potentiel gravitationnel de la masse M_2 et où l'on devine, à sa droite, celui de la masse M_1. On voit clairement que la surface est en fait constituée de petits polygones. On peut augmenter la résolution en diminuant le pas de la grille en xy,

Fichier : `lagrange_surface1c.py` Prog. 18.3

```
1  from mpl_toolkits.mplot3d import Axes3D
2  import matplotlib.pyplot as plt
3  import numpy as np
4
5  epsilon = 0.3
6  r1=1
7  r2 = epsilon*r1
8  Omega2 = 1/(r1*pow(r1+r2, 2))
9
10 x, y = np.mgrid[-2.:2.:0.021, -2.:2.:0.021]
11 z = -epsilon/np.sqrt((x-r1)** 2+ y**2) - 1/np.sqrt((x+r2)**2 +  y**2)
       - 0.5*Omega2*(x**2 + y**2)
12 z = np.clip(z, -3, 0)
13
14 ax = plt.axes(projection='3d')
15 ax.plot_surface(x, y, z, rcount=200, ccount=200, color='whitesmoke')
16 plt.show()
```

qui donne la figure de gauche qui suit. Attention, par défaut la surface est tracée en échantillonnant les x et y sur une grille de 50×50 si ces tableaux ont des dimensions plus grandes. Les options `rcount` et `ccount` permettent d'utiliser la grille entière en indiquant le nombre maximal de colonnes et de lignes à utiliser, ici 200×200 alors que z

est un tableau 191 × 191 (exécutez le programme en les enlevant et comparez très attentivement les figures obtenues).

Fig. 135

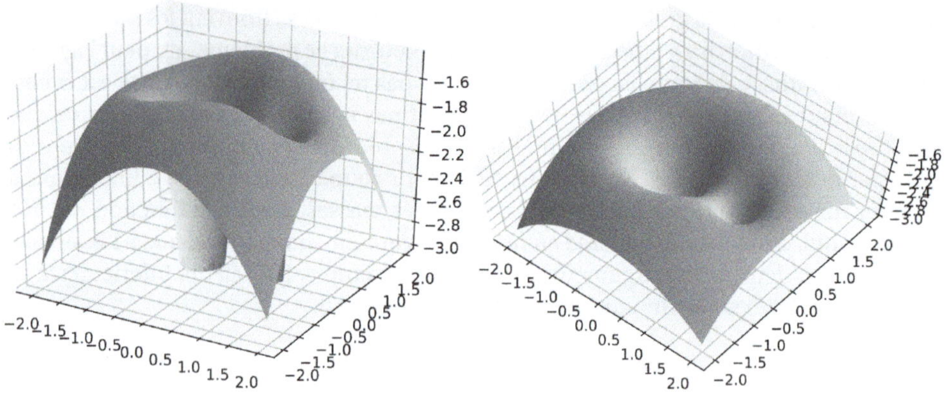

On peut changer l'angle de vue en indiquant deux angles, l'azimuth et l'élévation, avec la commande

```
view_init(elev=70, azim=-50)
```

où les paramètres `elev` et `azim` réprésentent les valeurs de l'azimuth et l'élévation. Modifions légèrement le code précédent, pour introduire cette commande en avant-dernière ligne, ce qui produit la figure de droite ci-dessus.

Prog. 18.4 Fichier : `lagrange_surface1d.py`

```
14 ax = plt.axes(projection='3d')
15 ax.plot_surface(x, y, z, rcount=200, ccount=200, color='whitesmoke')
16 ax.view_init(elev=70, azim=-50)
17 plt.show()
```

3 Dessiner des contours 3D

On peut tracer des courbes de niveaux par la commande

```
contour(x, y, z, levels=maliste)
```

Elle admet comme arguments les trois tableaux x, y et z bidimensionnels, ainsi que la liste des valeurs de z pour lesquelles on veut tracer les courbes de niveaux, sous la forme d'une liste, ici notée `maliste`. Modifions la ligne 15 du programme précédent en

Prog. 18.5 Fichier : `lagrange_surface2.py`

```
15 ax.contour(x, y, z, levels=np.arange(-3, -1, 0.05))
```

On obtient la figure de droite ci-dessous, la figure de gauche étant une copie de la figure 135

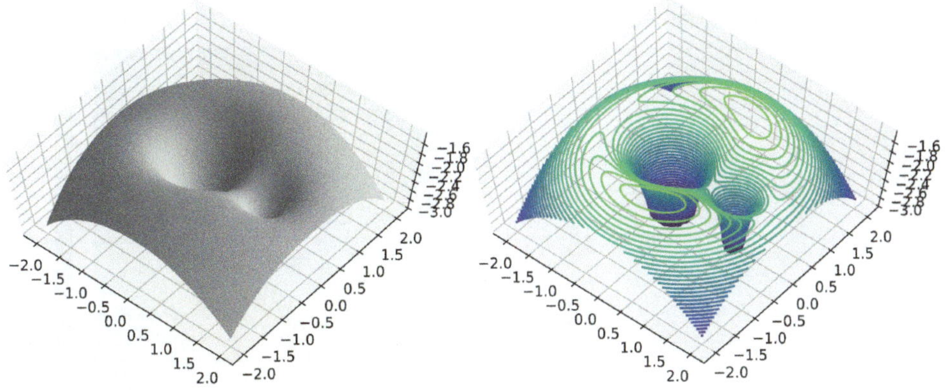

Fig. 136

À ce stade, on aimerait pouvoir combiner ces deux graphes en traçant les contours de la figure de droite sur la surface de la figure de gauche. Ceci n'est pas possible avec `matplotlib` (ou plutôt, mène à des résultats qui ne sont pas ceux attendus). Ceci est dû au fait que `matplotlib` ne possède pas de moteur de rendu 3D, il se contente de tracer des projections bidimensionnelles en tentant de garder l'information de quel élément tracer par dessus quel autre. Ceci devient trop complexe pour `matplotlib` quand il s'agit de combiner deux ensembles complexes, comme ceux des figures précédentes.

4 Dessiner des contours plans

Revenons à une représentation plane, en représentant les courbes de niveaux dans le plan, comme on le fait sur une carte topographique. C'est la fonction `contour()` présentée précédemment qui permet de le faire. Attention, l'objet de type `Axes` associé au graphe n'est cette fois pas défini pour être tridimensionnel (la ligne 14 des programmes précédents a été supprimée).

Fichier : `lagrange_contours1.py` — Prog. 18.6

```
import matplotlib.pyplot as plt
import numpy as np

epsilon = 0.3
r1=1
r2 = epsilon*r1
Omega2 = 1/(r1*pow(r1+r2, 2))

x, y = np.mgrid[-2.:2.:0.021, -2.:2.:0.021]
z = -epsilon/np.sqrt((x-r1)** 2+ y**2) - 1/np.sqrt((x+r2)**2 +  y**2)
      - 0.5*Omega2*(x**2 + y**2)

plt.gca().set_aspect('equal')
plt.contour(x, y, z, levels=np.arange(-3, -1.3, 0.05), colors=('k'),
      linestyles='solid', linewidths=0.5)
plt.show()
```

qui produit la figure de gauche ci-dessous.

Fig. 137

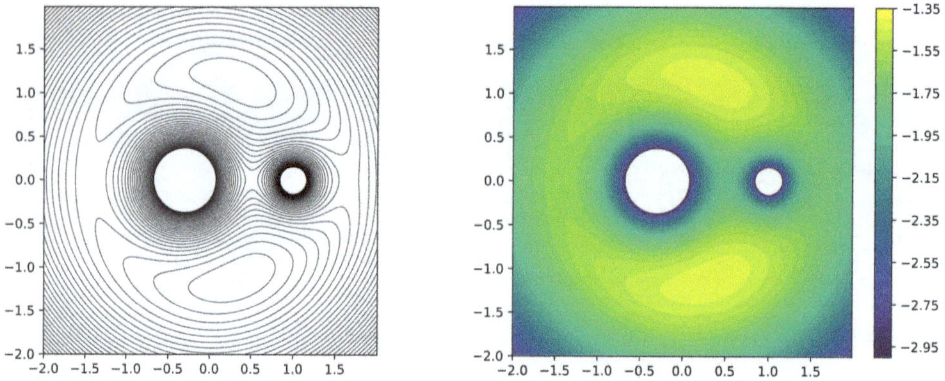

La commande contourf() permet de tracer des contours dont l'intérieur est colorié, comme le montre la modification suivante, qui produit la figure de droite.

Prog. 18.7

Fichier : `lagrange_contours2.py`

```
plt.gca().set_aspect('equal')
plt.contourf(x, y, z, levels=np.arange(-3, -1.3, 0.05))
plt.colorbar();
plt.show()
```

On peut superposer les deux tracés en modifiant le bloc précédent en

Prog. 18.8

Fichier : `lagrange_contours3.py`

```
plt.gca().set_aspect('equal')
niveaux = np.arange(-3, -1.3, 0.05)
plt.contour(x, y, z, levels=niveaux,colors=('k'), linestyles='solid',
    linewidths=0.5)
plt.contourf(x, y, z, levels=niveaux)
plt.colorbar();
plt.show()
```

qui produit la figure suivante.

Fig. 138

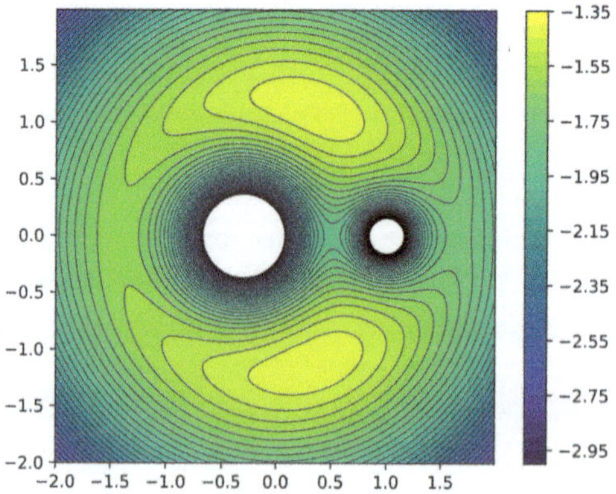

Combiner surface et contours plans

Si on ne peut pas dessiner les contours sur la surface avec `matplotlib`, en revanche on peut les tracer sur un plan donné d'un graphe 3D, avec l'option `offset` dans la commande `contour()` ou `contourf()` ;

```
contourf(x, y, z, levels=maliste, offset=-3)
```

où le nombre donné en argument de `offset` indique la position z du plan horizontal où seront tracés les contours. En remplaçant les lignes 14 et suivantes dans les programmes précédents par

Fichier : `lagrange_surface2b.py` Prog. 18.9

```
14 ax = plt.axes(projection='3d')
15 ax.view_init(elev=30, azim=-80)
16 ax.plot_surface(x, y, z, rcount=200, ccount=200, color='whitesmoke')
17 ax.contourf(x, y, z, levels=np.arange(-3, -1, 0.1), offset=-3)
18 ax.contour(x, y, z, levels=np.arange(-3, -1, 0.1), offset=-3, colors=
       'k', linestyles='solid', linewidths=0.5)
19 plt.show()
```

on obtient la figure de gauche ci-dessous. La figure de droite est obtenue en commentant la ligne 17.

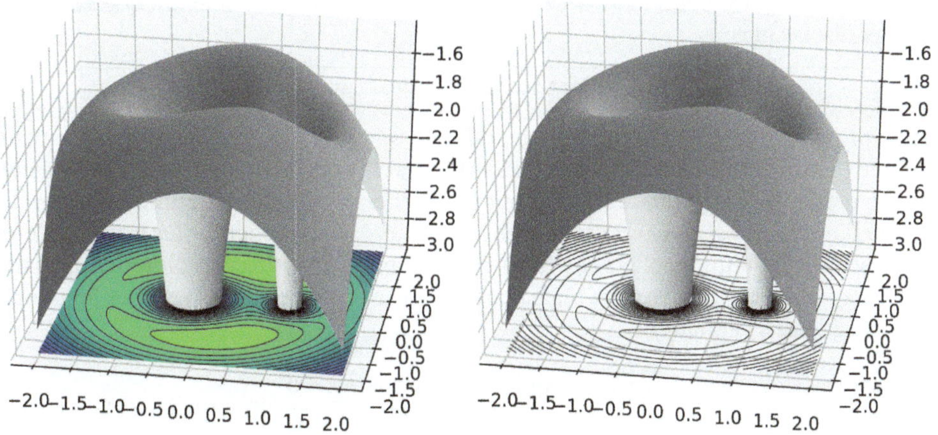

Fig. 139

5 Position des points de Lagrange

5.1 Définition des points de Lagrange

Les points d'équilibre dans le référentiel tournant sont appelés les **points de Lagrange**. En ces points, la résultante des forces est nulle et le potentiel gravitationnel est stationnaire, c'est-à-dire présente un extrémum local (voir les points L_4 et L_5 ci-dessous) ou un point de selle (voir les points L_1, L_2 et L_3). Les points situés sur l'axe Ox contenant les deux masses sont appelés L_1, L_2 et L_3. On a pour L_1, situé entre les deux masses,

$$0 = -\frac{(x-r_1)GM_1}{|r_1-x|^3} - \frac{(x+r_2)GM_2}{|x+r_2|^3} + x\Omega^2$$

soit

$$0 = -\frac{(x-r_1)GM_1}{|r_1-x|^3} - \frac{(x+r_2)GM_2}{|x+r_2|^3} + \frac{x}{r_1}\frac{GM_2}{(r_1+r_2)^2}$$

et donc

$$0 = \frac{\epsilon(x-r_1)}{|r_1-x|^2} - \frac{(x+r_2)}{|x+r_2|^2} + \frac{x}{r_1}\frac{1}{(r_1+r_2)^2} \tag{18.2}$$

On pourrait simplifier cette équation en distinguant trois cas, selon que la masse test se trouve entre les masses M_1 et M_2 ou non, mais il est plus simple, du point de vue algorithmique, de la conserver sous cette forme.

5.2 Résolution d'équation par `fsolve()` et `roots()`

Les équations précédentes portent sur x, elles n'ont pas de solution analytique en général (on peut éventuellement les réécrire comme l'annulation de polynômes de degré 5 en x mais ceci n'avance pas à grand-chose), mais elles peuvent être résolues numériquement avec la fonction `fsolve()` du module `optimize` de la bibliothèque `scipy`. Sa syntaxe est la suivante

```
scipy.optimize.fsolve(fun, x0)
```

où le premier argument, ici appelé `fun`, désigne une fonction possédant un argument, définie par une bibliothèque ou par l'utilisateur et le second, ici appelé `x0`, désigne un `float` proposant un point de départ pour rechercher la valeur de l'argument qui annule la fonction `fun`. C'est cette valeur que renvoie `fsolve()`. En général, plus la valeur de `x0` est proche de la solution, plus l'algorithme a de chances de trouver la solution et plus il la trouvera rapidement, mais cette règle peut être mise en défaut pour certaines fonctions.

Considérons l'équation

$$x^3 = x \quad \text{qui se réécrit} \quad x^3 - x = 0$$

dont on connaît les trois solutions $x = 0$, $x = -1$ et $x = 1$. Les commandes suivantes permettent de retrouver ces solutions en prenant des valeurs de `x0` bien choisies.

Console

```
$ python
>>> from scipy.optimize import fsolve
>>> def fun(x): return x**3 - x
...
>>> print(fsolve(fun, 0.9))
[1.]
>>> print(fsolve(fun, -0.9))
```

```
[-1.]
>>> print(fsolve(fun, 0.1))
[0.]
```

Si on n'a aucune idée de la valeur des solutions, une pêche au hasard peut donner des résultats surprenant, par exemple, avec la même équation,

Console

```
$ python
>>> from scipy.optimize import fsolve
>>> def fun(x): return x**3 - x
...
>>> print(fsolve(fun, 0.5))
[-1.]
```

on obtient ici la solution la plus éloignée de la valeur de x0 proposée.

Pour les équations polynomiales, `numpy` fournit une fonction spécifique `roots()`, qui renvoie un `ndarray` contenant toutes les solutions.[1] Elle s'utilise de la façon suivante,

```
numpy.roots(p)
```

où p désigne la liste $(a_n, a_{n-1}, \ldots, a_1, a_0)$ des coefficients du polynôme

$$a_n x^n + a_{n-1} x^{n-1} + \cdots + a_1 x + a_0$$

Reprenons l'exemple précédent de l'équation $x^3 - x = 0$,

Console

```
$ python
>>> import numpy as np
>>> p=[1, 0, -1, 0]
>>> np.roots(p)
array([ 1., -1.,  0.])
```

5.3 Retour aux points de Lagrange

On peut trouver la position des trois premiers points de Lagrange en résolvant numériquement l'équation (18.2). Même si cette équation pourrait se mettre sous la forme de l'annulation d'un polynôme de degré 5, il est plus pertinent d'utiliser `fsolve()` de `scipy` qui donne la solution qui nous intéresse parmi plusieurs, plutôt que `roots()` de `numpy` qui fournit une liste de solutions (certaines éventuellement complexes) parmi lesquelles il faudrait encore aller déterminer celle qui correspond à notre problème. Par ailleurs, on peut montrer que le point L_4 est situé de sorte que M_1, M_2 et L_4 forme un triangle équilatéral (idem pour L_5), ce qui est implémenté aux lignes 22 et 23 du programme suivant.

1. https://docs.scipy.org/doc/numpy/reference/generated/numpy.roots.html

Prog. 18.10 Fichier : `lagrange_contours4.py`

```
1  import matplotlib.pyplot as plt
2  import numpy as np
3  from scipy.optimize import fsolve
4
5  epsilon = 0.3
6  r1 = 1
7  r2 = epsilon*r1
8  Omega2 = 1/(r1*pow(r1+r2, 2))
9
10 x, y = np.mgrid[-2.:2.:0.021, -2.:2.:0.021]
11 z = -epsilon/np.sqrt((x-r1)** 2+ y**2) - 1/np.sqrt((x+r2)**2 +  y**2)
        - 0.5*Omega2*(x**2 + y**2)
12
13 def fun(r): return  epsilon*(r1 - r)/abs(r1 - r)**3 - (r + r2)/abs(r
      + r2)**3 + r*Omega2
14
15 niveaux = np.arange(-3, -1.3, 0.05)
16 plt.contour(x, y, z, levels=niveaux, colors=('k'), linestyles='solid'
      , linewidths=0.5)
17 plt.contourf(x, y, z, levels=niveaux, linestyles='solid')
18 plt.colorbar();
19 x1 = [fsolve(fun, r1/2), fsolve(fun, r1+1), fsolve(fun, -r1)]
20 y1 = [0, 0, 0]
21 x_L4 = -r2 +(r1+r2)*1/2
22 y_L4 = (r1+r2)*np.sqrt(3)/2
23 x1 += [x_L4, x_L4]
24 y1 += [y_L4, -y_L4]
25
26 for i in range(5):
27     plt.text(x1[i]-0.15, y1[i]+0.2, "$L_"+str(i+1)+"$", fontsize=12)
28 plt.scatter(x1, y1, marker="+", s=150, color='k')
29 plt.gca().set_aspect('equal')
30 plt.show()
```

Dans ce programme, nous avons automatisé le tracé des points de Lagrange en plaçant leurs coordonnées dans deux listes x et y. La ligne 27 utilise la fonction `text()` de `matplotlib` pour écrire du texte, ici avec la syntaxe de LaTeX en le mettant entre dollars, pour les indices. Il produit la figure ci-dessous.

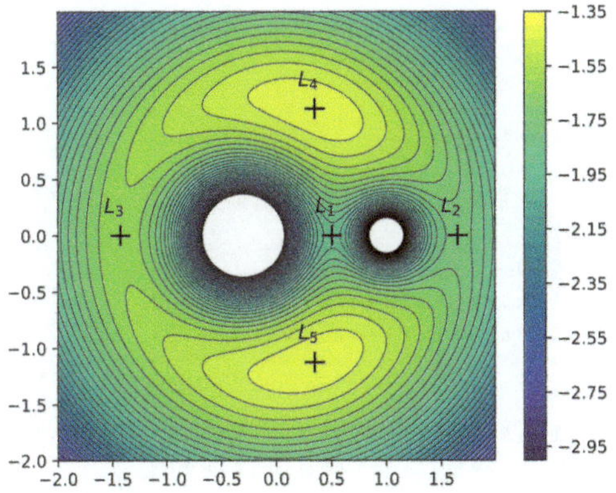

Fig. 140

6 Stabilité du mouvement au voisinage des points de Lagrange

Habituellement, les surfaces de potentiel permettent non seulement de trouver les points d'équilibre (les points de Lagrange introduits ci-dessus) mais également d'étudier leur stabilité : les maxima des courbes de potentiel correspondent à des équilibres instables, les minima à des équilibres stables, les points de selle à une instabilité dans une direction particulière. Dans la situation physique à laquelle s'intéresse ce chapitre, ce n'est pas le cas : nous nous sommes placés dans un référentiel non galiléen (le référentiel tournant) et il existe une force qui ne dérive pas d'un potentiel, la force de Coriolis. Ceci n'affecte pas l'étude des points d'équilibre, car la force de Coriolis est nulle à l'équilibre, mais ceci affecte l'étude de la stabilité.

L'étude théorique de la stabilité des points de Lagrange dépasse la portée du présent ouvrage, mais nous allons calculer numériquement la trajectoire que suivent des corps lâchés au voisinage du point de Lagrange L_4, pour illustrer la propriété suivante : ce point de Lagrange L_4 (comme L_5) est stable si le rapport des masses M_1 et M_2 vérifie $\epsilon < 0{,}04$ (c'est le cas du système Terre-Soleil avec $\epsilon \approx 3 \times 10^{-6}$ et du système Terre-Lune avec $\epsilon \approx 0{,}012$) et instable sinon.

Pour cela, on résoud la dynamique du système en reprenant plusieurs techniques de python vues dans cet ouvrage, avec une force de Coriolis donnée par l'expression (17.1), soit

$$\vec{F}_{cor} = -2m \begin{pmatrix} 0 \\ 0 \\ \Omega \end{pmatrix} \wedge \begin{pmatrix} v_x \\ v_y \\ 0 \end{pmatrix} = \begin{pmatrix} +2m\Omega v_y \\ -2m\Omega v_x \\ 0 \end{pmatrix}$$

Le programme suivant calcule et trace la trajectoire du corps lâché à proximité de L_4.

Fichier : `lagrange_traj.py` Prog. 18.11

```
import matplotlib.pyplot as plt
import numpy as np
from scipy.integrate import solve_ivp
from scipy.optimize import fsolve
```

```

epsilon = 0.02
r1, r2 = 1, epsilon
Omega2 = 1/(r1*(r1+r2)**2)

def fun(t, y):  # [0, 1, 2, 3] : [x, vx, y, vy]
    ydot = [0,0,0,0]
    xtraj, ytraj = y[0], y[2]
    dist1 = np.sqrt((xtraj-r1)**2+ ytraj**2)
    dist2 = np.sqrt((xtraj+r2)**2+ ytraj**2)
    ydot[0] = y[1]                                      # dx/dt = vx
    ydot[2] = y[3]                                      # dy/dt = vy
    ydot[1] = -epsilon*(xtraj-r1)/dist1**3 - (xtraj+r2)/dist2**3 +
        xtraj*Omega2 + 2*np.sqrt(Omega2)*y[3]
    ydot[3] = -epsilon*ytraj/dist1**3 - ytraj/dist2**3 + ytraj*Omega2
        - 2*np.sqrt(Omega2)*y[1]
    return ydot

x, y = np.mgrid[-2.:2.:0.021, -2.:2.:0.021]
z = -epsilon/np.sqrt((x-r1)** 2+ y**2) - 1/np.sqrt((x+r2)**2 +  y**2)
    - 0.5*Omega2*(x**2 + y**2)

x_L4 = -r2 +(r1+r2)*1/2                                # point L4
y_L4 = (r1+r2)*np.sqrt(3)/2                            #
plt.text(x_L4-0.15, y_L4+0.2, "L4", fontsize=12)       #
plt.scatter(x_L4, y_L4, marker='+', s=150, color='k', zorder=2)

plt.contourf(x, y, z, levels=np.arange(-3, -1.3, 0.05)) # potentiel

tmax = 20
sol = solve_ivp(fun, [0, tmax], [x_L4-0.02, 0, y_L4+0.02, 0], t_eval=
    np.linspace(0., tmax, 500))
plt.plot(sol.y[0], sol.y[2], color='black')            #trajectoire
plt.axis('equal')
plt.show()
```

Fig. 141

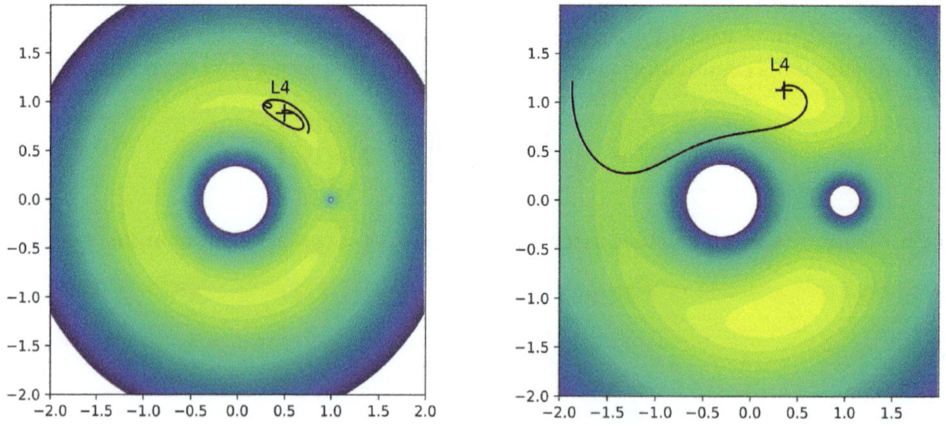

On obtient, pour $\epsilon = 0.02$, la figure de gauche ci-dessus. On voit que la trajectoire reste à proximité de L_4, l'équilibre est stable. Le même programme, exécuté en prenant $\epsilon = 0.3$ et `tmax=10`, donne la figure de droite, où cette fois la trajectoire s'éloigne du point de départ, l'équilibre est instable.

7 Mini-projet : La bibliothèque PyQtGraph

Il existe d'autres bibliothèques graphiques que Matplotlib. Ce mini-projet consiste à installer la bibliothèque `PyQyGraph` sur votre ordinateur, qui présente sur Matplotlib quelques avantages (notamment la plus grande vitesse d'exécution pour des figures lourdes) et quelques désavantages (plus complexe à prendre en main) puis d'exécuter le programme suivant

Fichier : `test_pyqtgraph.py` Prog. 18.12

```
import pyqtgraph.examples
pyqtgraph.examples.run()
```

qui lance une fenêtre permettant de visualiser le code et de lancer l'exécution de nombreux examples. Nous vous invitons notamment à lancer les programmes de l'onglet « Demos » : « Optics », « Special Relativity » et « Verlet Chain ».

La figure suivante est obtenue avec `lagrange_pyqtgraph.py`, disponible dans les programmes téléchargeables. Elle représente la surface de potentiel que nous avons déjà tracée plus haut avec matplotlib : les lignes 19 à 23 reprennent exactement le bloc utilisé précédemment. La figure est beaucoup plus liste qu'avec Matplotlib. Vous verrez que l'on peut, à la souris, faire tourner la figure sur elle-même en direct pour l'examiner sous toutes les coutures, et zoomer/dézoomer. Nous vous invitons à exécuter le programme en changeant quelques options, par exemple

- la couleur de la surface en remplaçant `'shaded'` à la ligne 25 par `'normalColor'` ou `'viewNormalColor'` ;
- la taille de la grille utilisée pour calculer la surface, aux lignes 19 et 20. Vous réaliserez qu'une taille assez faible permet d'obtenir un rendu visuellement satisfaisant. PyQtGraph s'efforce en effet de tracer une surface lisse et non un assemblage de polygones ;
- le positionnement de la caméra à la ligne 15 ;

Fig. 142

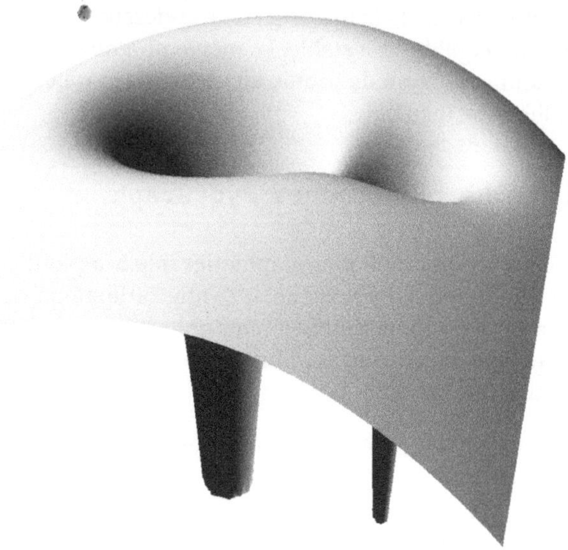

19 Problème à N corps

On désigne par **problème à N corps** l'étude du mouvement de N corps en interaction mutuelle. Dans ce chapitre, nous nous intéressons à l'évolution de N corps de même masse m qui interagissent gravitationnellement. Les équations du mouvement s'écrivent pour chaque masse

$$m\frac{d^2\vec{r}_i}{dt^2} = -\sum_{j\neq i}\frac{Gm^2}{r_{ij}^2}(\vec{r}_i - \vec{r}_j) \quad \text{où} \quad r_{ij} \equiv \|\vec{r}_i - \vec{r}_j\|$$

Le problème n'est généralement pas soluble analytiquement lorsque $N > 2$ et son étude se prête bien à une approche numérique. Les équations précédentes s'écrivent

$$\begin{cases} \dfrac{dx_i}{dt} = v_{xi} \\ \dfrac{dy_i}{dt} = v_{yi} \end{cases} \quad \text{et} \quad \begin{cases} \dfrac{dv_{xi}}{dt} = \displaystyle\sum_{j\neq i}\frac{Gm}{r_{ij}^2}(x_j - x_i) \\ \dfrac{dv_{yi}}{dt} = \displaystyle\sum_{j\neq i}\frac{Gm}{r_{ij}^2}(x_j - x_i) \end{cases} \tag{19.1}$$

Il faut adapter ce que l'on a vu précédemment au cas de $4N$ équations différentielles couplées du premier ordre ($i \in \{0, 1, \cdots, N-1\}$ dans les quatre équations précédentes). Nous commençons par le problème à trois corps, $N = 3$ étant la plus petite valeur pour laquelle il n'existe pas de solution analytique générale.

1 Problème à 3 corps

1.1 Résolution sans subtilité

Commençons par une résolution directe et sans subtilité des équations du mouvement ci-dessus. On range les valeurs des x_i, y_i, $\dot{x}_i$ et $\dot{y}_i$ dans un tableau à 12 éléments comme suit

$$\begin{cases} x_1 \to [0] \\ x_2 \to [1] \\ x_3 \to [2] \end{cases} \quad \begin{cases} y_1 \to [3] \\ y_2 \to [4] \\ y_3 \to [5] \end{cases} \quad \begin{cases} \dot{x}_1 \to [6] \\ \dot{x}_2 \to [7] \\ \dot{x}_3 \to [8] \end{cases} \quad \begin{cases} \dot{y}_1 \to [9] \\ \dot{y}_2 \to [10] \\ \dot{y}_3 \to [11] \end{cases} \tag{19.2}$$

Comme précédemment, les unités sont choisies de sorte que $GM = 1$. Le programme suivant place un symbole à la position initiale de chaque masse et trace une ligne représentant la trajectoire de chacun des points, calculée grâce à la fonction `solve_ivp()`.

Fichier : `probleme_3_corps1.py` Prog. 19.1

```
from numpy import *
import matplotlib.pyplot as plt
```

```
3  from scipy.integrate import solve_ivp
4
5  def fun(t, coord):
6      ydot=[0]*12
7      x1, y1 = coord[0], coord[3]                            #
8      x2, y2 = coord[1], coord[4]                            # raccourcis
9      x3, y3 = coord[2], coord[5]                            #
10     ydot[0], ydot[1] = coord[6],  coord[7]
11     ydot[2], ydot[3] = coord[8],  coord[9]
12     ydot[4], ydot[5] = coord[10], coord[11]
13     r12 = sqrt((x1-x2)**2 + (y1-y2)**2)                    #
14     r13 = sqrt((x1-x3)**2 + (y1-y3)**2)                    # raccourcis
15     r23 = sqrt((x3-x2)**2 + (y3-y2)**2)                    #
16     ydot[6] = (x2-x1)/r12**3 + (x3-x1)/r13**3
17     ydot[7] = (x3-x2)/r23**3 + (x1-x2)/r12**3
18     ydot[8] = (x1-x3)/r13**3 + (x2-x3)/r23**3
19     ydot[9] = (y2-y1)/r12**3 + (y3-y1)/r13**3
20     ydot[10]= (y3-y2)/r23**3 + (y1-y2)/r12**3
21     ydot[11]= (y1-y3)/r13**3 + (y2-y3)/r23**3
22     return ydot
23
24 t_max = 5.
25 N_pas = 1000
26 vx1, vy1 =  0.5,  0.1         #
27 vx2, vy2 =  0.1, -0.4         # vitesses initiales
28 vx3, vy3 = -0.6,  0.3         #
29 x1, y1 = -1, -0.5      #
30 x2, y2 =  1,  0.5      # positions intiales
31 x3, y3 =  0,  1        #
32 y_ini = [x1, x2, x3, y1, y2, y3, vx1, vx2, vx3, vy1, vy2, vy3]
33 sol = solve_ivp(fun, [0, t_max], y_ini, t_eval=linspace(0., t_max,
       N_pas), rtol=1e-9)
34
35 plt.axis('equal')
36 plt.scatter([x1, x2, x3], [y1, y2, y3])
37 plt.plot(sol.y[0], sol.y[3], color='blue')
38 plt.plot(sol.y[1], sol.y[4], color='black')
39 plt.plot(sol.y[2], sol.y[5], color='green')
40 plt.ylim(-1, 1.7)
41 plt.show()
```

- Lignes 5 à 22 : implémentation des équations 19.1 ;
- Lignes 26 à 31 : conditions initiales ;
- Ligne 33 : résolution des équations ;
- Lignes 35 à 41 : tracé des trajectoires.

On obtient la figure suivante, où l'on voit le corps bleu interagir avec le vert, puis avec le noir (la boucle bleue au milieu de la figure). On voit également, plus tard, le corps noir interagir avec le vert (en $x \approx -0{,}7$) et il semble que les corps se repoussent violemment. Ce n'est pas le cas et ceci provient du fait que tous les points de la trajectoire ne sont pas tracés : souvenez-vous que la fonction `solve_ivp()` fournit un échantillonnage de la solution, dont la finesse est réglée par le paramètre `t_eval`. Avec un échantillonnage plus fin, on finirait par voir le corps noir et le corps vert s'attirer, se contourner puis s'éloigner l'un de l'autre.

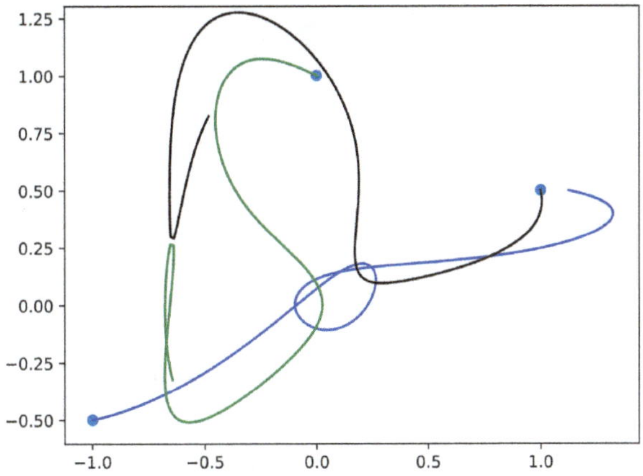

Fig. 143

1.2 Conservation de l'énergie mécanique

Vérifions que l'énergie mécanique est conservée (la force gravitationnelle est conservative), comme au paragraphe 1.3 du chapitre 14. Elle est donnée par

$$E_m = E_c + E_p \quad \text{avec} \quad E_c = \sum_i \frac{1}{2} m\left(\dot{x}_i^2 + \dot{y}_i^2\right) \quad \text{et} \quad E_p = -\sum_{j \neq i} \frac{Gm^2}{r_{ij}}$$

Reprenons le programme précédent en modifiant la dernière partie, à partir de la ligne 35

Fichier : `probleme_3_corps2.py`

Prog. 19.2

```
35 ec=0
36 for i in range(6,12):
37     ec += 0.5*(sol.y[i])**2
38 ep = -1./sqrt((sol.y[0]-sol.y[1])**2 + (sol.y[3]-sol.y[4])**2)
39 ep+= -1./sqrt((sol.y[0]-sol.y[2])**2 + (sol.y[3]-sol.y[5])**2)
40 ep+= -1./sqrt((sol.y[1]-sol.y[2])**2 + (sol.y[4]-sol.y[5])**2)
41
42 plt.ylim(-6, 5)
43 plt.plot(sol.t, ec, label="$E_c$")
44 plt.plot(sol.t, ep, label="$E_p$")
45 plt.plot(sol.t, ec+ep, label="$E_{tot}$")
46 plt.legend()
47 plt.show()
```

qui donne

Fig. 144

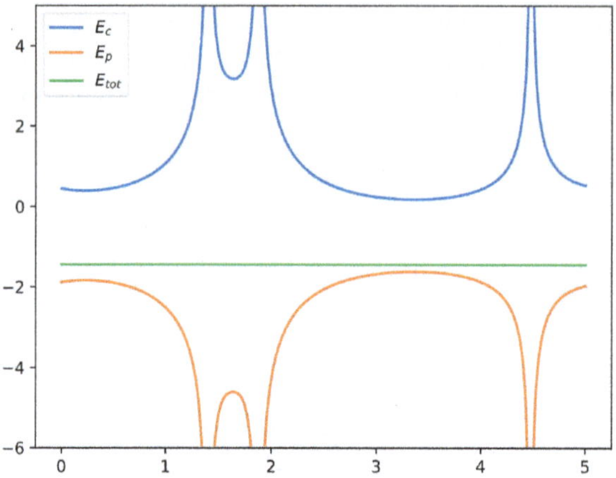

On peut évaluer les fluctuations d'énergie totale introduites par la résolution numérique en modifiant les dernières lignes, pour faire afficher $\Delta E_{\text{tot}} / \bar{E}_{\text{tot}}$.

Prog. 19.3 Fichier : `probleme_3_corps3.py`

```
etot = ec+ep
print("variations de Etot :",(max(etot) - min(etot))/mean(etot))
```

qui affiche la ligne suivante : les erreurs numériques conduisent à une violation de l'énergie mécanique au niveau de 3×10^{-5}.

Console

```
variations de Etot : -3.793695111579721e-05
```

2 Réécriture et généralisation au problème à N corps

2.1 Réécriture

Nous allons aussi réécrire le programme précédent pour qu'on puisse augmenter le nombre de corps en interaction de la façon la plus simple et économique possible (voir par exemple le commentaire de la ligne 11 ci-dessous). Le programme suivant donne la même figure que précédemment, au choix des couleurs près (**règle d'or numéro 1**).

Prog. 19.4 Fichier : `probleme_N_corps1a.py`

```
1 from numpy import *
2 import matplotlib.pyplot as plt
3 from scipy.integrate import solve_ivp
4
5 N_corps = 3
6
7 def dist(i, j, coord):
```

```
8      return sqrt((coord[i]-coord[j])**2 + (coord[N_corps + i]-coord[N_corps + j])**2)
9
10 def fun(t, coord):
11     ydot=[0]*4*N_corps
12     for i in range(2*N_corps) : ydot[i] = coord[2*N_corps+i]
13     for i in range(N_corps) :
14         for j in range(N_corps) :
15             if (j!=i):
16                 r = dist(i, j, coord)
17                 ydot[2*N_corps+i] += (coord[j]-coord[i])/r**3
18                 ydot[3*N_corps+i] += (coord[N_corps+j]-coord[N_corps+i])/r**3
19     return ydot
20
21 t_max = 5.
22 N_pas = 1000
23 x1, y1 = -1, -0.5
24 x2, y2 = 1, 0.5
25 x3, y3 = 0, 1
26 vx1, vy1 =  0.5,  0.1
27 vx2, vy2 =  0.1, -0.4
28 vx3, vy3 = -0.6,  0.3
29 y_ini = [x1, x2, x3, y1, y2, y3, vx1, vx2, vx3, vy1, vy2, vy3]
30 plt.ylim(-1, 1.7)
31 plt.axis('equal')
32 sol = solve_ivp(fun, [0, t_max], y_ini, t_eval=linspace(0., t_max, N_pas), rtol=1e-9)
33 plt.scatter(y_ini[0:N_corps], y_ini[N_corps:2*N_corps])
34 for i in range(N_corps): plt.plot(sol.y[i], sol.y[i+N_corps])
35 plt.show()
```

- Ligne 7 et 8 : la fonction `dist(i, j, coord)` calcule la distance entre les points `i` et `j`, dont les coordonnées sont contenues dans le tableau `x` (voir les expressions dans l'équation 19.2). L'algorithme utilise le fait que les coordonnées du i-ème point sont contenues dans les éléments `coord[i]` et `coord[N_corps+i]` ;
- Ligne 11 : la variable `ydot` est initialisée comme une liste de `4*N_corps` éléments tous nuls, d'une façon qui s'adapte à la valeur de `N_corps` ;
- Ligne 12 : les éléments `coord[2*N_corps+i]` contiennent les 6 composantes des vitesses des 3 corps, lorsque `i` varie de 0 à 6 (voir les expressions dans l'équation 19.2) ;
- Lignes 15 à 18 : les dérivées des vitesses sont égales aux forces par unité de masse. Pour chaque corps `i`, on calcule la force exercée par tous les autres (`j!=i`) et on ajoute la contribution correspondante à l'accélération ;
- Ligne 33 : nous avons utilisé la technique des « slices » pour extraire la partie du tableau qui contient les coordonnées spatiales.

Pour passer à un système à 4 corps, il suffit maintenant d'écrire `N_corps=4` à la ligne 5 et d'ajouter les coordonnées et vitesses initiales de ce corps aux lignes 23 à 28, pour obtenir les trajectoires du système. Avant de le faire, attardons-nous sur un problème à trois corps étonnant.

2.2 Solutions chorégraphiques

On peut montrer qu'en choisissant bien les conditions initiales, les corps peuvent adopter des trajectoires périodiques, qu'on appelle des **solutions chorégraphiques**. Par exemple, en remplaçant les lignes 23 à 30 du programme précédent par

Prog. 19.5 Fichier : `choregraphie.py`

```
23 x2 = 0.995492
24 x3point = 0.695804
25 y3point = 1.067860
26 y_ini = [-x2, x2, 0]                            # x
27 y_ini += [0, 0, 0]                              # y
28 y_ini += [-x3point/2, -x3point/2, x3point] # xpoint
29 y_ini += [-y3point/2, -y3point/2, y3point] # ypoint
30 plt.ylim(-2, 2)
```

on obtient la figure suivante, représentant des trajectoires périodiques en forme de 8. Nous présenterons en fin de chapitre une version animée de cette figure.

Fig. 145

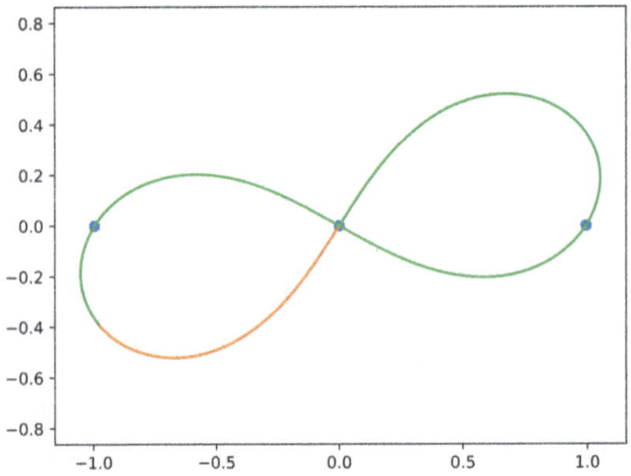

2.3 Mesure du temps d'exécution d'un programme

Pour un nombre de corps `N_corps` donné, le temps d'exécution peut être allongé avec certains choix de conditions initiales, en particulier si les corps s'approchent très près les uns les autres : le solveur doit alors augmenter le nombre de pas de temps pour assurer la précision demandée (voir le mini-projet 3). Le temps d'exécution augmente également avec le nombre N de corps. Il peut être utile de mesurer le temps d'exécution d'un programme, pour évaluer le nombre de corps N que l'on peut raisonnablement suivre en un temps donné, par exemple. Ceci peut être fait en utilisant la bibliothèque `time` et la commande

```
time.time()
```

qui indique le temps courant en secondes. Le programme suivant en montre l'application par un exemple minimal, pour mesurer le temps d'exécution d'un programme qui calcule les carrés de 10 millions d'entiers.

Fichier : `time1.py` Prog. 19.6

```
import time
start_time = time.time()
for i in range(10000000): a=i**2
print("Temps d'exécution :", time.time() - start_time, "s")
```

qui donne par exemple

Console

```
Temps d'exécution : 3.508821964263916 s
```

On obtient un temps différent d'une exécution à l'autre, car l'ordinateur peut être occupé à d'autres choses, en parallèle, que de faire tourner votre programme. Il existe des outils plus sophistiqués permettant de mesurer le temps effectivement utilisé par le processeur pour le programme qui nous intéresse, mais nous ne les présenterons pas ici.

2.4 Génération de nombres pseudo-aléatoires

Nous allons reprendre le programme 19.4 en augmentant le nombre N de corps que l'on veut simuler. Plutôt que de spécifier explicitement les $4N$ variables donnant les positions et les vitesses initiales des N particules, nous allons tirer ces grandeurs au sort. Le module `random` fournit la commande

```
random.random()
```

qui fournit un `float` aléatoire compris entre 0 et 1 (exclus). Par exemple, la boucle suivante tire 5 nombres au sort, deux fois de suite

Console

```
>>> import random
>>> for i in range(5) : print(random.random())
...
0.15505209903542694
0.9552721872101355
0.3051586948670524
0.8743548152334553
0.1587029472996102
>>> for i in range(5) : print(random.random())
...
0.39703087261308245
0.7338441827741297
0.513136306823577
0.492634583653l869
0.8339620504697632
```

À chaque exécution, on obtient (par définition !) des nombres différents. Il peut être extrêmement utile, toutefois, de disposer d'une liste aléatoire qui soit la même, d'une exécution à l'autre, par exemple pour mettre au point un programme en le modifiant, tout en s'assurant que d'une fois sur l'autre, les conditions initiales de ce programme sont les mêmes. Ceci est possible car les nombres générés par la fonction `random()` ne sont pas aléatoires, mais pseudo-aléatoires : leur enchaînement forme une suite complètement déterministe, chacun étant évalué à partir du précédent, avec un algorithme bien choisi pour que le résultat ait les propriétés statistiques d'une suite aléatoire.[1] La fonction `seed(i)`, où `i` est un `int`, appelé la **graine** (seed en anglais), donne le point de départ du générateur pseudo-aléatoire. La séquence engendrée par les appels successifs de `random()` est alors identique d'une exécution à la suivante, comme on peut le vérifier avec le programme suivant qui donne la même chose à chaque exécution

Console

```
>>> import random
>>> random.seed(30)
>>> for i in range(5) : print(random.random())
...
0.5390815646058106
0.2891964436397205
0.03003690855112706
0.6536357538927619
0.21000869554973112
>>> random.seed(30)
>>> for i in range(5) : print(random.random())
...
0.5390815646058106
0.2891964436397205
0.03003690855112706
0.6536357538927619
0.21000869554973112
```

2.5 Augmentation du nombre N de corps

On peut maintenant reprendre le programme 19.4 en choisissant un nombre de corps `N_corps` plus élevé, en imposant des conditions initiales aléatoires, et en affichant le temps d'exécution du programme. Pour cela, on le modifie à partir de la ligne 21 en

Prog. 19.7 Fichier : `probleme_N_corps1c.py`

```
21 t_max = 1.
22 N_pas = 1000
23 import random
24 import time
25 start_time = time.time()
26 random.seed(34)
```

1. La question de la qualité d'un générateur pseudo-aléatoire est immensément complexe et subtile.

```
y_ini = [random.random() for i in range(4*N_corps)]
plt.axis('equal')
plt.ylim(-1, 1.7)
plt.scatter(y_ini[0:N_corps], y_ini[N_corps:2*N_corps])
sol = solve_ivp(fun, [0, t_max], y_ini, t_eval=linspace(0., t_max,
     N_pas), rtol=1e-9)
for i in range(N_corps): plt.plot(sol.y[i], sol.y[i+N_corps])
print("Temps d'exécution :", time.time() - start_time, "s")
plt.show()
```

Pour `N_corps=8`, j'obtiens après un temps d'exécution d'une centaine de secondes la figure suivante (recadrée par un zoom manuel)

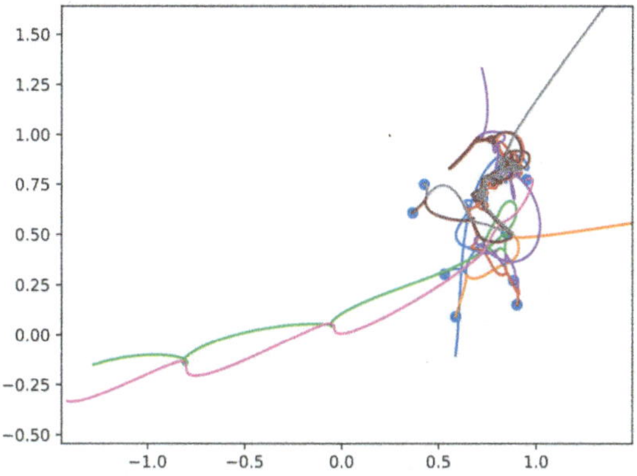

Fig. 146

où l'on voit deux corps former une binaire et s'éloigner du reste, en bas à gauche, deux autres corps s'échapper en solo vers la droite, et les quatre corps restants former des trajectoires compliquées.

Lorsqu'on augmente le nombre `N_corps`, le temps d'exécution augmente rapidement (voir le mini-projet 3) et il ne sera pas envisageable de calculer ainsi le mouvement des 10^{11} étoiles qui constituent une galaxie ! Cette technique de résolution sera réservée au calcul précis des trajectoires de quelques corps en interaction. Pour des très grands nombres de corps, on préfère utiliser des méthodes d'approximation, par exemple en traitant les interactions entre corps éloignés par un champ moyen. C'est un domaine d'étude en soi et les ouvrages traitant des techniques de **simulations à N corps** couvrent des rayons entiers de certaines bibliothèques.

3 Mini-projets : animation

Mini-projet 1

Créer une animation qui montre le mouvement chorégraphique des corps du paragraphe 2.2. En guise de solution, le programme `choregraphie_animation.py` disponible dans l'ensemble des programmes téléchargeables résout les équations du mouvement entre t et $t + \Delta t$ et met à jour la position des corps à partir de conditions initiales données, en utilisant les techniques exposées tout au long de cet ouvrage. La figure de gauche ci-dessous montre un instantané de l'animation obtenue.

Fig. 147

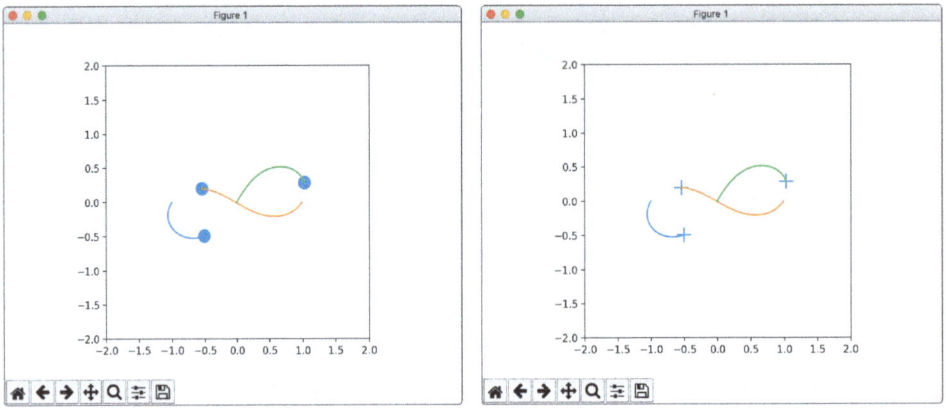

Mini-projet 2

Les programmes précédents dessinent les corps comme des cercles. Les remplacer par des symboles en utilisant la fonction `scatter()`, grâce à sa méthode `set_offsets()` qui permet de mettre à jour les coordonnées des points.

En guise de solution, voir le programme `choregraphie_animation_scatter.py`, disponible dans l'ensemble des programmes téléchargeables. On obtient la même animation que précédemment (la figure de droite ci-dessus en montre un instantané), les cercles étant remplacés par les symboles de votre choix, ici des + de taille 200 (voir la ligne 47). Remarquez l'utilisation de la liste en compréhension à la ligne 52.

Mini-projet 3

Exécutez le programme 19.7 en faisant varier le nombre de corps et la graine du générateur pseudo-aléatoire pour évaluer l'effet sur le temps d'exécution. En examinant la figure produite, identifiez pourquoi certains temps d'exécution sont particulièrement longs. À titre d'exemple, le tableau suivant donne les temps d'exécution (en secondes) obtenus pour différents cas, sur l'ordinateur de l'auteur, avec en gras les cas significativement plus longs.

graine	34	35	36	37	38	39	40	41	42	43
`N_corps=3`	**4,40**	0,35	1,13	0,32	0,34	2,19	0,36	0,67	0,38	0,24
`N_corps=4`	0,66	0,94	0,60	0,78	1,27	2,33	0,54	**3,16**	0,60	0,83
`N_corps=5`	**24,3**	3,45	2,35	11,0	5,22	11,7	1,61	2,15	0,61	10,7
`N_corps=6`	9,93	**580**	38,1	15,1	**251**	8,33	3,21	17,8	10,0	27,3
`N_corps=7`	32,4	15,6	13,7	24,9	28,7	12,4	26,9	33,4	**122**	14,5
`N_corps=8`	98,1	**317**	165	60,7	95,1	35,8	5,40	26,3	29,5	31,0
`N_corps=9`	328	53,5	384	62,8	752	769	**2750**	770	220	174

20 Conclusion

Cet ouvrage devrait vous avoir amené au point où vous en voyez les limitations, où vous souhaiteriez faire des choses qui n'ont pas été abordées ici. Si l'ouvrage avait pu comporter 100 pages de plus, j'aurais introduit la notion de dictionnaire, fondamentale en python, et les astuces de programmation qu'elle autorise, ainsi que l'utilisation des `docstring` pour documenter un programme de façon complète et exportable vers des formats lisibles par un être humain normal. [1] J'aurais également introduit plusieurs autres fonctionnalités utiles en physique :

- le module `bokeh` fournit de puissantes fonctionnalités de représentation de données sous des formats interactifs ;
- le module `tkinter` permet de programmer des interfaces graphiques de façon plus jolie et plus efficace que ce que nous avons présenté avec `matplotlib` à la section 6 du chapitre 9 ;
- l'utilisation des fonctions spéciales (fonctions de Bessel et autres) avec `scipy`, dans le cadre de l'étude de la diffraction et des guides d'onde en optique ou de la théorie du potentiel en électrostatique, par exemple ;
- le tracé de champs de vecteurs, ce que permet notamment la fonction `quiver()` de la librairie `matplotlib` ;
- le calcul d'intégrales multiples, en particulier pour produire des figures de diffraction en optique ondulatoire ;
- le calcul de transformées de Fourier, discrètes ou continues, pour l'étude du filtrage, des oscillateurs et de la diffration, par exemple ;
- etc.

1. Voir par exemple *Python 3* de Bob Cordeau et Laurent Pointal, Dunod 2018.

21 Documentation officielle

Voici les adresses où l'on peut trouver la documentation officielle sur les notions présentées dans cet ouvrage. Il est fortement conseillé d'aller les parcourir, et pas seulement pour chercher une information précise sur une fonction particulière : le lecteur découvrira au fil de son survol des fonctionnalités que nous n'avons pas abordées ici, ou bien parce qu'elles n'avaient pas un intérêt direct pour les exemples physiques présentés, ou par manque de place. La lecture de la documentation permet aussi de connaître les nombreux paramètres optionnels que proposent la plupart des fonctions en Python. Pour vous en convaincre, cherchez par exemple la documentation de la fonction `print()`.

Librairie standard de Python 3

- Généralités : `docs.python.org/3/library/index.html`
- Fonctions de base : `docs.python.org/3/library/functions.html`
- Types : `docs.python.org/3/library/stdtypes.html`

Matplotlib

La documentation de `matplotlib` est particulièrement utile, fournissant de nombreux exemples et tutoriels.

- Généralités : `matplotlib.org/contents.html`
- Les modules : `matplotlib.org/api/index.html`
- Pyplot : `matplotlib.org/api/pyplot_summary.html`
- Markers : `matplotlib.org/api/markers_api.html`
- Lignes : `matplotlib.org/api/_as_gen/matplotlib.lines.Line2D.html`

Numpy

- Généralités : `numpy.org/doc/stable/reference/index.html`
- Tableaux : `numpy.org/doc/stable/reference/routines.array-creation.html`
- Mathématiques : `numpy.org/doc/stable/reference/routines.math.html`

Scipy

- Généralités : `docs.scipy.org/doc/scipy/reference/`

Index